警察系列

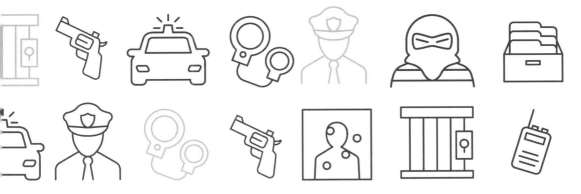

林燦璋、施志鴻、陳耀宗 合著

警察偵查詢問理論與研究

五南圖書出版公司 印行

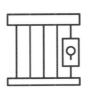

自序

約於十年前，曾經閱讀到一篇從心理學觀點探討無辜者虛偽自白風險的文章，開頭引述1989年發生在紐約中央公園的性侵害案，有位女性慢跑者遭到嚴重暴力性攻擊，昏迷住院12天才甦醒。警方據報逮捕5名當晚在公園內玩滑板嬉鬧、年齡介乎14-16歲的非洲裔及拉丁裔少年，可是他們的DNA樣本與被害人身上採集到的精液樣本比對結果卻都不吻合，但歷經地區和聯邦法院兩次審理，兩個獨立陪審團在觀看少年向警察自白及現場表演兩方面錄影帶後，都作出有罪判決。詎料2002年，一位在監服刑的性侵殺人犯，自動出面坦承犯下此案，檢察官查證他的描述細節與現場情況相當一致，比對前述DNA樣本結果也吻合，最終確認該受刑人才是真兇，同時也排除並無罪開釋這5名已被關6至13年不等的無辜者。

令人好奇的是，這5人為何要對未曾犯下的性侵害案認罪？又他們向警方自白的錄影內容及現場表演的錄影情節，是怎麼編造成的？同時也讓人聯想到2000年3月發生在陽明山張姓住宅強盜案，警方據報錯誤拘提、逮捕4名案發時在該住宅附近逗留的少年，其中2名少年向警方作出虛偽自白，被錯誤羈押5天後，才因他單位刑警逮捕到真凶而獲釋。以上兩案的共通點，就是無辜少年被誤認（指）為犯罪嫌疑人，並在警方高壓質問下，被迫作出虛偽自白；由此可知，降低虛偽自白的首要對策就是精進偵查詢問實務，是以才有本研究的進行。

如何察覺說謊、如何蒐集訊息與如何取得自白，以上三者是偵查詢問研究最主要的焦點問題，本書範圍即涵蓋這三方面的理論和研究，第一篇偵查詢問的基礎理論，包括概論、自白理論、自白因素、萊德詢問模式、PEACE詢問模式、詢問工具、詢問互動等；第二篇則是偵查詢問特論，主要探究口語與非口語行為、虛偽自白成因與過程解析、證人詢問與指認、國內警察詢問現況等專題；第三篇聚焦在性犯罪嫌疑人的詢問研究，分別解析詢問互動及自白決意因素外，也引介美國FBI的詢問技術及其後續改進建議。

　　除呈現學術耕耘的成果外，也希望能提供各界在這議題上全面且系統化的實證知識。本書得以完成最要感謝的是科技部持續6年的研究補助，才能在資源無虞匱乏下，順利依照計畫執行完成；也要向參與研究計畫的團隊致意，感謝大家長期專心投入。期盼讀者與先進能不吝指正，使本書再版能更臻完備。

林璨璋、施志鴻、陳耀宗

於誠園2019.11.11

自序

第三篇　性犯罪嫌疑人詢問研究

第一篇

詢問基礎理論

CHAPTER

1

詢問與自白概論

犯罪偵查過程中涉及到 2 個重要目標：尋找犯罪嫌疑人，並由犯罪嫌疑人供述出犯罪事實[1]；而證明犯罪事實則有 3 種方法得以建立：藉由證人陳述、藉由物證、或者是藉由犯罪嫌疑人自白[2]。然在各國刑事訴訟法律當中（如我國刑事訴訟法第 156 條第 2 項規定：「被告或共犯之自白，不得作為有罪判決之唯一證據，仍應調查其他必要之證據，以察其是否與事實相符。」），自白並不是作為有罪判決的唯一證據，但國外一些研究卻指出：許多犯罪發生往往缺乏人證或物證，在 8-33% 的案件中，只有透過偵查詢問，取得自白才能去證明一位嫌疑人的罪行[3]，且自白對陪審團決定比較會有影響，勝過於證人陳述或物證[4]，這也解釋了各國警察詢問時，特別傾向於自白取得的重要性。

因此，詢問是警察偵查過程中重要且具挑戰性的步驟[5]。然而過去以來，偵詢室如同黑盒子一般，外界根本難以窺探與瞭解，因而對偵查詢問過程產生諸多想像及臆測，就如 1966 年美國高等法院在 Miranda 案判決所示：「偵查詢問依舊隱密進行，此種隱密造成某種的秘密化，導致人們對偵詢室內真實情況瞭解的缺口。」[6]近年來，國外已有許多研究者試圖透過各種方式填補這個缺

--- --- --- --- --- --- --- --- --- ---

[1] Rossmo, D. K. (2004). Geographic profiling as problem solving for serial crime. In Q. C. Thurman & J. D. Jamieson (Eds.), *Police Problem Solving* (pp. 121-131). Anderson.

[2] Klockars, C. B., & Mastrofski, S. D. (1991). *Thinking about Police: Contemporary Readings* (2nd ed.). McGraw-Hill.

[3] Leo, R. A. (1996). Inside the interrogation room. *Journal of Criminal Law and Criminology, 86*, pp. 266-303; Stephenson, G. M., & Moston, S. J. (1994). Police interrogation. *Psychology, Crime, and Law,1,* pp. 151-157.

[4] Kassin, S. M., & Neumann, K. (1997). On the power of confession evidence: An experimentaltest of the fundamental difference hypothesis. *Law and Human Behavior, 21,* pp. 469-484.

[5] Baldwin, J. (1993). Police interview techniques establishing truth or proof? *The British Journal of Criminology, 33*(3), pp. 325-352.

[6] Miranda v. Arizona. (1966). 384 U.S. 436, p. 448.

口，例如透過觀察研究[7]、調查研究[8]及實驗情境研究[9]等方式，探索詢問實踐的現象面；英、美等國亦公開發展詢問模式及技術，指導警方偵查實務操作，讓外界得以瞭解警方詢問操作步驟和邏輯，成爲瞭解詢問場景的重要途徑，並促進後續詢問的相關研究。

此外，各國的詢問實踐受到其歷史、文化、政治、法律等脈絡影響[10]，至少具有三個不同層次的意涵，第一，詢問是釐清事實的偵查作爲，且是取得供述證據的方法；第二，詢問是人際互動的語言交換（Speech-Exchange Systems），並且是具高度目的性與經過事先設計的問、答過程[11]；第三，詢問往往涉及國家刑事司法系統對社會控制與人權保障立場的取捨和衝突，所涉及的議題涵括法律學、犯罪學、社會學及心理學等層面[12]。

爲能更深入瞭解警察詢問與自白相關的內涵，本章首先界定警察詢問探討範圍，再就犯罪嫌疑人詢問與自白研究現況作回顧，之後論及傳統第三級策略與現代心理偵查詢問技術發展，最後則對自白理論、自白因素與詢問策略三者關係深入探討，期能對警察詢問與自白內涵有較全面的描述及呈現。

- - - - - - - - - - - -

[7] 例如Moston, S., & Engelberg, T. (1993). Police questioning techniques in tape recorded interviews with criminal suspects. *Policing and Society, 3,* pp. 223-237; Moston, S., Stephenson, G. M., & Williamson, T. M. (1992). The effects of case characteristics on suspect behaviour during police questioning. *British Journal of Criminology, 32*(1), pp. 23-40; Baldwin, J. (Ed.). (1992). *Video taping police interviews with suspects: An evaluation.* London: Home Office; Leo, R. A. (1996). Inside the interrogation room. *Journal of Criminal Law and Criminology, 86,* pp. 266-303.

[8] 例如Kassin, S., Leo, R., Meissner, C., Richman, K., Colwell, L., Leach, A.M., et al. (2007). Police interviewing and interrogation: A self-report survey of police practices and beliefs. *Law and Human Behavior, 31*(4), pp. 381-400, p. 382; Leo, R. A. (1996). Inside the interrogation room. *Journal of Criminal Law and Criminology, 86*, pp. 266-303.

[9] 例如Kassin, S. M., & McNall, K. (1991). Police interrogations and confessions: Communicating promises and threats by pragmatic implication. *Law and Human Behavior, 15*(3), pp. 233-251.

[10] Kassin, S. M., Drizin, S. A., Grisso, T., Gudjonsson, G. H., Leo, R. A., & Redlich, A. D. *Police-induced confessions: Risk factors and recommendations.* Retrieved 2009.3.3, from www.ap-ls.org/links/confessions.pdf.

[11] Lebaron, C. D., & Streeck, J. (1997). Built space and the interactional framing of experience during a murder interrogation. *Human Studies, 20*(1), pp. 1-25.

[12] Leo, R. A. (2008). *Police interrogation and American justice.* Harvard University Press, p. 2.

第 一 節　警察詢問探討範圍

一、研究範圍

在警察犯罪偵查工作中，詢問是最重要、普遍基礎的作為。犯罪偵查是蒐集與檢驗犯罪結果及資訊，釐清與重建過去犯罪事實，並選擇與結合相關資訊成為證據，提供檢察官、法官作為事實認定基礎的過程。證據可分為供述證據及非供述證據，供述證據是經由人的知覺、記憶、敘述等心理歷程記錄及呈現，除此之外則屬於非供述證據；非供述證據（例如指紋、DNA、兇器等）一般是透過物理方式（例如搜索、扣押）取得，而供述證據則是透過「詢問」取得。為釐清犯罪事實並取得供述證據，警察機關得對嫌疑人及證人進行詢問；我國刑事訴訟法雖然在用語一概使用「詢問」一詞，但從偵查實務的觀點，就使用時機、對象、目的及操作方式，仍可區分為下列 3 種形式及階段（三者比較如表 1-1）：

（一）證人訪談

警方在偵查初期階段，透過訪談目擊者、被害人等關係人，蒐集犯罪的一般性資訊，其主要目的為建立犯罪事實及取得犯罪人相關資訊，以協助案件後續偵查，並在例外時得作為被告有罪證據。對具合作意願的關係人，警方訪談技術的重點是維持受訪談者供述的意願，正確取得有助於偵查的供述內容[13]，同時評估供述的真實性[14]。對不願意合作的關係人，警方則應分析與瞭解其抗

---

[13] 指警方在訪談過程中，不會受到提問方式及情境的影響，改變或誘導受詢問者記憶內容，特別是目擊者或兒童證人的訪談最常發生誤導之情形。

[14] 關係人雖然通常具有陳述的意願，但並不表示其供述內容為真實，其不真實的原因可能是事件目擊時情境因素（震驚）、記憶流失、訊問過程及情境的誤導等；在某些情況下，關係人亦會刻意提供錯誤訊息，誤導警方的判斷。認知心理學家Fisher等人發展出認知訪談技術（cognitive interview technique），透過各種認知技術，促進受訪者提供更多且正確的記憶內容；研究發現該技術不僅有助於受訪者回憶的內容及正確性，並有利警方分辨供述內容的真實性，甚至對某些案件類型（例如性侵害案件）被害人，透過對事件的完整重述（Debriefing），具有心理釋放的治療效果，參見Milne, R., & Bull, R. (1999). *Investigative interviewing: Psychology and practice. Willey*, pp. 49-52.14.

拒的原因，提供解決的方法（例如對害怕遭到報復的關係人，在需要時提供保護；對刻意保護嫌疑人的關係人，警方可試圖切斷他們之間的忠誠關係等），並謹慎判斷其供述的正確性[15]。

（二）關係人詢問

當警方在偵查初期未掌握明確證據時，透過訪談評估相關人涉案的可能性，亦是偵查過程重要步驟和手段。警方透過訪談某些與案件相關之人，除蒐集犯罪一般性資訊外，亦會透過詢問特定的犯罪資訊（例如評估其不在場證明或否認之可信度），並觀察口語或非口語行為，評估對方是否說謊，進而判斷涉案的可能性。當警方綜合相關事證後，評估其不可能涉案時，便會將目標轉向為其他可能的嫌疑人[16]，若是判斷有罪時，則會進入下一個詢問階段。

（三）嫌疑人偵查詢問[17]

警方若已掌握明確且有力的客觀證據（例如從被害人身上取得生物跡證，或監視錄影器直接拍攝到案發情形），足以證明犯罪主要事實，則偵查詢問只是針對其他議題加以澄清（例如犯罪動機、犯罪時行為、是否有其他共犯等），是否取得自白則並非絕對必要。當缺乏有力證據的情況下，警方經由偵查及詢問結果判斷該關係人或嫌疑人「有罪」時，則會試圖透過詢問技術的運用，取得該人自白，再根據其內容蒐集其他相關證據，並以該自白作為證明犯罪事實的重要依據[18]。

---

[15] Inbau, F. E., Reid, J. E., Buckley, J. P., & Jayne, B. C. (2004). *Criminal interrogations and confessions* (4th ed.). Sudbury: Jones and Bartlett Publishers, p. 410.

[16] Hartwig, M., Granhag, P. A., & Vrij, A. (2005). Police interrogation from a social psychology perspective. *Policing & Society, 15*(4), p. 380.

[17] 對犯罪嫌疑人問話是偵查過程中不可或缺的一環，但仍必須配合其他偵查作為，才能進一步取得自白或偵查相關資訊，使用「偵查詢問」一詞更能突顯犯罪偵查整體的內涵，且國外對於嫌疑人之問話，不分主體一律採用「Interrogation」，其中文意譯較接近「偵查詢問」，因此本書內容中，大多數是以「偵查詢問」（Investigative Interview）取代「偵訊」（Interrogation）一詞。

[18] 在美國警方最普遍使用的偵查詢問教科書「Criminal Interrogation and Confession」中，作者Inbua等人已在2004年第4版將偵查詢問之目的由取得自白，改變為發現事實（Learn the Truth），參見Inbau, F. E., Reid, J. E., Buckley, J. P., & Jayne, B. C. (2004). *Criminal*

表 1-1　證人訪談、關係人詢問、嫌疑人偵查詢問之比較

區別項目	證人訪談 （Interview）	關係人詢問 （Interview）	嫌疑人偵查詢問 （Investigative Interview）
對象	目擊者、證人等	可能涉案之關係人	判斷有罪的嫌疑人
主要目的	建立事件事實	建立事件事實／判斷是否有罪	取得自白
使用技術	記憶詢問增強技術	行為分析技術	心理偵查詢問技術
提問方式	開放式	半結構式	結構式
地點位置	任何地點均可	許多地點均可	在對警方有主場優勢的地點（如偵詢室）

資料來源：研究者整理。

其中，本書主要是針對警察偵查犯罪階段嫌疑人詢問進行研究，參照最高法院 99 年台上字第 1893 號判決意旨，舉凡只要是在功能上相當於對犯罪嫌疑人案情之詢問，不論出於閒聊或教誨等任何方式，亦不問是否在偵詢室內，即應符合刑事訴訟法第 95 條權利告知事項及第 100 條之 1 錄音錄影規定，以嚴守犯罪調查程序正義[19]，所以實際運作可能已包括上述關係人詢問（Interview）及嫌疑人偵查詢問等階段。

依據刑事訴訟法第 71 條之 1 第 1 項：「司法警察官或司法警察，因調查犯罪嫌疑人犯罪情形及蒐集證據之必要，得使用通知書，通知犯罪嫌疑人到場詢問。」及第 41 條：「訊問被告、自訴人、證人、鑑定人及通譯，應當場製作筆錄。」等規定，可知我國刑事訴訟法對於嫌疑人、被告之問話，因進行主體不同而有所區別，由司法警察（官）主導對於嫌疑人之問話為詢問；由檢察官、法官主導對於嫌疑人、被告之問話為訊問，但實質上所進行的內容並無區別，主要目的皆是為發現犯罪事實真相，得以發現線索、追查物證、發掘共犯

----

interrogations and confessions (4th ed.). Sudbury: Jones and Bartlett Publishers, p. 8.，但其強調能夠發現真實，主要是基於能夠透過口語及非口語行為辨別有罪或無罪嫌疑人，對認為有罪的嫌疑人，仍未脫離取得嫌疑人自白之目的。

[19] 參見最高法院99年台上字第1893號刑事判決要旨。

與確定案情，進而決定證據之價值、明瞭事情的原委，並辨別罪責的輕重[20]。

另從偵查實務觀察，自白多數在警察偵查階段作出，且當警方經由偵查及訪談結果判斷該嫌疑人可能涉案時，則會試圖透過詢問技術取得嫌疑人自白。所以，本書主要著重於警察偵查階段，在詢問過程中對於犯罪嫌疑人自白決意因素及特定詢問策略進行研究，為求符合刑事訴訟法用語，除少數引用文獻資料情形外，一律以「詢問」稱之。

二、重要名詞界定

（一）詢問策略

策略的擬定是為了有效地達成目標、解決問題，因此基本上是問題（目標）導向的，在擬定策略之前，必須要先清楚，究竟要解決什麼問題、達成什麼目標，如此才能研擬出有意義的策略[21]。是以，對於詢問策略之定義，係指在詢問互動過程中，透過事先瞭解或評估案件資料以及犯罪嫌疑人自白決意等相關因素，擬定不同詢問計畫，包括詢問步驟、風格、工具、技巧等面向。

（二）自白（Confession）

自白，一般認知是犯罪嫌疑人口頭陳述（供述）案情、坦承罪行的簡稱，在歷史上對於刑事訴訟相當重要，可說是「證據之王」，例如中國民間傳說的包青天辦案，必須讓嫌疑人在衙役謄寫的書面口供上畫押，才能算是破案；歐洲中世紀的獵巫審判，極其刑求之能事，也是為了要從女巫口中逼出認罪，才能判刑。

現今法律規範對於自白則有較精確的解釋，刑事訴訟法第 100 條：「被告對於犯罪之自白及其他不利之陳述，並其所陳述有利之事實與指出證明之方法，應於筆錄內記載明確。」稱「自白」係指被告就犯罪事實全部或一部承認自己刑事責任所為之陳述。

實務運作上，雖刑事訴訟法對於「犯罪嫌疑人」、「被告」用語有所區別，「犯罪嫌疑人」—指偵查中且受司法警察（官）詢問的特定人而言；「被

---

[20] 林燦璋、林信雄（2009）。偵查管理—以重大刑案為例。五南圖書出版公司，頁207。

[21] 蕭富峰（2001）。行銷聖經。商周出版社，頁14。

告」一則可能是偵查中受檢察官或法官訊問的特定人，也可能是審判中受法官審判的特定人[22]。但依刑事訴訟法第100條之2：「本章之規定，於司法警察官或司法警察詢問犯罪嫌疑人時，準用之。」規定司法警察（官）詢問犯罪嫌疑人準用「被告之訊問」，是屬於廣義之被告，因此「被告對於犯罪之自白及其他不利之陳述」，當然亦包括司法警察（官）偵查中所詢問的「犯罪嫌疑人」在內。

　　從上述自白的歷史觀點、現行法律解釋與用語說明，概可瞭解其意涵，而本書主要是針對偵查階段，警察詢問犯罪嫌疑人過程中自白因素的研究，配合研究所稱之自白，乃指警察偵查詢問犯罪嫌疑人過程中，嫌疑人對於犯罪事實一部分或全部承認自己刑事責任所為之供述。

（三）偵查相關資訊（Investigation Relevant Information）

　　在英國偵查詢問是以一種資訊蒐集的觀點來進行，而非將取得自白當成是最終目標，認為在詢問中主要是取得偵查相關資訊，偵查相關資訊被認為是可能實質關聯到持續進行偵查中的資訊，並且可以細分為下列類別：個人資訊、活動資訊、時間資料、地點資訊、物件資訊等[23]。

　　而本書所指偵查相關資訊，意即以在警察詢問過程中所取得與發現犯罪事實相關聯的偵查資訊，其資訊內容配合現行內政部警政署警察偵查犯罪手冊第120點規定所列之筆錄要點[24]，除了姓名、年齡、職業、住址、教育程度、家庭狀況、前科等基本個人資料外，主要包括：

1. 犯意：係指犯罪之原因、目的、動機、精神狀態、故意或過失等，包括刑法上之正當防衛、緊急避難或基於義憤之主觀要素等。
2. 關於人的部分：係指正犯（直接正犯、間接正犯、共同正犯）、共犯（如教唆犯、幫助犯）及與犯罪行為有關之人。
3. 關於時的部分：係指預備、實施、發現、報案、被害人死亡時間與在犯罪發生時間內涉嫌人行蹤等。

----

[22] 林鈺雄（2013）。刑事訴訟法。元照出版社，頁198。

[23] Oxburgh, G. E., & Ost, J. (2011). The use and efficacy of empathy in police interviews with suspects of sexual offences. *Journal of Investigative Psychology and Offender Profiling, 8*(2), p. 185.

[24] 內政部警政署（2019）。警察偵查犯罪手冊。

4. 關於地的部分：係指犯罪起、止、經過及其他有關之處所、區域。

5. 關於事的部分：係指犯罪全部經過及犯罪方式、方法、與被害人之關係、違反義務之程度等。

6. 關於物的部分：係指犯罪交通工具、贓物、證物或違禁物等。

第 二 節　犯罪嫌疑人自白率

　　研究顯示，即使自白會導致不利的後果，仍有 40-70% 犯罪嫌疑人在警察詢問中自白或承認犯罪[25]，例如在英國比率大約是 60%、在美國比率大約是 45%、在日本大約是 80%，而在臺灣最近的一項研究大約為 72.4%；若僅就性犯罪而言，則大約在 20-40% 之間，遠低於一般犯罪自白率（如表 1-2）。這顯示出性犯罪嫌疑人在面對警察詢問時，較傾向於否認，理由包括：性犯罪是相當嚴重的犯行（承認會被判以重刑）；其次，這類犯罪被認為是一種「獨特的」案件，案件本質上，發生頻繁但報案率低，加害人多為男性，被害人為女性，且存在某種關係（如親戚、同居、部屬、鄰居、同學、同事、朋友、認識人、家屬、網友等），往往發生於私人隱密處所，除被害人出面言詞指控外，沒有其他證人也缺乏相關證據；最後，在詢問時通常比較會遭到偵查人員的羞辱與譴責，以及伴隨著偵查人員的態度與詢問過程中所引發的羞恥感，這些均是造成性犯罪嫌疑人自白可能性不高的原因[26]。

- - - - - - - - - - - -

[25] Gudjonsson, G. H. (2006). Sex offenders and confessions: How to overcome their resistance during questioning. *Journal of Clinical Forensic Medicine, 13*(4), pp. 203-207.

[26] Kebbel, M., Hurren, E. J., & Mazerolle, P. (2006). An investigation into the effective and ethical interviewing of suspected sex offenders, Final Report. *Criminology Research Council, 12*, p. 1.

表 1-2　自白率比較表 [27]

研究者	年代	國家	樣本來源	樣 本 數	自 白 率	犯罪類別
Cassell, & Hayman	1994	美國	偵訊觀察	173	27.2	一般犯罪
Leo	1996	美國	偵訊觀察	182	42	一般犯罪
Leo	1996	美國	偵訊觀察	166	41.7	一般犯罪
Kassin et al.	2007	美國	問卷調查	631	67.6	一般犯罪
Moston, & Stephenson	1992	英國	問卷調查	558	59.0	一般犯罪
Pearse, & Gudjonsson	1996	英國	偵訊觀察	161	58.0	一般犯罪
Phillips, & Brown	1998	英國	警方紀錄	4,250	55.0	一般犯罪
Bucke et al.	2000	英國	偵訊觀察	1,227	55.0	一般犯罪
Dixon, & Travis	2007	澳洲	偵訊觀察	175	76.0	一般犯罪
Dixon, & Travis	2007	澳洲	偵訊觀察	87	40.0	一般犯罪
渡邊昭一、横田賀英子	1999	日本	警方紀錄	1,184	71.4	一般犯罪
日本裁判所	2007	日本	法院資料	82,092	91.3	一般犯罪
林燦璋等	2013	臺灣	問卷調查	886	72.4	一般犯罪
Holmberg, & Christianson	2002	瑞典	問卷調查	83	28.0	性犯罪
Lippertet al.	2010	美國	案件檔案	282	29.0	兒童性犯罪
Beauregardet al.	2010	加拿大	半結構訪談	624	42.8	性犯罪
Beauregard, & Mieczkowski	2011	加拿大	半結構訪談	219	35.6	成人性犯罪
Beauregard, & Mieczkowski	2011	加拿大	半結構訪談	255	41.1	兒童性犯罪
陳耀宗	2017	臺灣	問卷調查	389	49.9	性犯罪

- - - - - - - - - - - - - -

[27] 資料來源：表內日本裁判所及其以上研究資料係引自施志鴻（2011）。自白心理學之探究。
警學叢刊，第42卷第3期，頁176；林燦璋等及以下研究資料由研究者自行整理。

第 ③ 節　傳統第三級策略與現代心理偵查詢問技術

一、傳統第三級策略（Third Degree Tactics）

20 世紀中期前，美國警方對否認嫌疑人普遍使用「第三級策略」的偵查詢問方式。所謂第三級策略是各種強制偵查詢問手段的總稱[28]，包含直接施加身體暴力（例如毆打、撞擊、掌摑等）及羞虐（例如灌水、電擊、以熱水或香煙燒燙身體等）、不會留下傷痕的生理強制技術（例如以橡膠管鞭打身體、睡眠剝奪、長期間持續訊問、強迫長時間站立、以強光照射其眼睛、矇眼、強迫其坐或站在冰塊上、空調調至人體難以忍受的溫度等），以及心理脅迫技術（例如威脅加重其刑或允諾減輕刑度）等，直到被告心理及生理無法忍受，作出承認或自白才停止[29]。第三級策略的共同特徵可歸納如下：第一，大多數在嫌疑人被強制拘禁的狀況下；第二，使用造成生理或心理痛苦的極端手段，施加超過嫌疑人所能忍受的身體暴力及心理威脅；第三，以獲取自白或承認為最終目的[30]。

由於第三級策略對取得自白具有直接的效果，即使在強調保障人權的現在，仍被用來作為恐怖活動案件的偵查詢問手段。美國司法部於 2009 年解密公布 2002 年到 2005 年 4 份備忘錄，詳細記載布希政府時期授權對被拘禁的重要（High Value）恐怖組織成員，得使用的偵查詢問強化技術（Interrogation

----

[28] 第三級策略就如同我國刑訊（刑求逼供）或稱「拷訊」、「拷鞫」，刑訊是在審訊過程中動用刑具折磨受審者以逼取口供的審訊方法的總稱，此種方法古代被認為是一種正當的、合理的審訊手段，甚至訂入法律規定，參閱趙春燕（2003）。中國古代刑訊制度演變規律之研究。中國刑事法雜誌，第4期，頁110-116。

[29] Keedy, E. R. (1936). Third degree and legal interrogation of suspects. *University of Pennsylvania Law Review, 85*(8), pp. 761-777; Leo, R. A. (2006). The third degree and the origins of psychological interrogation in the United States. In G.D. Lassiter (Ed.), *Interrogations, Confessions, and Entrapment* (pp. 3-81). New York: Springer.

[30] Leo, R. A. (1992). From coercion to deception: The changing nature of police interrogation in America. *Crime, Law and Social Change, 18*(1), pp. 35-59, p. 38.

Enhanced Techniques）[31]：

（一）飲食操控（Dietary Manipulation）：包含以低劣的流質食物作為主食，提供被拘禁者粗糙無味、引不起食慾但足以維生的食物；禁食搭配其他如睡眠剝奪的取供效果更佳。詢問人員必須確定受拘禁者有適當的水分及營養，且隨時觀察其身體狀況。

（二）裸體（Nudity）：在偵查詢問過程讓拘禁者全身裸體，並安排女性詢問人員在場，造成拘禁者心理不適感，特別當拘禁者基於文化或其他因素時，會產生更大的效果；當拘禁者願意配合時，會立即提供衣物以作為正向回饋；在過程中會維持適當室溫，並避免性騷擾或性虐待情況發生。

（三）抓領（Attention Grasp）：拘禁者雙手被固定，詢問人員雙手捉住拘禁者的衣領，前後大力搖晃。

（四）輪牆（Walling）：詢問人員用力將拘禁者推去撞擊一面有彈性的假牆，讓其肩胛骨撞擊發出巨大撞擊聲，使其產生驚嚇。實施輪牆技術時，拘禁者頭部和頸部會戴上安全帽、護頸及護肩，以避免受傷，並有生理及心理防護員在場，確認是否造成傷害。

（五）扒臉（Facial Hold）：拘禁者在詢問過程中頭部被固定，詢問人員張開手掌扒在拘禁者臉上，但避免手指戳傷其眼睛。

（六）掌摑（Facial Slap or Insult Slap）：詢問人員手指微開掌摑拘禁者下巴，其目的並非造成痛苦，而是造成突然的驚嚇、震驚和羞辱。

（七）摑腹（Abdominal Slap）：詢問人員接近拘禁者的正前方，手指併攏、手肘固定作為支點，以手背摑擊其胸骨以下、肚臍以上的腹部部位，此技術用來讓拘禁者注意詢問人員的提問，破除拘禁者不會被施加身體暴力的預期。

（八）狹窄空間拘禁（Cramped Confinement）：將人拘禁在一個昏暗狹小空間內，限制其移動。較大空間足以讓拘禁者起坐，較小的空間則僅能夠

---

[31] Memorandum for John A. Rizzo, Senior Deputy General Counsel, Central Intelligence Agency, for Steven G. Bradbury, Principal Deputy Assistant Attorney Genera, Office of Legal Counsel, Re: Application of 18 U.S.C. §§ 2340-2340 A to the Combined Use of Certain Techniques in the Interrogation of High value al Qaeda Detainees (May 10, 2005), pp. 7-16.

以讓拘禁者坐下；有時會在房間內放置拘禁者害怕的昆蟲或動物。拘禁在較大空間每次不得持續 8 小時以上，一天不得超過 18 小時；較小空間則每次不得持續 2 小時以上。

（九）罰站（Wall Standing）：主要用來製造短暫的肌肉疲勞。拘禁者站在距離牆壁 4 至 5 呎處，雙腳站立約與肩同寬，雙手向前伸直，手指放在牆上支撐身體重量，且不得移動手腳。

（十）壓力姿勢（Stress Position）：有三種壓力姿勢用來造成因肌肉疲勞產生的不舒適感，包含坐在地板上雙腳向前伸直，雙手舉過頭；跪著維持往後仰的姿勢；雙手以手銬銬住，身體傾斜以頭頂住牆壁。

（十一）潑水（Water Dousing）：以水管或容器將冷水潑灑拘禁者，但應避免將水灌入拘禁者的眼、口、鼻、耳。水溫至少須華氏 41 度以上，時間不得持續 20 分鐘，以防止其失溫。另一種方式稱為彈水（Water Flicking），詢問人員雙手沾水彈向拘禁者的臉部，造成刺激、驚嚇、惹惱及羞辱，以達到錯亂其精神的效果。

（十二）睡眠剝奪（Sleep Deprivation）：限制拘禁者長達 48 小時以上無法睡覺，其目的是造成拘禁者意志脆弱，以降低其心理抵抗。方法其一是將拘禁者從天花板垂下的鉤環銬住雙手，雙腳由固定在地板的腳鐐銬上，其長度僅供左右移動，但無法坐下或躺下。當拘禁者想要睡覺時，他會因重心不穩而驚醒。另一種方法是讓拘禁者坐在小板凳上，因為面積過小以致拘禁者無法平衡重心。在禁睡過程中，拘禁者會被穿上成人紙尿褲，且定時更換，此舉是為衛生及健康考量，而非羞辱的目的。若是詢問有所進展，詢問人員會立即取下拘禁者的手銬，作為正向回饋，禁睡的時數上限為 180 小時。

（十三）灌水（Water Board）：拘禁者躺在輪床上後仰約 10 至 15 度，衣服放在臉部，由上方 6 至 18 英吋處倒下冷水，造成拘禁者難以甚至無法呼吸；若是拘禁者轉頭抵抗，詢問人員按住其口鼻加以制止。此種作法讓拘禁者產生如同溺水的感覺，造成強烈的驚恐。每次灌水不得超過 40 秒。

上述詢問強化技術主要目的並非造成拘禁者生理或心理傷害，而是引發其生理及心理匱乏、驚嚇及壓力，以削弱嫌疑人意志與減低抗拒，強化偵查詢問效果，達到取得供述的目的。依該備忘錄所載，其具以下 3 種生理及心理機

制[32]：

（一）制約技術（Conditioning Techniques）

讓拘禁者處於基本需求無法掌握的狀態下，感受到自己並沒有受到保護，轉而重視自己利益、感受及立即的需求，包含裸體、飲食操控及睡眠剝奪等技術。

（二）導正技術（Corrective Techniques）

透過與拘禁者某種程度的身體接觸造成驚嚇，讓拘禁者能夠集中注意詢問人員的提問，並破除其不會被身體暴力的預期，包含掌摑、摑腹、扒臉、晃動等技術。

（三）強制技術（Coercive Techniques）

讓拘禁者生理及心理處在更大的壓力下，此種技術比其他技術更能說服抗拒的拘禁者與詢問人員合作，包含輪牆、灌水、壓力姿勢、罰站、拘禁狹小空間及灌水技術。

即使美國中情局一再強調，上述技術限於針對美國境外的恐怖分子，並在評估身心狀況適合且安全狀況下使用，某些極端技術也僅用在必要的特定人士（例如灌水技術是在有確定情資顯示恐怖攻擊正要進行，有確定情報指出該嫌疑人能提供阻止或延遲恐怖攻擊的情資，以及使用其他方法都無法成功詢問的條件下實施）[33]；但此技術公布後，引起美國國內、國際輿論及人權組織的強烈批評，歐巴馬政府立即下令禁止使用，美國司法部並指派特別檢察官進行調查[34]。

- - - - - - - - - - - - -

[32] Memorandum for John A. Rizzo, Senior Deputy General Counsel, Central Intelligence Agency, Re: Application of United States Obligations Under Article 16 of the Convention Against Torture to Certain Techniques that May Be Used in the Interrogation of High value al Qaeda Detainees (May 30, 2005), pp. 12-16.

[33] Memorandum for John A. Rizzo, Senior Deputy General Counsel, Central Intelligence Agency, Re: Application of United States Obligations Under Article 16 of the Convention Against Torture to Certain Techniques that May Be Used in the Interrogation of High value al Qaeda Detainees (May 30, 2005), pp. 1-5.

[34] 參見BBC News，網址http://news.bbc.co.uk/go/pr/fr/-/2/hi/americas/8219307.stm，瀏覽日期：2007年8月25日。

　　早在 1931 年美國 Wickersham Report 便指出：「第三級策略強加身體或心理的痛苦，藉此從嫌疑人取得有關犯罪的資訊，……這種方法普遍被詢問人員使用，並且是一種秘密及非法的行為，……第三級策略不僅是執法人員公然違法，及有取得虛偽自白的風險性，而且導致詢問人員及檢察官不再積極尋找其他客觀證據，……就如受訪談的某位詢問人員所言：『若你使用了拳頭，就不那麼可能動腦了。』（If you use your fists, you are not so likely to use your wits.）。」[35] 明確指出上述技術不僅違法且有促使虛偽自白風險，也助長詢問人員「以人取證」的便宜行事偵查手段；再加上 1930 到 1940 年間美國最高法院，作出數個排除任何暴力脅迫方式所取得自白的判決 [36]，促使警察機關發展出心理學取向（Psychological Orientated）偵查詢問技術，取代傳統的第三級策略。

二、現代心理偵查詢問技術

　　隨著社會控制及警察權力減弱，以及強調正當程序的約制下，法院對警察機關偵查詢問手段逐步加以限制，美國警察機關使用的偵查詢問模式由傳統第三級策略，轉變為現代心理偵查詢問技術。不同於第三級策略，詢問人員透過施加嫌疑人生理及心理痛苦、驚嚇及壓力，促使嫌疑人在自白當刻，寧願相信結束偵查詢問的短期效果（例如脫離痛苦及壓力），勝過於自白造成的長期效果（例如被定罪）；現代美國詢問人員轉而運用更專業且複雜的心理影響技術，說服嫌疑人作出自白。現代偵查詢問手冊普遍建議詢問人員在事先經過設計（例如單一色調的房間等）、隱密及隔離環境，對嫌疑人進行偵查詢問，其目的是製造被詢問者壓力、孤立、恐懼及無助感的情境，誘發嫌疑人內在壓力及焦慮、打擊嫌疑人信心以及強化詢問人員心理優勢 [37]。詢問人員再透過某些社會影響技術，操弄嫌疑人的知覺（Perceptions）及判斷（Reasoning），說服

---

[35] 引自Miranda v. Arizona (1966) 384 U.S. 436.

[36] 例如Brown v. Mississippi, 297 U.S. 278(1936); Ashcraft v. Tennessee, 332 U.S. 133(1944); Chamber v. Florida, 309 U.S. 165(1940).

[37] Ofshe, R. J., & Leo, R. A. (1997a). Decision to confess falsely: Rational choice and irrational action. *Denver Law Journal, 74*, p. 997.

嫌疑人最後相信向詢問人員自白，是符合其利益的最佳選擇 [38]。

美國現代偵查詢問手冊，可歸納出下列共同內容：說服（Persuasion）、直接質問（Direct Confront）、說辭發展（Theme）、處理拒抗（Resistance）、非此即彼的選項（Alternative Question）、發展出完整細節（Developing Details）[39]；這些偵查詢問手段隱含某種共同的哲學觀點：「偵查詢問手冊是基於詢問人員大量經驗的累積，而提供合法有效突破嫌疑人抗拒的技術。」這些手冊的作者皆強調大多數嫌疑人因對自己行為感到丟臉（Shame），以及害怕後續的法律後果，故會抗拒自白。依據其觀點，若是要發現真實，某種程度的壓力、欺騙（Deception）及操弄是必要的，其中最具代表性即是 Reid 等人於1974 年所提出的萊德模式。

之後，英國於 1984 年訂定「警察與刑事證據法案」（Police and Criminal Evidence Act 1984）後，結合心理學、法律學等領域，正面檢視警詢過程，並提出以蒐集資訊取向（Information-gathering）的 PEACE 模式。前述傳統警詢模式主要在取得不利自白的對抗特徵，為突破嫌疑人抗拒的目的，一定程度內會使用壓力、利誘及欺騙之手段，這些技術在一般日常的社會行為觀點，被視為有違反倫理（Unethical）之虞，且有不正方法邊緣遊走風險 [40]；英國PEACE 詢問模式認為詢問為複雜人際互動過程，受詢問人在詢問時的反應，受到詢問人行為模式所影響，故詢問人應展現尊重與真誠，建立兩者平等關係，將能促進受詢問人供述的意願。該模式提供警察人員一個符合倫理和探究的詢問架構 [41]，不僅改變外界及刑事司法系統對警詢之負面觀感，也正面引導警察機關詢問技術應有內涵，多少可視為對美國萊德模式等傳統警詢模式的反動。

---

[38] Leo, R. A. (2008). *Police interrogation and American justice.* Cambridge, Harvard University Press, p. 25.

[39] Blair, J. (2005). What do we know about interrogation in the United States? *Journal of Police and Criminal Psychology, 20*(2), pp. 44-48.

[40] 施志鴻（2010）。美國偵查詢問模式之論析。警學叢刊，第40卷第5期，頁27-52。

[41] Schollum, M. (2005). Investigative interviewing: The literature. New Zealand: Office of the Commissioner of Police, New Zealand Police, p. 43.

第 四 節　自白理論、自白因素與詢問策略之關係

　　雖然犯罪嫌疑人自白通常會帶來嚴重的後果，但仍有不少嫌疑人在警方的詢問下作出自白，其中的原因解釋尤其值得探索，爲什麼嫌疑人會去自白他們所犯下的罪行，許多學者已經提出不同的模式來加以解釋，最重要的自白理論模式包括[42]：萊德模式（Reid Model）、決意模式（Decision-making Model）、心理分析模式（Psychoanalytic Model）、互動過程模式（Interaction Process Model）、認知行爲模式（Cognitive-behavioral Model）。然而，上述心理自白模式雖然可以較清楚的解釋犯罪嫌疑人作出自白的原因和過程（如嫌疑人個人特徵、嫌疑人內在罪惡感、嫌疑人認知過程、案件特性、外在壓力、互動過程等），並提供詢問人員採取應對的詢問策略方向以取得自白（如詢問時所採取的操弄取向、自發取向、互動取向等），但仍無法具體明確分析出犯罪嫌疑人自白因素，進而採取應對策略，僅提供出自白原因的基礎理論，且所延伸的詢問因應取向及策略，也無法廣泛運用在所有犯罪嫌疑人。

　　因此，必須進一步從實證研究上去找尋犯罪嫌疑人自白決意的主要原因，針對自白因素的呈現，採取更有效的詢問策略，進而提高自白率或取得犯罪事實。特別是發展性犯罪嫌疑人詢問策略，就必須以自白理論爲基礎，透過實證研究才能具體分析自白因素，針對不同類型性犯罪嫌疑人自白因素的呈現，採取系統、有效的詢問策略（自白理論、自白因素與詢問策略之關係，詳如圖1-1）。

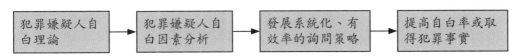

犯罪嫌疑人自白理論 → 犯罪嫌疑人自白因素分析 → 發展系統化、有效率的詢問策略 → 提高自白率或取得犯罪事實

圖 1-1　犯罪嫌疑人自白理論、自白因素、詢問策略關係

資料來源：研究者整理。

---

[42] 施志鴻（2010）。警察偵查詢問過程虛僞自白形成之研究。中央警察大學犯罪防治研究所博士論文，頁32-40；Gudjonsson, G. H. (2006). Sex offenders and confessions: How to overcome their resistance during questioning. *Journal of Clinical Forensic Medicine, 13*(4), pp. 203-207.

第 ⑤ 節 結 語

　　詢問是在警方形成有罪判斷後，在封閉的偵詢室空間內，對嫌疑人進行控訴（Accusatory）的問、答過程，並以取得自白爲主要目的[43]。在犯罪事件中，最清楚是否犯罪及犯罪事實者，莫過於親身經歷的犯罪人本人，當嫌疑人承認爲犯罪人時，即成爲瞭解其犯罪主觀事實及客觀行爲最直接的資訊來源[44]。由於並非所有案件在偵查初期便可蒐集到客觀證據，甚至在最後都有物證足以支持定罪，透過詢問取得自白，對案件偵查及解決仍具有一定的重要性。特別是某些類型之案件（例如性犯罪、謀殺、恐怖攻擊、貪污等），通常缺乏其他相關物證，必須透過詢問取得嫌疑人的自白始得以解決，且符合國家及社會所期待的利益。

　　即使自白會導致不利於己的結果，但仍有 40-70% 的犯罪嫌疑人在警察詢問過程中作出自白；究竟有哪些因素會影響嫌疑人作出自白，許多研究學者已經提出不同的模式理論來加以解釋，但仍無法具體明確的說明嫌疑人自白決意因素，後續也經由實證研究發現，犯罪嫌疑人自白是要經過一組高度複雜的因素來決定，並非是單一因素所能解釋，其中「證據強度」是最直接、最關鍵的影響因素[45]。

　　此外，在偵查實務上，多數嫌疑人會否認犯行，因此警察機關發展出各種詢問模式或策略（包括傳統第三級策略與現代心理萊德偵查詢問模式、PEACE 詢問模式等），以突破嫌疑人抗拒，試圖讓其從否認犯罪，轉變爲自白。一般而言，警察詢問對於「一般的」犯罪，相關訓練及嫌疑人詢問尚足以應付；然而在「嚴重的」犯罪，諸如殺人、縱火、性侵害等犯罪嫌疑人詢問則

---

[43] 美國刑事司法雖然早已發展爲抗辯制度（Adversarial System），但學者認爲偵查詢問此種取得自白（Confession-Obtaining）的性質，依然具有濃厚的糾問制度（Inquisitorial System）色彩，參見Williamson, T. M. (1993). From interrogation to investigative interviewing: strategic trends in police questioning. *Journal of Community & Applied Social Psychology, 3*(2), pp. 89-99

[44] Arizona v. Fulminante (1991) 499 U.S. 279。

[45] 陳耀宗（2017）。性犯罪嫌疑人自白決意因素與詢問策略之實證研究。中央警察大學犯罪防治研究所博士論文，頁342。

是相當艱難的[46]，因此，若要透過上述自白理論、萊德偵查詢問模式、PEACE
詢問模式等技術來廣泛運用在不同類型犯罪嫌疑人，對於其自白效果是有限
的，特別是性犯罪是相當嚴重的犯行，往往發生於隱密處所，除被害人指控
外，少有其他證人或證據；且嫌疑人普遍存有扭曲認知、低同理心、缺乏依
附、低成就、低自尊等人格與行為特質，不同類型性侵犯間更存在細微的人格
差異，在詢問過程中也會積極抗辯否認，並遭受較多的凌辱與譴責，引發羞恥
感，增加詢問困難程度。

　　鑑於上述自白對犯罪偵查、審判的重要性，以及一般犯罪與性犯罪自白率
存在落差等實務問題，同時檢視國內、外性犯罪嫌疑人自白因素與詢問運用研
究發展現況等背景，要如何站在現有自白研究的成果基礎上，聚焦於性犯罪嫌
疑人自白因素分析，找出影響自白的相關因素，透過詢問前（中）的因素評估
與考量，準確的採取不同詢問策略去取得自白，進而發展出系統化、有效的詢
問策略，以提高自白率或取得偵查相關資訊、發現犯罪事實，這是一個非常值
得探討的問題，也是本書所論述的重點。

　　最後，在本書編次章節安排上，主要以一般犯罪嫌疑人的自白理論與自白
因素及詢問模式為基礎架構，同時也融入詢問難度較高的性犯罪嫌疑人相關文
獻資料。最後則是針對性犯罪嫌疑人自白因素與詢問策略進行實證分析，提供
出一個完整的實證研究發現，並與國內外文獻相互印證與比較。有關各篇內容
說明如下：

第一篇：偵查詢問的基礎理論，包括概論、自白理論、自白因素、萊德詢問模
　　　　式、PEACE 詢問模式、詢問工具、詢問互動等。

第二篇：偵查詢問特論，主要探究口語與非口語行為、虛偽自白成因與過程解
　　　　析、證人詢問與指認、國內警察詢問現況等專題。

第三篇：聚焦在性犯罪嫌疑人的偵查詢問研究，分別解析詢問互動及自白決意
　　　　因素外，也引介美國 FBI 的詢問技術及其後續改進建議。

----

[46] Pearse, J., Gudjonsson, G. H., Clare, I. C. H., & Rutter, S. (1998). Police interviewing and
psychological vulnerabilities: Predicting the likelihood of a confession. *Journal of Community and
Applied Social Psychology, 8*, pp. 1-21.

CHAPTER

2

詢問自白理論

　　雖然犯罪嫌疑人自白會帶來不利於己的後果，但仍有不少嫌疑人在警方的詢問下作出自白，其中的原因解釋尤其值得探索；為什麼嫌疑人會去自白他們所犯下的罪行，過去 50 年間，有許多研究學者已經提出不同的模式來加以解釋，以下分別說明 5 種當前最具代表性的自白理論模式[1]：

第 一 節　萊德模式（Reid Model）

　　Reid 等人 1986 年在其第 3 版著作中，論及 9 個偵查詢問步驟以瓦解嫌疑人的抗拒與否認過程，並提出著名的「萊德模式」[2]。萊德模式假設嫌疑人認知到自白的不利後果，因此不願自白而選擇欺瞞以否認犯案，除非他們認為自白比欺瞞的心理負擔來得輕些；故 Inbau 等人設計出瓦解嫌疑人抗拒與否認的 9 個步驟[3]，藉此誘使嫌疑人在兩害取其輕的狀況下作出自白選擇。這套「謊言的

---

[1] 施志鴻（2010）。警察偵查詢問過程虛偽自白形成之研究。中央警察大學犯罪防治研究所博士論文，頁32-40；Gudjonsson, G. H. (2006). Sex offenders and confessions: How to overcome their resistance during questioning. *Journal of Clinical Forensic Medicine, 13*(4), pp. 203-207.

[2] Jayne, B. C. (1986). The psychological principles of criminal interrogation. In Inbau F. E., Reid J. E., Buckley J. P. (Eds.), *Criminal Interrogation and Confession* (3rd ed.) (pp. 327-347). Williams and Wilkins：另有關萊德模式的形成，係在1962年Inbau和Reid集結相關論著出版本書的第1版，在1967年出版第2版後；1986年加入Buckley出版第3版，第3版介紹了詢問方法的最新狀況，並引入重要的法律部分，同時附錄偵訊心理學（Psychology of Interrogation），成為眾多偵查人員的詢問教材。在1986年的第3版中，介紹了一種針對不願自白供述的犯罪嫌疑人，突破其心防的9個步驟，使其自白供述，這就是著名的「萊德模式」。

[3] 萊德模式詢問的9個步驟：
　　步驟一：直接、明確對質（Direct Positive Confrontation）。
　　步驟二：說辭發展（Theme Development）。
　　步驟三：處理否認（Handling Denials）。
　　步驟四：克服反駁（Overcoming Objections）。
　　步驟五：取得並維持嫌疑人的注意（Procurement and Retentions of Suspect's Attention）。
　　步驟六：操弄嫌疑人的被動情緒（Handling suspect's passive mood）。
　　步驟七：提出非此即彼的選項（Presenting the Alternative Question）。
　　步驟八：讓嫌疑人敘述各種犯罪細節（Having Suspect Orally Relate Various Details of

心理解除」（Psychological Undoing of Deception）技術相當有效，至今仍被美國、加拿大等警方廣泛採用；除淡化嫌疑人對於自白後果的知覺，同時增加對其說謊有關的內在焦慮，當嫌疑人感到自白後果的不利感減輕，而說謊所產生的焦慮感增大時，則會傾向於作出自白，整個從否認到自白形成的心理過程如圖 2-1 所示。

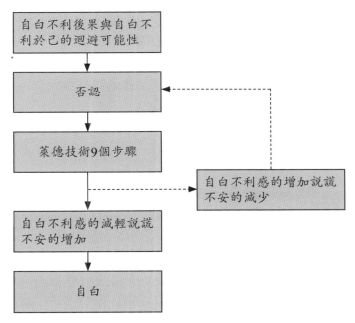

圖 2-1　萊德模式否認到自白形成之心理過程 [4]

- - - - - - - - - - - - -

Offense）。

步驟九：由口頭供述轉為書面供述（Converting an Oral Confessions into a Written Confession）。

此9個步驟是出現在針對有罪確定或是合理懷疑其有罪的嫌疑人詢問脈絡中，但必須強調並不是每場詢問都是由完整的9個步驟組成，每個步驟也不一定要照特定順序；而在每個階段均需注意嫌疑人的行為反應，因為有些是要進入下一階段的提示，有些則透露出嫌疑人是無辜的。

[4] 引自施志鴻（2010）。警察偵查詢問過程虛偽自白形成之研究。中央警察大學犯罪防治研究所博士論文，頁33。

　　而在否認到自白形成的心理過程中，主要透過：預期（Expectancy）、說服（Persuasion）及信念（Belief）等三個基本概念來進行心理操弄。預期與個人期待的目標或是知覺的後果有關，如當嫌疑人預期自白會遭受當時所知覺的後果，其所期待的目標就是不要作出自白；說服為某種改變他人態度、信念及知覺的溝通形式，說服可以改變他人的預期；信念並非客觀真實（Fact），而是主觀及內在的想法，因此容易受到外在影響而重新詮釋，成為說服的標的[5]。偵查人員在偵查詢問過程必須藉由影響嫌疑人的信念，試圖改變嫌疑人對於自白後果的知覺，以及說謊的焦慮感，而促使嫌疑人白白。

　　萊德模式及其所運用的技術可能是高度有效，然而它卻引起了某些欺騙、誘導等違反倫理問題，會讓嫌疑人去對他們未作的罪行進行自白，例如透過偵查詢問技術巧妙地操弄受詢問人的情感和弱點，或者具有暗示性，這些都特別不利於少年等具高度脆弱性（Vulnerability）的群體，因此始終無法避免誘使無辜者作出虛偽自白的批評。

第 二 節　決意模式（Decision-making Model）

　　Hilgendorf 與 Irving 在 1981 年將偵查詢問概念化為「複雜（Complicating）及高強度（Demanding）的決意過程」[6]，此一模式主張在偵查詢問過程中，嫌疑人必須作出一連串的選擇決定，範圍包括：開口說話或行使緘默權、是否作出有罪供述、全盤說出真相或是僅供出部分、如何回答問話及對詢問人採取何種態度等。在上述每一個情況中，嫌疑人在決定作出何種反應之前，必須在短時間內衡量各種結果發生的可能性，以及對其利益造成的影響；這些衡量主要受到：對可以選擇行動的認知、對有關這些行動發生各種結果可能性的認知、對這些行動可得到的利益及價值的認知等三個面向的影響，且都是主觀的可能

---

[5]　施志鴻（2010）。警察偵查詢問過程虛偽自白形成之研究。中央警察大學犯罪防治研究所博士論文，頁33。

[6]　Hilgendorf, E. L., & Irving, B. A. (1981). Decision-making model of confessions. In Lloyd-Bostock, M. A. (Ed.), *Psychology in Legal Contexts: Applications and Limitations* (pp.67-84). MacMillan Press.

性，而非客觀發生的機率，所以嫌疑人的決意有可能是準確，也可能是錯誤的。

　　然在此種模式的偵查詢問過程中，嫌疑人會感受到詢問人員的權力及權威，而作出不利於己的決意。因此，即使是輕微或含蓄的威脅（Threats）或利誘（Inducements），亦會顯著影響嫌疑人作出自白的決定，例如操弄嫌疑人對行動後結果的認知，淡化犯行的嚴重性；或操弄社會、心理及環境因素，減弱嫌疑人處理資訊及決意能力；或在身體拘禁的情況下，由於在詢問人的權威及高度壓力作用，嫌疑人處理資訊及決意能力會隨拘禁時間增長而被弱化，有時會導致無辜者誤信其無辜必然會得到公平審判，不會被起訴或定罪，真相終將大白而作出不利於己的自白。

　　然而，透過這種操弄方式要取得累犯、或有接受過偵查詢問訊經驗嫌疑人的自白，通常要遠比初次接受偵查詢問的嫌疑人來得困難；此外，詢問人員透過威脅、誘導或暗示等操弄，降低嫌疑人處理資訊及決意能力，這些都可能會影響到嫌疑人自白的決定，同樣有違反倫理問題及存在虛偽自白風險。

第 ㈢ 節　心理分析模式（Psychoanalytic Model）

　　心理分析模式主要由 Reik 在 1959 年所提出[7]，假設「罪惡感是自白的主要因素」。模式解釋係借助於 Freud 精神分析理論中本我（Id）、自我（Ego）、超我（Superego）的概念，自白是為平息自我及本我之間的衝突，而經由超我所同意的協調結果。在偵查詢問過程中，如果「超我」一直隱忍沉默，那麼嫌疑人心中會湧起一股強烈的自我譴責及罪惡感，最終形成不得不自白的壓力，自白將有助於嫌疑人從罪惡感的泥沼中解脫。亦即當嫌疑人認知到自己違法犯紀時，內心會產生罪惡感，並有將過程說出的潛意識驅力和衝動，自白能夠讓他釋放內在罪惡感和自責，具有宣洩的心理療效[8]；此種場景正如同信徒向神父

---

[7]　Reik, T. (1959). *The compulsion to confession: On the psychoanalysis of crime and punishment.* Straus and Cudahy.

[8]　施志鴻（2010）。警察偵查詢問過程虛偽自白形成之研究。中央警察大學犯罪防治研究所博士論文，頁35-36。

告解般，藉以獲得心靈洗滌。

因此，心理分析模式解釋嫌疑人自白的形成，立論的基礎即在於本我、超我、自我之間的衝突：「自我」認知到倘若自白，會面臨後續的法律刑責、名譽受損等後果；「本我」卻想儘速從煩人的偵查詢問、司法程序中脫離；「超我」則認知到本身的行為不符合倫理規範，心中會有強烈的自我譴責及罪惡感（Guilt）。故「自我」反對自白，但「本我」及「超我」卻有自白衝動，想藉此得到發洩壓力的滿足及減輕罪惡感[9]。

不過，心理分析模式在解釋自白的形成上，可能面臨一些問題：亦即每個人對於「罪惡感」的認知或感覺並不一致，也並非所有人都具有「罪惡感」（如反社會人格、心理病態、精神病患、利益型等犯罪人），對於白領、財產等類型犯罪，其內心受到的道德譴責感，也不若暴力犯罪（如殺人、性侵害、強盜等）的行為人那般強烈。故能否以心理分析模式所立論的罪惡感，來解釋詢問嫌疑人時所取得的自白，不無疑問，但本文認為至少對於一些心智正常且觸犯暴力犯罪之嫌疑人，特別是性犯罪仍可得到相當程度的解釋。

第（四）節　互動過程模式（Interaction Process Model）

Moston、Stephenson 與 Williamson 等人在 1992 年提出互動過程模式[10]，認為偵查詢問過程中，3 類因素的互動關係，會影響嫌疑人初期反應及最後結果：

一、嫌疑人背景（如前科、性別、年齡、智商、人格特徵等）及案件特性（如類型、嚴重性等）。

二、脈絡因素（Contextual Factors）（如律師在場、證據強度、環境、氣氛等）。

三、詢問人的信念和態度，亦即在結合嫌疑人背景、案件特性及脈絡因素情形

- - - - - - - - - - - - -

[9] 劉至剛（2005）。偵訊自白的形成因素—以調查局調查官及受刑人為例。臺北大學犯罪學研究所碩士論文，頁73-74。

[10] Moston, S., Stephenson, G. M., & Williamson, T. M. (1992). The effects of case characteristics on suspect behavior during police questioning. *British Journal of Criminology,* 32, p. 27.

之下，影響到詢問人有罪信念和態度，決定提問的內容和方式（如詢問風格、技巧等），進而影響嫌疑人行為反應，接著再調整作出對應的反擊方式。

此模式將偵查詢問概念化為「各種變項互動的過程」，強調變項間的互動關係，而非僅是檢視單一變項，例如嫌疑人若具有多項前科，則會依據先前被判刑的痛苦經驗，選擇有利於己的推詞或反應，而詢問人員也會採用較專業的詢問方式；又當警方握有較強的證據時，則有較多的詢問策略可供選用，進而影響嫌疑人的反應。至於其互動過程則為嫌疑人及案件背景特徵，結合脈絡因素，影響詢問人員信念及態度，以決定提問方式及型態，進而影響嫌疑人行為反應（緘默、否認或部分承認）。詢問人員詮釋嫌疑人行為後，結合先前各種因子，再調整作出提問的方式及型態（如律師建議保持沉默，則詢問人員提出更多試探性問題以誘導其回答；當詢問人員強烈相信嫌疑人有罪時，則會傾向持續提問），再進一步影響嫌疑人的行為反應[11]（互動過程如圖 2-2）。

互動過程模式雖然將所有參與詢問相關情境因素納入，並將可能影響自白的因素清楚分類，說明其互動過程，且不同於其他模式，可解釋為何同一詢問人或嫌疑人會有自白和不自白兩種情況的產生；同一詢問技巧為何會帶來不同的結果，是來自於不同的三組變項每次不同的互動[12]。但其模式也並非毫無問題，主要在於概念解釋仍然薄弱，未能具體說明各組變項因素是如何產生互動作用（互動解釋過於簡單），也未萃取出特定因素，是為最大的缺點。

[11] 施志鴻（2010）。警察偵查詢問過程虛偽自白形成之研究。中央警察大學犯罪防治研究所博士論文，頁37。
[12] 張婉儀（2008）。自白與無自白之因素比較探究─以性犯罪案為例。臺北大學犯罪學研究所碩士論文，頁9。

詢問前變項

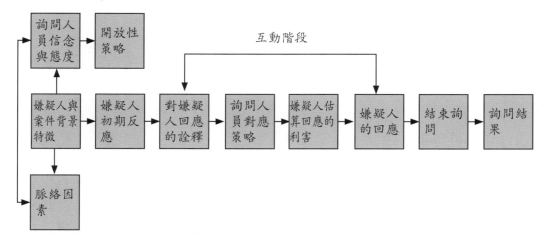

圖 2-2　互動過程模式自白形成之過程 [13]

第五節　認知行為模式（Cognitive-Behavioral Model）

　　Gudjonsson 在 1989 年從社會學習理論（Social Learning Theory）觀點提出解釋自白的形成 [14]，說明人類行為的發生，是個體與環境互動後的學習結果。此模式是整合決意和互動兩種模式發展而成，認為自白是「嫌疑人、環境和重要他人互動關係下的結果」，因此應檢視自白的前因（Antecedents）及後果（Consequences）（詳如表 2-1）；前因是自白前已存在且有助於促進自白的事件，例如震撼、疾病、疲倦、壓力、社會隔離、罪惡感、痛失親友等；後果則為自白立即和長期後果。而影響自白前因及後果的建構有以下 5 類 [15]：

- - - - - - - - - - - - -

[13] 引自Moston, S., Stephenson, G. M., & Williamson, T. M. (1992). The effects of case characteristics on suspect behavior during police questioning. *British Journal of Criminology, 32,* p. 27.

[14] Gudjonsson, G. H. (1989). Compliance in an interrogation situation: A New scale. *Personality and Individual Differences,* pp. 535-540.

[15] 施志鴻（2010）。警察偵查詢問過程虛偽自白形成之研究。中央警察大學犯罪防治研究所博士論文，頁38-40。

一、社會因素

首先，是將嫌疑人與其親友孤立，與可能降低其自白意願的外界影響隔離；其次，是詢問情境及警方壓力。在社會因素的影響下，嫌疑人自白的立即後果，包括得到詢問人員認同與稱讚（嫌疑人與詢問人員合作）等社會增強，並被允許接見家人甚至回家等正向結果；長期後果則是將來受到審判及社會譴責等。

二、情緒因素

對嫌疑人而言，被拘捕或通知帶至警局後，由於對所處環境的陌生感、擔心接下來發生何種事情的不確定感、害怕遭到羈押及犯罪所要承擔的後果等，可預期他會處在某種程度的焦慮與痛苦情緒。其中羞恥感（Shame）與罪惡感（Guilt）等兩種情緒經驗與嫌疑人自白有關，羞恥感是當事件被揭發後，由外在他人所引發的丟臉及羞恥經驗；相反地，罪惡感是因為嫌疑人基於過去真實或想像的某種罪過（Transgression），衝擊其內在的價值或規範。罪惡感促使人們作出自白，而羞恥感則具有相反的效果。

三、認知因素

認知因素包括嫌疑人對詢問情境的想法、理解、假設及既定採取的因應措施。嫌疑人在詢問時的行為，會受到這些因素所影響：例如嫌疑人所認知到的證據強度愈強，則作出自白的可能性愈高；當嫌疑人認為若沒有作出自白，詢問人員則不會緩和詢問的壓力；當無辜的嫌疑人相信，事實最終會經由司法程序所證明，也會促使其作出虛偽自白。自白的認知立即效果是可以立刻減輕壓力，而嫌疑人（特別是無辜者）相信律師後續會證明虛偽的想法，亦是其作出自白的主要因素。

四、情境因素

有許多情境因素會影響嫌疑人接受詢問時的行為表現，例如在清晨突然遭到逮捕，會降低嫌疑人接受詢問的應對能力；在詢問前是否遭留置幾小時或數天，也可能軟化嫌疑人的抗拒力，而促使其作出更多回應。相反地，熟悉偵查及詢問流程，可能提供嫌疑人應對詢問情境的能力，使其更瞭解及堅持行使其權利。

五、生理因素

　　與自白有關的生理前因是生理喚起（包含心跳、血壓升高、異常出汗及呼吸、脈搏的不規律等），其原因為嫌疑人處於恐懼、害怕及焦慮狀態。一旦嫌疑人自白後，因對於立即所要發生的事情產生確定感，這些生理狀況就會明顯降低，恢復到平時的狀態。

　　由上可知，影響自白的前因和後果是建構在社會、情緒、認知、情境、生理等因素之下，並有三種理由來說明嫌疑人為何會對其罪行作出自白[16]，包括：「外來壓力」（主要是警方詢問與羈押監禁）、「內在壓力」（罪惡感與需要透過自白來宣洩其罪惡感）、「證據認知」（嫌疑人對於警方握有證據的瞭解及可信度）；儘管嫌疑人自白是由於這些因素的組合，但嫌疑人對「證據認知」是單一且最重要的自白因素[17]。

　　認知行為模式是整合決意和互動兩種模式發展而成，認為自白是嫌疑人、環境和重要他人互動關係下的結果，其論述顯然較為周全、細膩；然詢問是詢問人員與嫌疑人互動的過程，自白的形成就是一個連續性互動後的結果，但此模式卻未對自白的各項前因，如何在詢問過程中的交互作用情形作深入說明，進一步以動態的觀點來描述嫌疑人自白心理歷程，這是較為不足之處。

---

[16] Gudjonsson, G. H., & Petursson, H. (1991). Custodial interrogation: Why do suspects confess and how does it relate to their crime, attitude and personality? *Personality and Individual Differences*, 12, pp. 295-306.

[17] Gudjonsson, G. H. (1992). *The Psychology of Interrogations, Confessions and Testimony*. John Wiley & Sons.

表 2-1 認知行為模式前因與後果 [18]

前因	後果	
	短期後果	長期後果
社會因素 孤立、警方壓力	詢問人員的認同及稱讚	受到社會責難
情緒因素 痛苦	情緒釋放	罪惡感及羞恥感
認知因素 警方知道是我犯案 真相最終會被發現 也許是我作的，但我忘記了	將案情說出來是好的 律師會解決後續問題 我怎麼會作這樣糟糕的事情	接下來我會發生什麼事情 這件事情非常嚴重 事情已無可挽救
情境因素 是否被監禁、是否有法律諮詢、是否理解權利告知內容、是否熟悉偵辦流程	被起訴、允許接見律師	審判程序
生理因素 生理狀態激動、心理退縮	放鬆生理狀態	生理狀態回復平常狀態

第六節 結　語

　　上述 5 種解釋犯罪嫌疑人為何自白的理論模式，分別從不同的角度來解釋嫌疑人為何自白或者如何使嫌疑人自白（比較分析如表 2-2），其中：

　　萊德模式：強調藉由詢問技巧，操作嫌疑人的壓力及焦慮情緒，可讓嫌疑人自白；然太過強調技術的操弄，反而容易陷入欺騙、誘導等違反倫理問題與導致嫌疑人對未作的罪行自白。

　　決意模式：強調嫌疑人在主觀評估自白的整體利益後，當自白大於否認利益時，自白是一種主觀理性利益的選擇；因此詢問人員可以站在嫌疑人的立場，分析自白的利弊得失，試圖改變其自我認知而取得自白。

---

[18] 引自Gudjonsson, G. H. (2003). *The psychology of interrogations and confessions: A handbook.* John Wiley & Sons, p.125；施志鴻（2010）。警察偵查詢問過程虛偽自白形成之研究。中央警察大學犯罪防治研究所博士論文，頁400。

心理分析模式：以「罪惡感」為自白前提，藉由嫌疑人罪惡感及內在衝突無法協調，需透過自白來宣洩其罪惡感；所以詢問人員應耐心引導嫌疑人自發釋放內在的衝突與罪惡感來促使其自白。

互動自白模式：強調嫌疑人自白主要是受到案件特性及詢問技術互動等所影響；若要成功的詢問，要將證據強度、嫌疑人前科等各種因素，視為一組彼此互動影響的變項，而不是獨立看待這些變項，以決定詢問方式。

認知自白模式：強調嫌疑人著重於社會、情緒、認知及生理因素的短期效果，甚於長期效果，決意而作出自白；詢問過程中除向嫌疑人強化自白後的立即好處之外，同時也要淡化自白之後可能的長期影響，才能順利取得自白。

此外，亦將各模式的主要理論核心，歸納出操弄、自發、互動等三種取向，各取向所假設的自白機制與所引導之詢問方式亦有不同[19]（比較詳如表2-3），說明如下：

一、操弄取向

包含萊德模式與決意模式。該取向強調透過某些社會影響技術，操弄嫌疑人知覺（Perceptions）、判斷（Reasoning）與決意（Decision-making），說服嫌疑人相信向詢問人員自白，是符合其利益的最佳選擇[20]。在此取向中，詢問人員的操弄能力、嫌疑人的認知能力（如年齡、前科紀錄、精神狀態等），以及外在支援（如律師在場）皆是影響自白與否的關鍵；這些操弄技術可歸納為放大（Maximization）與淡化（Minimization）兩種策略——放大策略隱含刑罰加重等威脅，淡化策略則隱含刑罰減輕等利益[21]。由於操弄取向在形式上較具人性化與專業性，且運用系統化與專業性的社會影響技術，對取得嫌疑人自白有相當效果，已成為美國、加拿大等警方之專業詢問技術；但也因具欺騙與操弄等情形，可能有導致虛偽自白的風險而招致違反倫理的批評。

---

[19] 施志鴻（2011）。自白心理學之探究。警學叢刊，第42卷第3期，頁171-206。

[20] Leo, R. A. (2008). *Police Interrogation and American Justice.* Harvard University Press.

[21] Kassin, S. M. (2005). On the psychology of confessions: Does innocence put innocents at risk? *American Psychologist, 60*(3), pp. 215-228.

表 2-2　自白模式比較表 [22]

模式 提出學者（年代）	自白機制	詢問方法	缺點
萊德模式 Reid（1974）	嫌疑人認知到說謊的焦慮，大於自白的焦慮才會去自白	透過9個步驟操弄嫌疑人心理覺知，強化說謊的焦慮，並淡化自白結果的焦慮	操弄嫌疑人心理覺知，可能引發欺騙、誘導等違反倫理問題與導致嫌疑人對未作的罪行自白
決意模式 Hilgendorf 與 Irving（1981）	嫌疑人在主觀評估自白的整體利益，當自白大於否認利益時，自白是一種主觀理性利益的選擇	透過偵查人員的權威及詢問情境的壓力，操弄嫌疑人的自我認同與行動後果的認知，削弱其決意能力	詢問人員透過威脅、誘導或暗示等操弄，降低嫌疑人處理資訊及決意能力，同樣有違反倫理問題存在
心理分析模式 Reik（1959）	嫌疑人罪惡感及內在衝突無法協調，需透過自白加以宣洩其罪惡感	引導嫌疑人自發釋放內在的衝突及罪惡感	每個人對於罪惡感的認知不一致，也並非所有人都具有罪惡感，故能否以模式所立論的罪惡感，來取得自白，不無疑問
互動模式 Moston et al.（1992）	嫌疑人受到案件特性詢問技術互動等影響，改變其決意而作出自白	依證據強度、嫌疑人前科等各種因素，決定詢問方式	概念解釋薄弱，未能具體說明各組變項因素是如何產生互動作用，也未萃取特定因素
認知行為模式 Gudjonsson（2003）	嫌疑人著重於社會、情緒、認知及生理因素的短期效果，甚於長期效果，決意而作出自白	除向嫌疑人強化自白後的立即好處之外，同時淡化自白之後可能的長期影響	未能對自白各項前因，如何在詢問過程中的交互作用情形作深入說明，進一步以動態觀點來描述嫌疑人自白心理歷程

---

[22] 引自施志鴻（2010）。警察偵查詢問過程虛偽自白形成之研究。中央警察大學犯罪防治研究所博士論文，頁45；並進一步修改認知行為模式詢問方式，以及增加各自白模式之缺點評論。

二、互動取向

　　包含互動模式與認知行為模式。該取向是由多種因素互動的觀點來解釋自白原因，自白的形成可視為嫌疑人、詢問情境、詢問人員與外在人員等因素互動的過程，其重要性在於整合前述自白相關因素，提供一個理解嫌疑人自白的架構。然而，該取向並未提供詢問技術的相關建議，亦未具體討論嫌疑人在詢問過程中自白的心理與認知過程，但由模式解釋自白，仍可發展出相關的詢問方向，例如詢問人員可依照證據強度、嫌疑人前科等各種因素，或向嫌疑人強化自白後的立即好處，淡化自白之後可能的長期影響等來決定詢問方式。

三、自發取向

　　包含心理分析模式。由嫌疑人的觀點解釋自白原因，認為自白主要是基於內在驅力和需求。傳統警方皆認為嫌疑人必定會否認與欺騙，因此在詢問過程中往往試圖透過外在壓力或心理操弄突破其抗拒。自發取向則提出相反的看法，認為犯罪事件是嫌疑人生命經驗的一部分，嫌疑人會產生罪惡感等負面情緒，想透過述說而宣洩內在壓力，但也擔心說出後將會被如何看待與評價。該取向認為詢問人員與嫌疑人的關係將是自白與否的關鍵因素，當詢問人員能夠建立真實的信任關係，抱持開放的心態，積極聆聽並同理，鼓勵其表達內在想法與情緒，將有助於述說出犯罪相關的痛苦記憶。同時當詢問人員採取尊重與人性態度，將有助嫌疑人作出自白，促使其真正認錯並重新學習社會規則，踏出其復歸社會的第一步；相反地，若詢問人員持質疑、對立態度，反而容易誘發嫌疑人防衛，強化其否認程度[23]。然而，內在取向要求詢問人員必須具備心理諮商等相關溝通技能，對長期與犯罪對抗的警方而言，可能產生執法立場的衝突[24]；再者對某些反社會人格、心理病態或利益型的嫌疑人，因缺乏罪惡感等內在驅力，亦很難由此取向得到自白。

- - - - - - - - - - - - -

[23] Milhizer, E. R. (2006). Rethinking police interrogation: Encouraging reliable confessions while respecting suspects' dignity. *Valparaiso University Law Review, 41*, pp. 4-5.

[24] 傳統上警察重視權威、行動和硬性技能，例如指揮及堅硬有力的說話技巧等，但在民意高漲的現時，員警執法態度也必須改變與調整，其實透過聆聽及展現同理心等心理諮商的軟性技能，並非是無用、軟弱或欠缺說服力的表現，相對的更能掌握有效的人際溝通技巧，但此種溝通技巧的使用與傳統權威、強硬的溝通技巧差異性甚大，往往造成員警執法立場的衝突。

表 2-3　不同取向之自白模式比較表

自白取向	代表自白模式	詢問方法	缺點
操弄取向	萊德模式決意模式	該取向強調透過某些社會影響技術，操弄嫌疑人知覺、判斷與決意，說服嫌疑人相信向詢問人員自白，是符合其利益的最佳選擇	潛藏欺騙及操弄等問題，會有導致虛偽自白的風險而招致違反倫理的批評
互動取向	互動模式認知行為模式	自白的形成可視為嫌疑人、詢問情境、詢問人員與外在人員等因素互動的過程，在於整合自白相關因素，提供一個理解嫌疑人自白的架構	未提供詢問的相關建議，亦未具體討論嫌疑人在詢問過程中自白的心理與認知過程
自發取向	心理分析模式	由嫌疑人的觀點解釋自白原因，認為自白主要是基於嫌疑人內在驅力；當詢問人員採取尊重與人性態度，將有助嫌疑人作出自白	偵查人員可能產生執法立場的衝突；對於缺乏罪惡感等內在驅力嫌疑人，難以取得自白

資料來源：研究者整理。

CHAPTER

3

詢問自白因素

　　前一章述心理自白理論模式雖可較清楚的解釋犯罪嫌疑人作出自白的原因和過程，但仍無法明確說明嫌疑人自白決意因素。國外犯罪自白研究主要透過觀察研究（Observational Studies）與自陳式報告（Retrospective Self-report Studies）等實證方法[1]，並由三個面向來探討自白的相關因素[2]：一、比較自白及否認的案件特性及犯罪人背景差異，進而分析與自白相關的因素；二、對犯罪人進行調查研究，直接探究其自白原因；三、觀察真實警察詢問影片，分析嫌疑人與詢問人員的互動關係。綜觀近期國內外研究顯示，一般犯罪嫌疑人自白因素的研究，已發展出明確架構，大致可歸納為犯罪嫌疑人背景特徵、案件特性、情境脈絡及詢問互動等四個類別。

第 一 節　犯罪嫌疑人背景特徵

一、年齡

　　年齡是成熟（Maturity）與否的直接指標，成熟者有較多的社會歷練，通常被認為較能應付陌生情境與警方詢問作為，因此自白可能性較低。一些研究顯示犯罪人年齡與自白可能性之間存在有負向關係，美國更進一步的一項研究則發現年齡低於 25 歲的自白率高於年長者（42.9% vs. 18.2%）[3]；英國多項研究也發現年齡低於 21 歲的嫌疑人自白率高於年長者[4]，探究其原因為年長者較瞭

---

[1] Kassin, S. M., & Gudjonsson, G. H. (2004). The psychology of confessions: A review of the literature and issues. *Psychological Science in the Public Interest, 5*(2), p. 46.

[2] Pearse, J., & Gudjonsson, G. H. (2003). The identification and measurement of "oppressive" police inerviewing tactics in Britain. In Gudjonsson, G. H. (Ed.), *The Psychology of Interrogations and Confessions: A Handbook* (pp. 75-114). John Wiley & Sons.

[3] Leiken, L. S. (1970). Police interrogation in colorado: The implementation of Miranda. *Denver University Law Review, 1,* pp. 1-53.

[4] Pearse, J., Gudjonsson, G. H., Clare, I. C. H., & Rijtter, S. (1998). Police interviewing and psychological vulnerabilities: Predicting the likelihood of a confession. *Journal of Community & Applied Social Psychology, 8*(1), pp. 1-21; Phillips, C., & Brown, D. (1998). *Entry into the Criminal Justic System: A Survey of Police Arrests and Their Outcomes.* HMSO.

解並傾向行使自身權利（如緘默權、法律諮詢權等），年輕的嫌疑人則較無法承受詢問情境及方式的壓力。另外，國內一項研究以年齡 24 歲為分界（認為完成兵役通常被視為男性成熟的表徵，國內服兵役的年齡為 18 歲，大部分完成兵役的年齡在大學畢業後兩年內），也顯示相同結果，年輕者在面對警察詢問時，較年長者更容易認罪[5]。然而，亦有研究發現年齡與自白並未具顯著關聯性[6]。

二、性別

研究顯示自白比較可能是來自於女性，女性嫌疑人自白率高於男性嫌疑人（73% vs. 52%）[7]，但卻無進一步說明其原因；一般認為女性較缺乏社會歷練，不瞭解詢問流程及自身權利，可能無法承受詢問情境與壓力。相反地，因大多數犯罪被逮捕的嫌疑人是男性，亦有研究指出自白與否認並無性別上的差異[8]。

三、婚姻或子女關係

以往較少有對於婚姻與自白間的關係進行研究，但國外仍有一份針對自白率與婚姻狀態的觀察研究，結果指出詢問時為單身的犯罪嫌疑人比處於有

----

[5] 陳茹匯（2013）。犯罪人自白實證分析之研究。中央警察大學刑事警察研究所碩士論文，頁 71-72。

[6] Leo, R. A. (1996). Inside the interrogation room. *Journal of Criminal Law and Criminology, 86,* pp. 266-303; Moston, S. J., Stephenson, G. M., & Williamson, T. M. (1992). The effects of case characteristics on suspect behaviour during police questioning. *British Journal of Criminology, 32*(1), pp. 23-40; Deslauriers-Varin, N., Lussier, P., & St-Yves, M. (2011). Confessing their crime: Factors influencing the offender's decision to confess to the police. *Justice Quarterly, 28*(1), p. 128.

[7] Phillips, C., & Brown, D. (1998). *Entry into Criminal Justice System: A survey of Police Arrests and Their Outcomes.* HMSO.

[8] Leo, R. A. (1996). Inside the interrogation room. *Journal of Criminal Law and Criminology, 86,* pp. 266-303; Moston, S. J., Stephenson, G. M., & Williamson, T. M. (1992). The effects of case characteristics on suspect behaviour during police questioning. B*ritish Journal of Criminology, 32*(1), pp. 23-40; Pearse, J., Gudjonsson, G. H., Clare, I. C. H., & Rijtter, S. (1998). Police interviewing and psychological vulnerabilities: Predicting the likelihood of a confession. *Journal of Community & Applied Social Psychology, 8*(1), pp. 1-21.

婚姻關係的嫌疑人更有可能作出自白[9]，這支持了自白後會損失更多（包括親人的感受、親人的疏離）使得有較不可能自白的假說；國內研究也顯示相同結果，未處於婚姻關係或無子女者在面對警察詢問時，較容易認罪[10]。但在最近 Deslauriers-Varin 等人以加拿大魁北克省 254 名男性受刑人為研究對象的報告中，卻發現犯罪嫌疑人在詢問中是否處於婚姻關係與有無子女，對於自白與否並無顯著不同[11]。

四、種族

國外研究發現白人比非白人更有可能去自白，並進一步說明被拘禁的白人較黑人容易作出自白，其原因可能為文化與宗教差異，以及詢問者多為白人所致[12]。Phillips 與 Brown 比較美國白人、黑人與亞洲人之犯罪嫌疑人自白率分別為 58%、48%、44%，但亦發現黑人與亞洲人主張法律諮詢權利的比例高於白人，研究認為種族可能僅是自白的調節變項，受到其他因素（如年齡、前科及證據強度等）所影響[13]；同樣地，亦有研究發現種族與自白並無顯著關聯性[14]。

- - - - - - - - - - - - - - -

[9] St-Yves, M. (2002). Interrogation of sexual offenders: Profil du suspect collaborateur. *Revur Internationals de Criminology et de Police Technique et Scientifique, 1,* pp. 81-96.

[10] 陳茹匯（2013）。犯罪人自白實證分析之研究。中央警察大學刑事警察研究所碩士論文，頁72。

[11] Deslauriers-Varin, N., Lussier, P., & St-Yves, M. (2011). Confessing their crime: Factors influencing the offender's decision to confess to the police. *Justice Quarterly, 28*(1), p. 128.

[12] Leo, R. A. (1996). Inside the interrogation room. *Journal of Criminal Law and Criminology, 86,* pp. 266-303; Phillips, C., & Brown, D. (1998). *Entry into Criminal Justice System: A Survey of Police Arrests and Their Outcomes.* HMSO; St-Yves, M. (2002). Interrogation of sexual offenders: Profil du suspect collaborateur. *Revur Internationals de Criminology et de Police Technique et Scientifique, 1,* pp. 81-96.

[13] Phillips, C., & Brown, D. (1998). *Entry into Criminal Justice System: A Survey of Police Arrests and Their Outcomes.* HMSO.

[14] Pearse, J., Gudjonsson, G. H., Clare, I. C. H., & Rutter, S. (1998). Police interviewing and psychological vulnerabilities: Predicting the likelihood of a confession. *Journal of Community & Applied Social Psychology, 8*(1), pp. 1-21; Deslauriers-Varin, N., Lussier, P., & St-Yves, M. (2011). Confessing their crime: Factors influencing the offender's decision to confess to the police. *Justice Quarterly, 28*(1), p. 128.

五、人格特質

心理學家 Jung 提出內向性（Introverts）及外向性（Extroverts）兩種人格類型，研究發現外向性人格（如具有反社會性、衝動性、邊緣性、自戀性等人格特徵）較內向性人格嫌疑人（如具有感受性強、神經質、被動攻擊、迴避性、依賴性、人格異常等人格特徵）不易與警方合作，並對詢問採取較強烈的抗拒，所以自白率較低[15]；近期 Beauregard 和 Deslauriers-Varin 以加拿大 624 名性犯罪受刑人爲研究對象，也再次確認了人格特質與自白的關聯性，認爲內向性人格較容易向警方自白[16]。同時，外向性與內向性人格嫌疑人自白原因亦有所差異，前者對犯行較不具悔恨感，須在較強的外在壓力及證據強度下，才會作出自白；而後者通常是出自於內在壓力（罪惡感）而作出自白[17]。

六、教育程度

自白因素較少考慮到教育程度變項，一般認爲教育程度低對於法律相關規定、自身權利較不甚瞭解，思考上也較不周密，所以容易作出自白。但在國內一項研究中，將樣本的教育程度分爲國中以下與高中（職）以上兩類進行比較，結果發現嫌疑人教育程度與自白間並未有顯著差異[18]。

七、職業

國外研究以受刑人爲對象，將嫌疑人詢問時的職業變項分爲無工作、領津

----

[15] Gudjonsson, G. H., & Petursson, H. (1991). Custodial interrogation: Why do suspects confess and how does it relate to their crime, attitude and personality? *Personality and Individual Differences, 12*(3), pp. 295-306; Gudjonsson, G. H., & Sigurdsson, J. F. (1999). The Gudjonsson Confession Questionnaire-Revised (GCQ-R) factor structure and its relationship with personality. *Personality and Individual Differences, 27*(5), p. 967.

[16] Beauregard, E., Deslauriers-Varin, N., & St-Yves, M. (2010). Interactions between factors related to the decision of sex offenders to confess during police interrogation: A classification-tree approach. *Sexual Abuse: A Journal of Research and Treatment, 22*(3), pp. 345-350.

[17] St-Yves, M., & Deslauriers-Varin, N. (2009). The psychology of suspects' decision-making during interrogation. In Bull, R., Valntine, T., & Williamson, T. (Eds.), *Handbook of Psychology of Investigative Interviewing* (pp. 1-16). Wiley-Blackwell.

[18] 陳茹匯(2013)。犯罪人自白實證分析之研究。中央警察大學刑事警察研究所碩士論文，頁72-73。

貼者、無技能、有技能、專業者，結果顯示無業或有工作但不是特殊工作技能者較傾向於自白，而有技能者自白比例最低，但差異並不大[19]；國內研究則未發現有顯著差異[20]。其原因可能專業性的工作需要時間學習技能及專業知識，在自白上考慮的因素也較無業者周密，對於自白可能引發的後果如：失去工作、顏面盡失等，在乎程度有可能較無工作嫌疑人高，所以自白率比較低[21]。

八、前科紀錄

一些研究報告指出自白比較有可能從沒有犯罪背景的嫌疑人去取得[22]，這項結果認為曾經接觸過刑事司法系統的犯罪嫌疑人（或有多次前科的嫌疑人）比較不可能自白，因為他們比較瞭解刑事案件的偵辦流程與熟悉詢問環境、技術、自白的後果，且擁有相關程序及權利的知識，故自白可能性較低。進一步的研究分析，如 Leo 發現具重罪前科的嫌疑人，行使緘默權比例高出一般嫌疑人 4 倍，對詢問亦採取較不配合的態度[23]；Neubauer 發現有前科與無前科犯罪嫌疑人自白率為 40% 比 60%[24]；Pearse 等人亦發現，有前科嫌疑人作出自白勝算比（Odds Ratio）僅為無前科嫌疑人一半[25]。事實上，如果沒有去考慮共變

- - - - - - - - - - - - -

[19] 引自張婉儀（2008）。自白與無自白之因素比較探究——以性犯罪案為例。臺北大學犯罪學研究所碩士論文，頁17。

[20] 陳茹匯（2013）。犯罪人自白實證分析之研究。中央警察大學刑事警察研究所碩士論文，頁22。

[21] 引自陳茹匯（2013）。犯罪人自白實證分析之研究。中央警察大學刑事警察研究所碩士論文，頁72-73。

[22] Softley, P. (1980). *Police Interrogation: An Observational Study in Four Police Station.* Home Office Rresearch Study, 61, HMSO; Pearse, J., Gudjonsson, G. H., Clare, I. C. H., & Rutter, S. (1998). Police interviewing and psychological vulnerabilities: Predicting the likelihood of a confession. *Journal of Community & Applied Social Psychology, 8*(1), pp. 1-21; Gudjonsson, G. H., Sigurdsson, J. F., & Einarsson, E. (2004). The role of personality in relation to confessions and denials. *Psychology, Crime & Law, 10*, pp. 125-135.

[23] Leo, R. A. (1996). Inside the interrogation room. *Journal of Criminal Law and Criminology, 86*, p. 286.

[24] Neubauer, D. W. (1974). Confessions in Prairie City: Some causes and effects. *Journal of Criminal Law and Criminology, 65,* pp. 103-112.

[25] Pearse, J., Gudjonsson, G. H., Clare, I. C. H., & Rijtter, S. (1998). Police interviewing and

數（Covariates）關係，有前科的犯罪嫌疑人自白率爲 51%、初次犯罪嫌疑人自白率爲 80%，與上述其他的研究具有一致性[26]，有前科犯罪嫌疑人比較可能去否認罪行，即使是有強有力的證據；然而，Moston 等人發現自白與證據強度及前科紀錄間，存在雙變量互動關係（Bi-variable Interaction），即有無前科的整體自白比率並無差異，但在有明確證據時，無前科嫌疑人自白率則高於有前科者（78% vs. 59%）。另外，當證據強度增加時，自白會穩定的增高；但在嫌疑人具前科紀錄，同時無律師在場協助時，證據強度的影響則是有限（因嫌疑人的始終否認？）[27]。總之，有些研究報告作出相反的發現結果，而也有其他研究並未發現到犯罪嫌疑人的前科背景與自白間有任何關聯性，必須進一步透過與其他變項的交互影響來觀察，較能明確辨別出前科紀錄與自白間的關係。

第二節　案件特性

一、犯罪類型

不同的犯罪類型，自白比率也會有差異。尤其是非暴力與暴力犯罪之間自白率差異更是明顯[28]，財產犯罪（如竊盜）的自白率爲暴力犯罪（殺人、

psychological vulnerabilities: Predicting the likelihood of a confession. *Journal of Community & Applied Social Psychology, 8*(1), p. 12.

[26] Moston, S., Stephenson, G. M., & Williamson, T. M. (1992). The effects of case characteristics on suspect behaviour during police questioning. *British Journal of Criminology, 32*, pp. 23-40; Pearse, J., Gudjonsson, G. H., Clare, I. C. H., & Rutter, S. (1998). Police interviewing and psychological vulnerabilities: Predicting the likelihood of a confession. *Journal of Community & Applied Social Psychology, 8*(1), pp. 1-21; Gudjonsson, G. H., Sigurdsson, J. F., & Einarsson, E. (2004).The role of personality in relation to confessions and denials. *Psychology, Crime & Law, 10*, pp. 125-135.

[27] Moston, S., Stephenson, G. M., & Williamson, T. M. (1992). The effects of case characteristics on suspect behaviour during police questioning. *British Journal of Criminology, 32,* pp. 23-40.

[28] St-Yves, M., & Deslauriers-Varin, N. (2009). The psychology of suspects' decision-making during interrogation. In Bull, R., Valntine, T., & Williamson, T. (Eds.), *Handbook of Psychology of*

性侵害）2 倍（56% vs. 32%）[29]。Holmberg 與 Christianson 檢驗瑞典謀殺犯與性侵犯的自白，研究結果顯示謀殺犯承認犯罪高於性侵犯（40% vs. 28%）[30]；Gudjonsson 與 Sigurdsson 研究冰島受刑人發現，性犯罪嫌疑人自白率 83%，低於違反交通規則嫌疑人自白率 95%，以及毒品犯罪嫌疑人自白率 94%，其原因可能是違反交通規則及毒品犯罪嫌疑人以現行犯居多，否認並無實益，而性犯罪嫌疑人少為現行犯，自白率甚低[31]；Gudjonsson 與 Sigurdsson 另在一項研究中亦發現到性侵犯向警察自白的比率低於暴力犯（61% vs. 71%）[32]；Mitchell 則發現財產犯罪的自白率高於暴力犯罪（76% vs. 64%），其原因可能是財產犯罪較容易遺留證據（贓物、指紋），使嫌疑人無法否認；在 Mitchell 研究中也發現，性犯罪自白率為 52.5%、非性犯罪的自白率為 89.3%[33]。但亦有研究者認為性犯罪是自白可能性最低的犯罪類型，此與性犯罪所導致的羞恥感、被拒絕及羞辱（Humiliation）有關[34]。

然而，有研究則批評前述研究忽略犯罪類型與脈絡因素（如法律諮詢、警方蒐集證據強度）等因素變項[35]，導致所發現的自白率高低不一致、差異甚大。

- - - - - - - - - - - - -

Investigative Interviewing (pp. 1-16). Wiley-Blackwell.

[29] Phillips, C., & Brown, D. (1998). *Entry into Criminal Justice System: A Survey of Police Arrests and Their Outcomes.* HMSO.

[30] Holmberg, U., & Christian, S. A. (2002). Murderers' and sexual offenders' experiences of police interviews and their inclination to admit or deny crimes. *Behavioral Sciences and the Law, 20,* pp. 31-45.

[31] Gudjonsson, G. H., (2003). *The Psychology of Interrogation and Confessions: A Handbook.* John Wiley & Sons, pp. 146-147.

[32] Gudjonsson, G. H., & Sigurdsson, J. F. (2000). Differences and similarities between violent offenders and sex offenders. *Child Abuse and Neglect, 24,* pp. 363-372.

[33] Mitchell, B. (1983). Confessions and police interrogations of suspects. *Criminal Law Review, September,* pp. 596-604

[34] Holmberg, U., & Christian, S. A. (2002). Murderers' and sexual offenders' experiences of police interviews and their inclination to admit or deny crimes. *Behavioral Sciences and the Law, 20,* pp. 31-45.

[35] Moston, S., Stephenson, G. M., & Williamson, T. M. (1992). The effects of case characteristics on suspect behaviour during police questioning. *British Journal of Criminology, 32,* pp. 23-40.

相反地，亦有研究發現犯罪類型的自白率並無顯著差異 [36]，特別是國內最近的一項大範圍受刑人調查中（有效問卷 886 份），發現到暴力與非暴力犯罪在自白率上（72.4% vs. 73.3%），並無顯著差異存在 [37]。

二、犯罪嚴重性

犯罪嚴重性的解讀，主要是針對犯罪後所要面臨的法律刑責，處罰愈嚴重（剝奪自由、死刑）、刑期愈長（無期徒刑），愈可能會使嫌疑人害怕後果而不願自白。一般而言，犯行愈嚴重則會遭受更嚴厲的刑罰，故嫌疑人自白的可能性就較低，Phillips 與 Brown 研究顯示當犯罪嚴重度增高時，自白比率會降低：較低嚴重度的罪行（如賣淫、商店行竊）顯示出 72% 的自白率；而中等嚴重度的罪行（如住宅竊盜、縱火）顯示出 49% 的自白率；非常嚴重的罪行（如謀殺、性侵）顯示出 46% 的自白率 [38]。國內研究亦顯示輕微犯罪行為比較容易自白，嚴重犯罪行為則無法推論 [39]。但部分研究卻呈現相反結果，有研究認為案件嚴重性與其他因素可能具有交互作用，例如在較嚴重案件中，警方可能會蒐集與提出較完整的證據等，亦會運用更多詢問技術與強度，進行長時間詢問，自白率因而提高 [40]。

三、共犯

犯罪案件中有無共犯亦是嫌疑人自白的因素之一，參與程度愈高如正犯、

---

[36] Moston, S., Stephenson, G. M., & Williamson, T. M. (1992). The effects of case characteristics on suspect behaviour during police questioning. *British Journal of Criminology, 32,* pp. 23-40; Deslauriers-Varin, N., Lussier, P., & St-Yves, M. (2011). Confessing their crime: Factors influencing the offender's decision to confess to the police. *Justice Quarterly, 28*(1), pp. 113-145.

[37] 陳茹匯（2013）。犯罪人自白實證分析之研究。中央警察大學刑事警察研究所碩士論文，頁 76-78。

[38] Phillips, C., & Brown, D. (1998). *Entry into criminal justice system: A survey of police arrests and their outcomes.* HMSO.

[39] 張婉儀（2008）。自白與無自白之因素比較探究—以性犯罪案為例。臺北大學犯罪學研究所碩士論文，頁79。

[40] Leo, R. A. (1996). Inside the interrogation room. *Journal of Criminal Law and Criminology, 86,* pp. 266-303; Gudjonsson, G. H. (2003). *The Psychology of Interrogations and Confessions: A Handbook.* John Wiley & Sons.

共同正犯，所要面對的刑責較重，受到社會譴責也較高，選擇自白的比率較低；而幫助實施犯罪行為的幫助犯，刑責相對低於正犯，自白的機率相對提高；但國內實證研究卻發現，在案件中參與程度愈高，屬於主要策劃實行者較幫助實行犯罪者容易認罪，即主謀更傾向於認罪[41]。另外，有研究顯示出共犯的心理矛盾而自白情形，起初不願意自白的犯罪嫌疑人可能是面臨到一種「囚徒困境」（Prisoners Dilemma），包括：為減輕刑責選擇與詢問人員合作自白，而在其他共犯被查獲前供出他人罪行、已經被其他共犯牽連到（或害怕共犯說出對自己不利的證言）、為保護其他共犯而拒絕陳述（或害怕被其他共犯報復），因而作出自白，這種情形常常發生在毒品及組織犯罪當中[42]。然而，這部分的研究仍不是非常明確，必須更進一步分析。

四、與被害人關係

犯罪嫌疑人與被害人之間關係（是否認識被害人）是否影響嫌疑人自白，較少有相關研究，也無明確的研究結果。其中國內研究發現嫌疑人與被害人無認識較與被害人有認識更容易認罪[43]；同樣在性犯罪自白因素的研究中，Beauregard 等人的研究顯示，性犯罪嫌疑人先前認識被害人的案件中，嫌疑人比較不可能去自白其罪行，與不認識被害人案件的自白比率為40%比53%[44]，原因包括：假如犯罪嫌疑人先前認識被害人，則指控的犯罪比較不可能被起訴[45]，因為與嫌疑人存在一種關係可能會提高在性行為中意願的質疑[46]，嫌疑人可能

- - - - - - - - - - - - -

[41] 陳茹匯（2013）。犯罪人自白實證分析之研究。中央警察大學刑事警察研究所碩士論文，頁28。

[42] Sigurdsson, J. F., & Gudjonsson, G. H. (1994). Alcohol and drug intoxication during police interrogation and the reasons why suspects confess to the police. *Addiction, 89,* pp. 985-997.

[43] 陳茹匯（2013）。犯罪人自白實證分析之研究。中央警察大學刑事警察研究所碩士論文，頁77。

[44] Beauregard, E., Deslauriers-Varin, N., & St-Yves, M. (2010). Interactions between factors related to the decision of sex offenders to confess during police interrogation: A classification-tree approach. *Sexual Abuse: A Journal of Research and Treatment, 22*(3), pp. 353-357.

[45] Albonetti, C. (1987). Prosecutorial discretion: The effects of uncertainty. *Law and Society Review, 21,* pp. 291-313.

[46] Myers, M., & Hagan, J. (1979). Private and public trouble: Prosecutors and the allocation of court resources. *Social Problems, 26*, pp. 439-451.

會運用這種關係去駁斥被害人的陳述，而影響到偵查人員的看法，認爲是一種雙方同意的性行爲。相反地，在國內的研究上也發現，確有嫌疑人與被害人互相熟識（如亂倫的情況），嫌疑人因愧對被害人而選擇自白[47]。因此，性犯罪嫌疑人是否認識被害人、與被害人之間的關係是否親近，都可能影響自白的決意。

第 三 節　情境脈絡[48]

一、法律諮詢

　　研究顯示犯罪嫌疑人詢問時有請律師到場行使法律諮詢，其自白率較低[49]，而研究也發現律師到場最主要的功能便是提醒當事人（犯罪嫌疑人）避免去向警方作出自證其罪的自白[50]。進一步分析法律諮詢對自白的影響，其原因主要是國家賦予犯罪嫌疑人（特別是拘提、逮捕）行使法律諮詢的權利，包括律師的接見通信權及在場權[51]，律師有時會建議當事人詢問時保持緘默，或

----

47 張婉儀（2008）。自白與無自白之因素比較探究—以性犯罪案爲例。臺北大學犯罪學研究所碩士論文，頁56-60。

48 脈絡（Context）因素與情境（Situation）因素的概念相似，但脈絡因素範圍層面較大，主要探討人在時空背景底下各個面向、意義所組成的架構，脈絡因素包含多種情境因素，亦即多種情境因素可以構成一個完整的脈絡。

49 Moston, S., Stephenson, G. M., & Williamson, T. M. (1992). The effects of case characteristics on suspect behavior during police questioning. *British Journal of Criminology, 32,* pp. 23-40; Leo, R. A. (1996). Inside the interrogation room. J*ournal of Criminal Law & Criminology, 86,* pp. 266-303; Pearse, J., Gudjonsson, G. H., Clare, I. C. H., & Rutter, S. (1998). Police interviewing and psychological vulnerabilities: Predicting the likelihood of a confession. *Journal of Community & Applied Social Psychology, 8,* pp. 1-21; Deslauriers-Varin, N., Lussier, P., & St-Yves, M. (2011). Confessing their crime: Factors influencing the offender's decision to confess to the police. *Justice Quarterly, 28*, pp. 113-145.

50 Gudjonsson, G. H. (2003). T*he Psychology of Interrogations and Confessions: A Handbook.* John Wiley & Sons.

51 施志鴻（2011）。自白心理學之探究。警學叢刊，第42卷第3期，頁179。例如我國刑事訴

告知警方詢問流程及技術；若律師在場時，亦可能約制警方詢問強度及技術，甚至是一些非法的詢問手段。Moston 等人研究發現有無行使律師接見通信權的自白率約為 30% 比 50%；若詢問過程中律師在場，其自白率更降至 20%[52]。但有研究發現法律諮詢並未對整體自白率造成影響，原因可能是行使法律諮詢的嫌疑人，本身即具較不易自白之背景特徵（人格特質、態度、經驗等）[53]。然而，為何有一些犯罪嫌疑人會請律師，一些嫌疑人卻不會，Deslauriers-Varin 等人則發現曾經請求法律諮詢的犯罪嫌疑人都是刑期較長的，這顯示出當被詢問的犯罪嫌疑人面臨較為嚴重刑責時便會作出如此的請求，而與犯罪嫌疑人對於警方的證據強度認知無關[54]。

此外，近年荷蘭有一實地研究（Field Study），現場觀察 70 件命案裡涉案的 94 位嫌疑人，共計 168 次警察詢問的即時錄影傳輸（其中 48% 僅一次詢問、36% 進行 2 次詢問、15% 進行 3 次詢問，平均每人 1.78 次詢問）；結果發現當無律師在場時，警方操弄式的詢問技術會讓最初保持緘默的嫌疑人改變其陳述；結論是律師在場確實會改變詢問動態（Interview Dynamics），有助於降低錯誤自白並避免司法誤判[55]。

- - - - - - - - - - - - -

訟法規範諸多辯護人權利（辯護人原則上應選任律師充之）以達成辯護目的，包括：閱卷權（刑事訴訟法第33條），交通權（刑事訴訟法第34條），在場權（刑事訴訟法第245條第2項）。其中「交通權」，係指辯護人與被告（或犯罪嫌疑人）有交流、溝通之權利，而且是在自由、密匿、不受干擾的狀態下，進行思想交換的權利；而「在場權」，係指被告（或犯罪嫌疑人）無論就偵查階段或審判階段，原則上都承認辯護律師於被告接受訊（詢）問之在場權，以行使聽審權、公正程序、公開審理請求權、程序上平等權利（引自聯晟法網，http://www.rclaw.com.tw/post-257-2984，瀏覽日期：2017年11月10日）。

[52] Moston, S., & Stephenson, G. M. (2009). A typology of denial strategies by suspects in criminal investigations. In Bull, R., Valentine, T., & Williamson, T. (Eds.), *Handbook of Psychology of Investigative Interviewing* (pp. 17-34). Wiley-Blackwell.

[53] 林燦璋、施志鴻、林耿徽、陳茹匯（2013）。影響犯罪嫌疑人自白決意的相關因素之實證研究。執法新知論衡，第9卷第2期，頁160。

[54] Deslauriers-Varin, N., Lussier, P., & St-Yves, M. (2011). Confessing their crime: Factors influencing the offender's decision to confess to the police. *Justice Quarterly, 28,* pp. 113-145.

[55] 此研究將偵查詢問技術分為操弄式（Manipulative）及對質式（Confrontational）兩類，操弄式詢問技術如：呈現假設性情況、誘導式提問、訴求於道德、給予道德藉口、強調不合作

二、證據強度

犯罪嫌疑人對警方證據強度的認知，被認為是影響嫌疑人向警方自白決定的最重要的關鍵因素[56]。Gudionsson 與 Petursson 觀察到將近有 70% 警方所詢問的嫌疑人承認：如果警方對他們沒有懷疑時，他們不會去自白[57]。而且，證據較強的一些案件比較可能會導致嫌疑人的自白，如 Williamson 研究證據強度高、中等、薄弱的自白率分別為 66.7%、36.4%、9.9%[58]；Moston 等人研究發現當證據薄弱時，嫌疑人作出自白與否認比例為 9.9% 比 76.6%，當有高度證據時，自白與否認比例則為 66.7% 比 16.3%[59]；此外亦有研究顯示 55%-60% 的嫌疑人認知到警方握有對他們不利的證據時而作出自白[60]。這些研究發現直接了當說明，面對著強有力的證據時，嫌疑人否認變成毫無用處[61]，就如同犯罪嫌

的後果、作出承諾等，對質式詢問技術有：以情況證據質問、挑戰嫌疑人說詞不一、打斷嫌疑人陳述、顯露不耐煩或憤怒、用他人陳述來質問等；詳見：Verhoeven, W. (2016). The complex relationship between interrogation techniques, suspects changing their statement and legal assistance: Evidence form a Dutch sample of police interviews. *Policing and Society.* pp. 1-20.

[56] Gudjonsson, G. H., & Petursson, H. (1991). Custodial interrogation: Why do suspects confess and how does it relate to their crime, attitude and personality? *Personality & Individual Differences, 12,* pp. 295-306; Moston, S., Stephenson, G. M., & Williamson, T. M. (1992). The effects of case characteristics on suspect behaviour during police questioning. *British Journal of Criminology, 32,* pp. 23-40; Phillips, C., & Brown, D. (1998). *Entry into Criminal Justice System: A Survey of Police Arrests and Their Outcomes.* HMSO：林燦璋、施志鴻、林耿徽、陳茹匯（2013）。影響犯罪嫌疑人自白決意的相關因素之實證研究。執法新知論衡，第9卷第2期，頁160。

[57] Gudjonsson, G. H., & Petursson, H. (1991). Custodial interrogation: Why do suspects confess and how does it relate to their crime, attitude and personality? *Personality & Individual Differences, 12,* pp. 295-306.

[58] St-Yves, M., & Deslauriers-Varin, N. (2009). The psychology of suspects' decision-making during interrogation. In Bull, R., Valntine, T., & Williamson, T. (Eds.), *Handbook of Psychology of Investigative Interviewing* (pp. 1-16). Wiley-Blackwell.

[59] Moston, S., Stephenson, G. M., & Williamson, T. M. (1992). The effects of case characteristics on suspect behaviour during police questioning. *British Journal of Criminology, 32,* pp. 35.

[60] Gudjonsson, G. H., & Bownes, I. (1992). The reasons why suspects confess during custodial interrogation: Data for Northern Ireland. *Medicine, Science and the Law, 32,* pp. 204-212.

[61] Moston, S., Stephenson, G. M., & Williamson, T. M. (1992). The effects of case characteristics on

疑人以現行犯當場被逮捕，則否認警方指控的意義不大，自白率會相當的高。

然而，亦有研究並未發現證據強度與自白具有關聯性，其原因可能是嫌疑人在詢問情境當中並不知道（或無法認知到）警方所掌握的證據強度，或假設警方未掌握到犯罪證據；或者是證據強度與其他個人特徵相關因素間的交互作用，例如當嫌疑人是沒有犯罪前科者，認知到警方證據較強時自白的可能性會增加，以及證據強度與其他情境相關因素間的交互作用，例如當證據較強力時，有法律諮詢或律師在場也會減低自白的可能性[62]。近期 Deslauriers-Varin 等人研究結果也顯示：初次犯罪嫌疑人與有多項前科嫌疑人的自白比率為 80%比 51%，即使有強有力證據，有請求法律諮詢、多項前科的犯罪嫌疑人仍比較不可能向警方自白[63]。

三、證據提出時機

研究指出犯罪嫌疑人對警方所掌證據強度的認知，以及警方證據提示的時機，對於犯罪嫌疑人自白決意具有決定性影響[64]。一般認為犯罪嫌疑人在詢問時通常存有僥倖心態，當詢問人員未出示任何對其不利的證據時，只要否認或保持沉默就可以掩飾自己的罪行；因此，詢問過程中詢問人員須仔細觀察嫌疑人的語言及非語言表現，在恰當的時機點提出證據，適時突破犯嫌心防，使其供述犯罪事件[65]。至於何時是提出證據的恰當時機點，研究發現：較晚呈現證據比較早呈現證據，對於嫌疑人自白較有效率，Hartwig 等人指出偵查人員較晚在詢問中呈現出證據，愈容易查覺到嫌疑人的不實供述或欺騙（準確度為85.4%），勝過較早在詢問中呈現出證據的偵查人員（準確度為 56.1%）[66]。當

- - - - - - - - - - - - -

suspect behaviour during police questioning. *British Journal of Criminology, 32,* pp. 23-40.

[62] Moston, S., Stephenson, G. M., & Williamson, T. M. (1992). The effects of case characteristics on suspect behaviour during police questioning. *British Journal of Criminology, 32,* pp. 23-40.

[63] Deslauriers-Varin, N., Lussier, P., & St-Yves, M. (2011). Confessing their crime: Factors influencing the offender's decision to confess to the police. *Justice Quarterly, 28,* pp. 113-145.

[64] Moston, S., Stephenson, G. M., & Williamson, T. M. (1992). The effects of case characteristics on suspect behaviour during police questioning. *British Journal of Criminology, 32,* pp. 23-40.

[65] 引自陳茹匯（2013）。犯罪人自白實證分析之研究。中央警察大學刑事警察研究所碩士論文，頁32。

[66] Hartwig, M., Granhag, P. A., Stromwall, L. A., & Kronkvist, O. (2006). Detecting deception via

證據過早呈現時，嫌疑人會有較充分的時間去思考該說什麼與不該說什麼，偵查人員必須倚賴非語言行為去評估嫌疑人敘述的精確度；反之，當證據較晚呈現時，直接透過嫌疑人的敘述，便能清楚嫌疑人供述的真假及矛盾之處[67]。因此，在詢問中，證據必須在引出嫌疑人對案情的敘述與待澄清的問題均已詢問過後，始予提出。

　　然而，並非所有研究都同意如此的論點，例如廣泛運用於美國與加拿大的萊德模式，其詢問目的在於得到嫌疑人的自白，如果握有充分證據，通常是運用強勢挑戰的方式，一開始詢問即以正面、直接的對質，瓦解嫌疑人的抗拒[68]。

四、詢問技巧

　　研究顯示愈嚴重的犯罪，警方迫於破案壓力則會增強詢問技術的強度[69]，嫌疑人自白率亦會因而提高。其中又有哪些偵查技巧較能有效取得嫌疑人自白，在美國及加拿大警方的警詢實務研究中發現，警方較常使用的詢問技巧包括：訴諸嫌疑人的自身利益、以既存的有罪證據與嫌疑人對質、指出嫌疑人陳述中的矛盾、提供嫌疑人道德合理化的理由或藉口等，同時亦發現少許警方罕用的技巧，包括：黑白臉策略、對嫌疑人吼叫、以不友善的方式碰觸嫌疑人等[70]；國內亦有研究指出，傳統的黑白臉策略僅對於社會歷練較不足的嫌疑人可

- - - - - - - - - - - -

strategic disclosure. *Law and Human Behavior, 29,* pp. 469-484.

[67] Hartwig, M., Granhag, P. A., Stromwall, L. A., & Kronkvist, O. (2006). Detecting deception via strategic disclosure. *Law and Human Behavior, 29,* pp. 469-484.

[68] Inbau, F. E., Reid, J. E., & Buckley, J. P. (1986). *Criminal Interrogation and Confessions* (3rd ed.). Williams and Wilkins; Napier, M. R., & Adams, S. H. (1998). Magic words to obtain confessions. FBI *Law Enforcement Bulletin, 67,* pp. 11-15.

[69] Gudjonsson, G. H. (2003). *The Psychology of Interrogations and Confessions: A Handbook.* John Wiley & Sons, p. 151.

[70] Leo, R. A. (1996). Inside the interrogation room. *Journal of Criminal Law and Criminology, 86,* pp. 266-303; Kassin, S., Leo, R., Meissner, C., Richman, K., Colwell, L., Leach, A.-M., & Fon, D. L. (2007). Police interviewing and interrogation: A self-report survey of police practices and beliefs. *Law and Human Behavior, 31*(4), pp. 381-400; King, L., & Snook, B. (2009). Peering inside a Canadian interrogation room: An examination of the Reid model of interrogation, influence

發揮效用，對於經驗較豐富的嫌疑人，則無法發揮效果[71]，並認為詢問前的成功晤談（指的是與嫌疑人建立融洽關係，取得信任，瞭解其價值信念或發現隱藏、害怕、擔心、逃避、焦慮等狀況，進而感動說服），是影響詢問自白形成的重要因素[72]。特別是以晤談階段之接觸晤談（Pre-Interview）最為關鍵，因嫌疑人乍接觸警察，大多措手不及，尚未作好防禦之心理準備，此時警察詢問如以自信、先發制人之勢，最易突破案情，取得自白[73]。

五、案情掌握

　　一般犯罪偵查流程，可分為「犯罪發生」、「調查蒐證」、「傳喚緝捕嫌疑人」、「移送法辦」及「起訴定罪」等5個概念[74]，詢問則是在「調查蒐證」、「傳喚緝捕嫌疑人」、「移送法辦」等階段所進行的重要環節。然在詢問前必須對於整個案情有所分析與瞭解，因此偵查人員應結合現場鑑識結果、文件紀錄、被害人或目擊證人訪談，統整所有偵查作為的發現等，以獲取關於案件的事實資訊，而後從中分辨出犯罪發生的可能動機、手法、時機及犯罪嫌疑人特徵等[75]；特別是性犯罪嫌疑人分有不同類型，如能從相關案情的掌握辨別出嫌疑人類型，將對詢問有相當大的幫助。此外，案情資訊應該要從可信度高的來源去獲得，因為任何偏誤都可能影響詢問的正確性，通常案件若有存活的被害人，應該是第一位要訪談的對象，因為被害人所提供的是最基本的偵查要素，

----

tactics, and coercive strategies. *Criminal Justice and Behavior, 36,* pp. 674-694；林燦璋、施志鴻、盧宜辰、郭若萱（2013）。國內刑事警察使用萊德（Reid）詢問技術現況之調查。警學叢刊，第44卷第1期，頁60-61。

[71] 莊忠進（2008）。影響詢問自白因素初探。2008年中央警察大學刑事警察實務與學術研討會論文集，頁14-15。

[72] 莊忠進（2008）。影響詢問自白因素初探。2008年中央警察大學刑事警察實務與學術研討會論文集，頁28。

[73] 廖訓誠（2010）。警察詢問過程影響因素之研究—以陌生人間性侵害案件為例。中央警察大學犯罪防治研究所博士論文，頁133。

[74] 侯友宜、廖有祿、李文章（2010）。犯罪偵查理論之初探。警學叢刊，第40卷第5期，頁17-18。

[75] 林燦璋、施志鴻、林耿徽、陳茹匯（2013）。影響犯罪嫌疑人自白決意的相關因素之實證研究。執法新知論衡，第9卷第2期，頁145。

甚至有些沒有物證或目擊證人的案件，被害人陳述會變成案件唯一的事實基礎，但被害人有時會陳述一些不完整的事實，甚至會捏造犯罪事件，因此對被害人訪談仍需謹慎；其次是從涉案嫌疑最輕的對象開始詢問起；最後才對涉嫌最重的嫌疑人進行詢問[76]。

國內相關研究也指出，為強化警察詢問的基礎，警察在詢問前之偵查蒐證應更加完整，並以此為基礎，盡可能以取得聲請令狀（搜索票、拘票等）為目標，在令狀核發的基礎下，不但可使警察詢問準備更充分，同時提示令狀將有助於嫌疑人對警察確實掌握案情及證據之認知，較易自白[77]。

六、羈押與判刑入監

一些研究認為犯罪嫌疑人在羈押狀態比在警察偵查階段較容易自白，甚至因害怕被羈押而自白[78]。所謂「羈押」是刑事案件被告（或犯罪嫌疑人）經檢察官或法官合法傳喚、拘提到案、或現行犯逮捕後，法院認為犯罪嫌疑重大，而且有事實足認其有湮滅證據、串供、逃亡等之虞時，為保全證據，防止逃亡，確保刑事訴訟及刑罰執行，法院得裁定將被告收容至特定處所，是限制人身自由的刑事處分；其限制人身自由的處分，有時亦不得接見通信，會讓嫌疑人處於無助惶恐的狀態，不只無法獲得新訊息，家人的生活、事業的處理、身心的平衡等，都將陷入重大混亂，嚴重的話，會導致人格的崩潰，這些原因促使犯罪嫌疑人害怕被羈押而較易形成自白。而相對於自白會影響日後判刑入監，則與羈押自白原因相反，形成抑制因素，是否詢問當時會考慮到日後判刑入監，目前亦無相關研究，仍待後續研究分析。

七、重要他人

重要他人（Significant Others）是心理學和社會學重要的概念，指在個體

---

[76] 林燦璋、施志鴻、林耿徽、陳茹匯（2013）。影響犯罪嫌疑人自白決意的相關因素之實證研究。執法新知論衡，第9卷第2期，頁145。

[77] 廖訓誠（2010）。警察詢問過程影響因素之研究—以陌生人間性侵害案件為例。中央警察大學犯罪防治研究所博士論文，頁139。

[78] 劉至剛（2005）。詢問自白的形成因素—以調查局調查官及受刑人為例。犯罪與刑事司法研究，第14期，頁108-109；林燦璋、施志鴻、林耿徽、陳茹匯（2013）。影響犯罪嫌疑人自白決意的相關因素之實證研究。執法新知論衡，第9卷第2期，頁159。

社會化及心理人格形成的過程中具有重要影響的人物，重要他人可能是一個人的父母長輩、兄弟姐妹，也可能是親密愛人、好友、老師、同學等。因為這些人對個人的評價與言論具有相當重要的分量，嫌疑人選擇自白與否的原因，常常受到生命中重要他人的影響，包括重要他人的勸導：嫌疑人對於要坦承犯罪或是對於犯行有所掩飾猶疑不定時，重要他人適時的勸導、鼓勵、分析利弊，有利於嫌疑人對自白作出理性的思考選擇；內心對重要他人的感覺：嫌疑人對於詢問人員的問題與自白的評估，大多會考慮到重要他人的感覺，仔細斟酌每一個問題的回答是否會牽連到重要他人，或是在決定自白與否時，將重要他人的感受擺第一位[79]。國內外一些研究也得到實證，例如嫌疑人顧及家人與朋友的感受，不希望家人及朋友知悉該犯罪事件，是抗拒自白的主要因素[80]；而對於性侵犯自白與否認，「家人」是影響自白與否的最大因素[81]。

八、對犯行態度（罪惡感及羞恥感）

對犯行態度主要論及罪惡感（Guilt）與羞恥感（shame）。罪惡感是指違背內在價值與行為準則時產生的負面自我評價，以及相應的負向情緒，甚至自我懲罰；而羞恥感則是指違背外在社會價值與規範時所產生的負面自我評價，與相應的負向情緒、自我懲罰。研究發現相較於外在歸因（如怪罪被害人或社會），內在歸因之嫌疑人會對其犯罪作出情緒或衝動（如因一時情緒失控、在壓力情境下犯案），較容易形成悔傷感（Remorse），產生透過自白以釋放內在罪惡焦慮的驅力；但犯罪引發的羞恥感、焦慮，以及困窘、難以接受其所作過之事、與關切被當成罪犯等內在歸因，亦同時導致抑制自白的驅力[82]。此種情形可用來解釋為何性犯罪嫌疑人即使承認犯案，仍然抗拒對事件作出完整自

---

[79] 陳茹匯（2013）。犯罪人自白實證分析之研究。中央警察大學刑事警察研究所碩士論文，頁33。

[80] Gudjonsson, G. H. (2003). T*he Psychology of Interrogations and Confessions: A Handbook.* John Wiley, & Sons, pp. 115-117.

[81] 張婉儀（2008）。自白與無自白之因素比較探究—以性犯罪案為例。臺北大學犯罪學研究所碩士論文，頁78-79。

[82] Gudjonsson, G. H., & Sigurdsson, J. F. (1999). The Gudjonsson Confession Questionnaire-Revised (GCQ-R) factor structure and its relationship with personality. *Personality and Individual Differences, 27*(5), p. 965.

白，如同 St-Yves 所指出某些性犯罪嫌疑人藉由作出部分自白來滿足他們需要去自白的內在歸因，同時也降低他們的羞恥感而去加以妥協[83]。

九、精神狀態（包括酒精、藥物及夜間詢問等影響）

酒精與藥物主要在於探討犯罪嫌疑人被詢問時精神狀態對自白的影響作用。英國曾進行一項調查研究，33% 犯罪嫌疑人在被逮捕前 24 小時內曾飲用酒精飲料、有 22% 犯罪嫌疑人被逮捕前曾施用毒品，當嫌疑人受到藥物、毒品或酒精影響時，將降低其詢問的應對能力，研究也發現當處於酒精及毒品等戒斷症狀（Withdraw）時，會導致其認知能力降低，引發高度焦慮及易受暗示，在此種狀況下，可能因而無法充分理解警方提問的意思，並容易順從而自白[84]；Pearse 等人亦發現詢問前曾使用毒品之嫌疑人，其自白勝算比高出一般嫌疑人 3 倍[85]。然而，Sigurdsson 和 Gudjonsson 的研究發現卻指出藥毒物中毒與戒斷之主要影響作用是讓嫌疑人注意力降低、感到困惑，但這還不至於讓他們無法因應警方詢問，也似乎不會影響到他們作出自白的理由。

此外，根據 Pearse 等人對具心理脆弱特質（Psychologically Vulnerable，指易高度受質詢的暗示、智能遲緩或缺陷、學習障礙或心理疾病等）嫌疑人之研究，卻發現其自白率與一般嫌疑人比較，並無明顯差異[86]；相反地，也有研究指出犯罪嫌疑人因智商低而無法因應詢問者，較易自白[87]。

- - - - - - - - - - - - - - -

[83] St-Yves, M. (2006). Confession by sex offenders. In Williamson, T. (Ed.), *Investigative Interviewing: Rights, Research, Regulation* (pp. 107-122). Willan.

[84] Gudjonsson, G., Hannesdottir, K., Petursson, H., & Bjornsson, G. (2002). The effects of alcohol withdrawal on mental state, interrogative suggestibility and compliance: An experimental study. *Journal of Forensic Psychiatry, 13*(1), p. 63.

[85] Pearse, J., Gudjonsson, G. H., Clare, I. C. H., & Rutter, S. (1998). Police interviewing and psychological vulnerabilities: Predicting the likelihood of a confession. *Journal of Community & Applied Social Psychology, 8*(1), pp. 1-21.

[86] Pearse, J., Gudjonsson, G. H., Clare, I. C. H., & Rutter, S. (1998). Police interviewing and psychological vulnerabilities: Predicting the likelihood of a confession. *Journal of Community & Applied Social Psychology, 8*(1), pp. 1-21.

[87] Gudjonsson, G. H. (1992). The Psychology of Interrogations, Confessions and Testimony. John Wiley, & Sons, p. 67；張婉儀（2008）。自白與無自白之因素比較探究—以性犯罪案為例。

第 ④ 節　詢問互動

一、晤談

　　國內一些研究也常提及「晤談」對詢問過程取得自白的重要性[88]，但在國內詢問相關法制規範及流程卻未提及。一般認為，晤談是製作詢問筆錄前的談話，在形式上通常沒有任何文書紀錄或錄影錄音規定，且不受形式拘束，始能與嫌疑人較輕鬆的對談（或聊天）、建立彼此良好互動關係，進而獲得嫌疑人的信任，以利後續詢問時取得調查犯罪事實所需要的資訊。但實務運作上，詢問人員可能不是那麼明確區分出晤談的存在，往往詢問時不可能一坐下就直接進入主題，可能在逮捕解送或詢問前的準備過程中，便不經意地或有目的地與嫌疑人交談，從家庭、工作、經濟狀況等到對案件的看法等，也能從中觀察判斷出嫌疑人的人格特質及建立彼此間的友好關係。

二、詢問人員態度

　　詢問人員是詢問過程中最重要的自白催化角色，要扮演良好互動催化的角色需要作到：「積極傾聽」，包括整個的身體語言，運用聲調、身體姿勢、面部表情表現出願意傾聽的意願[89]；建立「融洽」（Rapport）關係，所謂融洽就是「一種具有合作、信心、與和諧精神的人際關係」[90]。研究結果亦顯示：詢問人員態度與嫌疑人態度友善、與嫌疑人關係互信較容易使嫌疑人認罪[91]。

- - - - - - - - - - - - - -

臺北大學犯罪學研究所碩士論文，頁18。

[88] 莊忠進（2008）。影響詢問自白因素初探。2008年中央警察大學刑事警察實務與學術研討會論文集，頁28；李維凱（2009）。我國刑事警察執行詢問之研究。中央警察大學刑事警察研究所碩士論文，頁140；廖訓誠（2010）。警察詢問過程影響因素之研究—以陌生人間性侵害案件為例。中央警察大學犯罪防治研究所博士論文，頁133。

[89] 王寶墉譯（2001），Yeschke, C. L.著。詢問的藝術：突破心防的技巧。鼎茂圖書，頁51-67。

[90] 廖訓誠（2010）。警察詢問過程影響因素之研究—以陌生人間性侵害案件為例。中央警察大學犯罪防治研究所博士論文，頁57。

[91] 陳茹匯（2013）。犯罪人自白實證分析之研究。中央警察大學刑事警察研究所碩士論文，頁100。

三、詢問環境

　　良好的詢問環境，主要是希望提高嫌疑人自白的意願。詢問人員應在隱密的場所進行詢問，在沒有人打擾的情況下單獨詢問，這是爲了減少外來的干擾和中斷，因此嫌疑人才可將注意力集中於詢問人員與他所說的話[92]。詢問的環境，除了上述隱私考量外，偵詢室環境空間（5 至 6 坪爲宜）、傢俱擺設（詢問人員與嫌疑人應隔詢問桌面對面而坐，保持舒適安全距離）、顏色（藍色系爲宜，藍色會創造冷靜、溫和、平靜的氣氛）、噪音（爲防止噪音干擾）、溫度（舒服狀態）、乃至於光線（以日光燈照明）等[93]，均會對詢問雙方造成影響。

四、詢問氛圍

　　詢問氛圍意指詢問人員爲了讓犯嫌能夠在詢問中自白，或是提供犯罪的資訊，所刻意營造出來的空間氣氛；詢問氛圍主要藉由詢問人員對嫌疑人的瞭解，選定合適的詢問技巧加上硬體的詢問環境配合所構成[94]。這樣刻意營造的氛圍對嫌疑人形成一種壓力，使其不得不選擇自白[95]。但國內研究結果卻顯示：營造和緩氣氛較緊張氣氛更容易使嫌疑人認罪[96]，國內詢問實務運作與國外是否有所差別，或者氛圍要營造到何種壓力程度才能促使自白，仍需再作深入研究。

- - - - - - - - - - - - -

[92] Zulawski, D. E., & Wicklander, D. E. (2001). *Practical Aspects of Interview and Interrogation* (2nd ed.). CRC press, pp. 33-34.

[93] 徐國楨（2000）。詢問人員、被詢問人員與律師對詢問室環境知覺之研究。中正大學犯罪防治研究所碩士論文，頁43-44。

[94] 陳茹匯（2013）。犯罪人自白實證分析之研究。中央警察大學刑事警察研究所碩士論文，頁51。

[95] Gudjonsson認爲壓力乃是促使嫌疑人自白的重要內在因素，嫌疑人在警局的壓力來源包括：警局實際環境所造成的壓力、嫌疑人對權力的服從造成的壓力、拘留（限制人身自由與人群隔離）造成的壓力；參見Gudjonsson, G. H. (2003). *The Psychology of Interrogations and Confessions: A Handbook.* John Wiley, & Sons, pp. 151.

[96] 陳茹匯（2013）。犯罪人自白實證分析之研究。中央警察大學刑事警察研究所碩士論文，頁100。

五、詢問人員專業表現

　　所謂詢問專業，除了詢問人員本身對詢問相關知識的瞭解與詢問技巧的運用外，詢問人員在進行詢問之前，有無對案情及嫌疑人加以瞭解，預擬適當地詢問策略，亦與其能否達成詢問目的有關[97]。研究指出：刑事警察較行政警察容易取得自白，原因在於刑事人員長期負責偵查工作，較一般行政警察具備自白重要性之認知，同時也對於詢問過程有較多的經驗、自信，或者有更豐富的說服性技巧[98]。是以，詢問過程中，詢問人員的專業表現和實務經驗，或犯罪嫌疑人對於詢問人員的專業認知，均是影響自白的重要因素。

六、詢問人員多寡

　　詢問人員多寡，對於詢問氛圍營造與技巧運用均有相當影響，雖然必須與態度、專業表現等因素互為配合，但仍不失為嫌疑人自白重要因素；有研究指出：兒童性侵害案件較一般案件更需注重隱私性，特別強調以一對一的詢問，並針對案情對嫌疑人量身訂做詢問內容，在詢問過程中當一個良好的傾聽者，嫌疑人較可能願意卸下心防，向警方吐露實情[99]。

第（五）節　結　語

　　回顧國內外過去的一些自白因素研究當中，可發現不少因素對犯罪嫌疑人自白決定產生影響，並區分成：犯罪嫌疑人背景特徵、案件特性、情境脈絡及詢問互動等四個類別（相關單一自白因素原因說明彙整如表3-1）；但也出現了不少震撼性的問題：許多犯罪嫌疑人背景因素變項結果是互相矛盾的，例如某些研究發現犯罪嫌疑人年齡與自白率之間有顯著的關聯性，而有些研究卻發

---

[97] 陳茹匯（2013）。犯罪人自白實證分析之研究。中央警察大學刑事警察研究所碩士論文，頁50。

[98] 廖訓誠（2010）。警察詢問過程影響因素之研究—以陌生人間性侵害案件為例。中央警察大學犯罪防治研究所博士論文，頁124-125。

[99] 廖妍羚（2015）。警察機關詢問兒童性侵害犯罪嫌疑人現況之研究。中央警察大學刑事警察研究所碩士論文，頁119-127。

現沒有顯著關聯性；此外，儘管大多數的研究已經發現到犯罪前科與自白率之間存在於一種負向關聯性，某些研究卻發現到沒有關聯性或是存在於一種正向關聯性。這些矛盾的發生，最主要是未考慮到與情境脈絡相關因素之間的交互作用關係，包括：詢問人員、犯罪嫌疑人、被害人、犯罪案件本身與警方決定何時呈現證據給嫌疑人等等的交互作用情形[100]；Moston 等人也提出：犯罪嫌疑人決定自白的一些因素不應該被個別研究而是要交互組合，尤其是嫌疑人背景與案件特性、脈絡因素、詢問人員信念與態度之間的潛在交互作用（互動過程模式），Moston 等人並運用美國 9 大都會區警察局 1,067 件警方詢問嫌疑人的樣本進行研究，統計分析出「犯罪嫌疑人對警方證據認知」、「犯罪嫌疑人犯罪前科」及「法律諮詢」彼此之間顯著的交互作用關係；當證據強度增加時，犯罪嫌疑人的自白率會穩定提高；然而，自白率也會被犯罪前科、法律諮詢等情境相關因素所影響[101]。

　　顯然，犯罪嫌疑人自白是要經過一組高度複雜的因素來決定，並非是單一因素所能解釋，且在 4 個類別中，情境脈絡相關因素的重要性高於其他 3 者，特別是「證據強度」的角色在警方詢問時，凌駕於犯罪嫌疑人背景特徵、案件特性、詢問互動及其他情境脈絡相關因素之上，證據強度是最直接、最關鍵的影響自白因素[102]。當警方證據薄弱時，影響犯罪嫌疑人自白決定的一些因素開始發揮作用；而當警方證據強力時，則影響相當有限[103]。換言之，當偵查人員只擁有嫌疑人薄弱證據時，偵查的詢問階段是很關鍵的，可以合理去假設說：說服嫌疑人自白的詢問策略與能力是詢問結果的重要部分，如此的能力可能對沒有犯罪前科、單身、有罪惡感、沒有法律諮詢的嫌疑人最為有效。然而，當

---

[100] Gudjonsson, G. H. (2003). *The Psychology of Interrogations and Confessions:* A Handbook. John Wiley, & Sons, pp. 130-156.

[101] Moston, S., Stephenson, G. M., & Williamson, T. M. (1992). The effects of case characteristics on suspect behavior during police questioning. *British Journal of Criminology, 32,* pp. 23-40.

[102] Deslauriers-Varin, N., Lussier, P., & St-Yves, M. (2011). Confessing their crime: Factors influencing the offender's decision to confess to the police. *Justice Quarterly, 28*(1), p. 141.

[103] Deslauriers-Varin, N., Lussier, P., & St-Yves, M. (2011). Confessing their crime: Factors influencing the offender's decision to confess to the police. *Justice Quarterly, 28*(1), pp. 139-141.

警方掌握強有力證據（如犯罪嫌疑人以現行犯當場被逮捕）時，背景特徵、案件特性與情境脈絡相關因素對於嫌疑人自白的決定則影響相當有限。這些結果強調出在警方詢問之前的案件準備與蒐集犯罪嫌疑人證據的重要性。

除了上述國外對於自白因素研究實質成果外，從自白因素相關研究彙整中，亦可發現到研究途徑已由單因素、雙因素（瞭解因素是否與自白有關）、多因素分析（瞭解因素間的交互作用），轉而採用自白的決意機制分析，以瞭解自白決意形成的脈絡與因素重要次序。

表 3-1　自白單一因素研究發現及原因說明

自白因素類別	自白因素	研究發現及原因說明
犯罪嫌疑人背景特徵	年齡	年齡是成熟與否的直接指標，成熟者通常被認為較能應付陌生情境及警方詢問作為，因此自白可能性較低
	性別	女性嫌疑人自白率高於男性，一般認為女性社會歷練較缺乏，不瞭解詢問流程及自身權利，無法承受詢問情境和壓力
	婚姻或子女關係	單身或無子女者因沒有什麼東西好失去的，較容易自白；有婚姻或子女關係者通常會較在乎家人的感受，自白可能性較低
	種族	被拘禁的白人較黑人容易作出自白，其原因可能為文化與宗教差異，以及詢問者多為是白人所致
	人格特質	外向性人格（如反社會、自戀）較內向性人格嫌疑人（如感受性強、神經質）不易與警方合作，並對詢問採取較強烈的抗拒
犯罪嫌疑人背景特徵	教育程度	教育程度低導致知識貧乏、對自身有利權益不瞭解，較容易自白；教育程度高者清楚自己法律的權益，自白可能性較低
	職業	無業者沒有什麼東西好失去的，較容易自白；有工作者具備知識及對後果的瞭解、在乎擁有的一切，自白可能性較低
	前科紀錄	具多次前科的嫌疑人，較會行使其法定權利、熟悉詢問環境與技術、並且清楚自白的後果，故自白可能性較低
	性犯罪：犯罪生涯	犯罪生涯分為專業性（僅犯性犯罪者）與多樣性，專業性犯罪人比多樣性犯罪人更容易去自白，其可能與人格特質有關

表 3-1　自白單一因素研究發現及原因說明（續）

自白因素類別	自白因素	研究發現及原因說明
案件特性	犯罪類型	不同犯罪類型的自白率具有差異，尤其是暴力比非暴力犯罪有較低的自白率，性犯罪則又較低
	犯行嚴重性	犯行較嚴重對犯罪後所要面臨的法律刑責處罰愈嚴重、刑期愈長，愈可能會使嫌疑人害怕後果而不願自白
	共犯	共犯間可能面臨到一種「囚徒困境」，包括：爲減輕刑責選擇與詢問人員合作，在其他共犯被查獲前供出他人罪行、已經被其他共犯牽連到或害怕共犯說出對自己不利的證言、爲保護其他共犯等，因而作出自白
	性犯罪：與被害人關係	嫌疑人與被害人無認識較與被害人有認識更容易自白；嫌疑人認識被害人，則指控的罪行比較不會被起訴，而降低自白的可能性，因與被害人認識可能會提高性行爲中意願的質疑，嫌疑人可能會運用這種關係去駁斥被害人的陳述，而影響警方的看法，認爲是一種雙方同意的性行爲
	性犯罪：被害人來自於觸發犯罪環境	當被害人是來自於一種觸發犯罪環境時，嫌疑人比較不可能去自白，其有2種解釋：嫌疑人在詢問中試圖去利用被害人的公信力，強調被害人並非是典型的被害人；被害人背景的一些因素可能影響到警方指控的決定
	性犯罪：被害性別	當被害人是男性的性侵害嫌疑人在詢問時，比較容易自白，其原因尚不明確
	性犯罪：被害人年齡	被害人是兒童（小於14歲）的性侵害嫌疑人比起典型性侵害嫌疑人較有可能自白，原因在於兒童性侵害嫌疑人想要自白的内在壓力較高
案件特性	性犯罪：暴力程度	當嫌疑人使用非必要或過度的暴力或控制，比較容易自白，極可能是在犯案過程中，容易留下更多跡證，而更無法辯駁
	性犯罪：偏差性幻想	當嫌疑人作案前有偏差性幻想，比較容易自白，其原因尚不明確
	性犯罪：強迫性行爲	當嫌疑人作案時有強迫被害人進行性行爲或有侵入性行爲，比較不容易自白，其原因尚不明確
	性犯罪：被害人抗拒	被害人有抗拒，嫌疑人較容易自白，原因可能是留下更多跡證，使嫌疑人無法辯駁

表 3-1　自白單一因素研究發現及原因說明（續）

自白因素類別	自白因素	研究發現及原因說明
案件特性	性犯罪：犯案預謀	當嫌疑人作案時有預謀計畫，比較不容易自白，原因可能是有縝密犯案計畫，少有留下犯罪跡證
	性犯罪：犯案前飲酒	當嫌疑人作案前有飲酒，比較容易自白，原因可能是因一時衝動，事後會有較大罪惡感
	性犯罪：攜帶作案工具	當嫌疑人作案時有攜帶工具，比較不容易自白，原因可能往往是有計畫性犯案，少有留下犯罪跡證
情境脈絡	法律諮詢	律師會建議當事人詢問時保持緘默，或告知警方詢問流程及技術；若在場亦可能約制警方詢問強度及技術，故嫌疑人自白可能性較低
	證據強度	犯罪嫌疑人對警方證據強度的認知，被認為是影響嫌疑人向警方自白決定的最重要關鍵因素，將近有70%的嫌疑人承認，如果警方對他們沒有懷疑時，他們不會去自白
	證據提出時機	較晚呈現證據比較早呈現證據，對於嫌疑人自白較有效率；當證據過早呈現時，嫌疑人會有較充分的時間去思考該說什麼與不該說什麼，證據必須在引出嫌疑人對案情的敘述與待澄清的問題均已詢問過後，始予提出
	詢問技巧	案件愈具嚴重性，警方則會增強詢問技術的強度，而其中某些詢問技巧較能有效取得嫌疑人自白
情境脈絡	案情掌握	在對嫌疑人實施詢問前，必須盡可能對案情作最詳細的調查，能夠充分掌握訊息，才能問出關鍵，提升自白的可能性
	羈押與判刑入監	羈押限制人身自由及身體拘禁，嫌疑人會因而害怕被羈押而自白；但相對的，自白會影響日後判刑入監，形成抑制因素，是否詢問當時會考慮到日後判刑入監，目前尚無相關研究
	重要他人	嫌疑人在詢問時，常常受到生命中重要他人的影響，如顧及親友感受、家人無人照顧等，而較不易自白
	酒精與藥物	嫌疑人在詢問時受到酒精或毒品影響，會導致其認知能力降低，引發高度焦慮及易受暗示，容易順從而自白
	詢問時段	夜間是人體生理休息時間，如在精神狀態疲勞下詢問，容易順從而自白

表 3-1　自白單一因素研究發現及原因說明（續）

自白因素類別	自白因素	研究發現及原因說明
情境脈絡	對犯行態度	相較於外在歸因（如怪罪被害人或社會），內在歸因之嫌疑人會對其犯罪作出情緒或衝動歸因（如因一時情緒失控、在壓力情境下犯案），較容易透過自白以釋放內在罪惡焦慮的驅力。其中罪惡感是因為犯罪行為發生後，對於造成別人傷害所引發的歉意，罪惡感容易促使嫌疑人作出自白；羞恥感則是當犯罪事件被揭發後，對於自我的負面評價，相對於罪惡感促使嫌疑人作出自白，而羞恥感則有壓抑自白的反效果
詢問互動	詢問前晤談	詢問前與嫌疑人輕鬆自在的對談（或聊天）、建立彼此良好互動關係，進而獲得嫌疑人的信任，將有利於後續詢問時取得調查犯罪事實所需要的資訊
	詢問人員多寡	詢問人員多寡，對於詢問氛圍營造與技巧運用均有相當影響，兒童性侵害案件較一般案件更需注重隱私性，和一般案件略有差異，因此強調以一對一的詢問，嫌疑人較可能願意卸下心防，向警方吐露實情
	詢問人員態度	詢問人員對嫌疑人態度友善、與犯嫌疑人關係互信，較容易使嫌疑人自白
	詢問環境	良好的詢問環境，主要是希望提高嫌疑人自白的意願；除了隱私考量外，偵詢室環境空間、傢俱擺設、顏色、噪音、溫度、乃至於光線等，均會對詢問雙方造成影響
詢問互動	詢問氛圍	詢問氛圍主要藉由詢問人員對嫌疑人的瞭解，選定合適的詢問技巧加上硬體的詢問環境配合所構成；這樣刻意營造的氛圍對嫌疑人形成一種壓力，使其不得不選擇自白
	詢問人員專業表現	詢問人員除本身對詢問相關知識的瞭解與技巧的運用外，在進行詢問前，有無對案情及嫌疑人加以瞭解，預擬適當的詢問策略，亦與其能否達成詢問目的有關

資料來源：研究者整理。

CHAPTER

4

萊德詢問模式

　　回顧 20 世紀中期前，美國警方對否認嫌疑人普遍使用「第三級策略」的偵查詢問方式，所謂第三級策略是各種強制偵查詢問手段的總稱[1]，包含直接施加身體暴力或凌虐、心理脅迫等技術，使嫌疑人生理及心理無法忍受，作出承認或自白才停止[2]。隨著社會控制及警察權力減弱，以及強調正當程序的約制下，法院對警察機關偵查詢問手段逐步加以限制，由傳統第三級策略，轉變為現代心理偵查詢問技術，詢問人員運用更專業且複雜的心理技術，說服嫌疑人作出自白。包括在事先設計隱密且隔離的環境，對嫌疑人進行偵查詢問，製造壓力、孤立、恐懼及無助感的情境，誘發嫌疑人內在壓力及焦慮、打擊嫌疑人信心與強化詢問人員心理優勢[3]，再透過某些社會影響技術，操弄嫌疑人的知覺及判斷，說服嫌疑人最後相信向詢問人員自白，是符合其利益的最佳選擇[4]，然而，這些技術一定程度上會使用壓力、利誘及欺騙等手段，在一般日常的社會行為觀點，被視為違背倫理，且有違法風險，最具代表性即是萊德等人在1974 年所提出的萊德模式。

　　上述 Reid 等人所提出的萊德模式，是目前最普遍被使用的偵查詢問模式，根據其官方網站資料[5]，包含美國、墨西哥、加拿大、德國、日本等國已超過 30 萬詢問人員接受此技術訓練，其出版「Criminal Interrogation and Confession」亦為美國最普遍的訓練手冊（下稱該手冊），許多國家的詢問人員受到該技術影響，後續也有許多運用相似原則偵查詢問技術的著作等[6]，有關

1　第三級策略就如同我國刑訊（刑求逼供）或稱「拷訊」，刑訊是在審訊過程中動用刑具折磨受審者以逼取口供的審訊方法的總稱，此種方法古代被認為是一種正當的、合理的審訊手段，甚至訂入法律規定，參閱趙春燕（2003）。中國古代刑訊制度演變規律之研究。中國刑事法雜誌，第4期，頁110-116。

2　Keedy, E. R. (1936). Third degree and legal interrogation of suspects. *University of Pennsylvania Law Review, 85*(8), pp. 761-777; Leo, R. A. (2006). The third degree and the origins of psychological interrogation in the United States. In G.D. Lassiter (Ed.), *Interrogations, Confessions, and Entrapment* (pp. 37-81). Springer.

3　Ofshe, R. J., & Leo, R. A. (1997a). Decision to confess falsely: Rational choice and irrational action. *Denver Law Journal, 74,* pp. 979-1122, p. 997.

4　Leo, R. A. (2008). *Police interrogation and American justice.* Harvard University Press, p. 25.

5　該組織之網址為www.reid.com。

6　Gordon, N. J., & Fleisher, W. L. (2006). *Effective interviewing and interrogation techniques* (2nd

萊德模式理論基礎及操作步驟如下[7]：

第 一 節　理論基礎

　　萊德模式的基本假設為，犯罪人會對接下來所要承擔的結果感到恐懼，因此不會自願及主動承認犯罪，而選擇說謊扭曲或否認事實，以逃避說實話所造成的後果。說實話的後果可分為現實（Real）與個人（Person）兩種，現實後果包含損失經濟及失去自由或生命等；個人後果包含降低自尊及傷害名譽等。萊德模式認為成功的說謊會透過操作制約（Operant Conditioning），強化後續的說謊行為，因此若無法及時揭露謊言，將產生正向回饋，提高未來說謊的機會[8]。然而，社會化（Socialization）卻教導人們說謊是錯誤的，因此說謊會引發人們內在衝突，帶來挫折及焦慮感[9]。焦慮程度與嫌疑人否認程度呈現直線關係，否認程度愈高[10]，則引發的焦慮程度愈高。當說謊引發的焦慮程度增加，則會提高自白的可能性。

　　該模式將偵查詢問視為一個「謊言的心理解除」（Psychological Undoing of Deception）過程，詢問人員可以運用各種說服技術（Persuasive Technique），改變嫌疑人的信念及預期，解除其說謊的心理動機。預期與個人期待的目標或

---

ed.). MA Elsevier Academic Press; Zulawski, D. E., & Wicklander, D. E. (2002). *Practical aspects of interview and interrogation* (2nd ed.). CRC Press.

[7]　萊德模式雖然自1947年開始發展並運用，但直到1986年其手冊第3版才提出理論基礎；因此該模式發展脈絡主要為從偵查詢問實務經驗歸納出一套操作模式，其理論為後來的補充性說明；中文版相關內容請參考：高忠義譯（2000）。刑事偵查詢問與自白。商周出版社。

[8]　Jayne, B. C. (1986). The psychological principles of criminal interrogation In F. E. Inbau, J. E. Reid,, J. P. Buckley, & B. C. Jayne (Eds.), *Criminal Interrogations and Confessions* (3rd ed., pp. 327-347). Jones and Bartlett Publishers, p. 327.

[9]　Jayne, B. C. (1986). The psychological principles of criminal interrogation In F. E. Inbau, J. E. Reid, J. P. Buckley, & B. C. Jayne (Eds.), *Criminal Interrogations and Confessions* (3rd ed., pp. 327-347). Jones and Bartlett Publishers, p. 329.

[10]　否認程度可分為忽略（Omission）、逃避（Evasion）到公然否認（Blatant Denial）等3種等級。

是知覺的後果有關，例如當嫌疑人預期若自白會遭受當時所知覺的後果，他所期待的目標就是不要作出自白。信念並非客觀真實，而是主觀及內在的想法，因此容易受到外在影響而重新詮釋，成為說服的標的。說服為某種改變他人態度、信念及知覺的溝通形式[11]。偵查人員在偵查詢問的過程中，須同時操弄嫌疑人自白所知覺後果，以及說謊造成的焦慮，以淡化嫌疑人對自白後果的感知，增加對其說謊有關的內在焦慮[12]。因此，萊德模式所提出的偵查詢問9個步驟（說明如後）包含兩個主要部分，第一個部分為透過堅持嫌疑人有罪並且阻止其否認，阻斷及突破嫌疑人的抗拒，防止說謊行為的正向回饋；第二個部分為淡化自白帶來後果嚴重性的認知，增強自白可能誘因，提供嫌疑人保留面子或道德辯解（Moral Justifying）的選項，說服其相信自白是當下最有利的選擇[13]。當嫌疑人知覺（Perceived）自白後果的不利益感減輕，而說謊所產生的焦慮感增大時，則會作出自白；其否認的形成到自白的心理過程請參閱第二章圖2-1（萊德模式否認到自白形成之心理過程）。

第二節　操作步驟

　　萊德模式提出案件偵查的3個階段[14]：第一階段為蒐集證據及訪談被害人、證人，建立對犯罪事實的瞭解及掌握相關資訊；該手冊建議在查訪或接觸嫌疑人前，詢問人員應充分瞭解犯罪事實及相關細節[15]。第二階段對嫌疑人進行非

----

[11] Jayne, B. C. (1986). The psychological principles of criminal interrogation In F. E. Inbau, J. E. Reid, J. P. Buckley, & B. C. Jayne (Eds.), *Criminal Interrogations and Confessions* (3rd ed., pp. 327-347). Jones and Bartlett Publishers, pp. 334-337.

[12] Jayne, B. C. (1986). The psychological principles of criminal interrogation In F. E. Inbau, J. E. Reid, J. P. Buckley, & B. C. Jayne (Eds.), *Criminal Interrogations and Confessions* (3rd ed., pp. 327-347). Jones and Bartlett Publishers, p. 332.

[13] Gudjonsson, G. H. (2003). T*he psychology of interrogations and confessions: A handbook.* Wiley, p. 11.

[14] Inbau, F. E., Reid, J. E., Buckley, J. P., & Jayne, B. C. (2005). *Essentials of the Reid technique: Criminal interrogations and confessions.* Jones and Bartlett Publishers, p. 6.

[15] Inbau, F. E., Reid, J. E., Buckley, J. P., & Jayne, B. C. (2005). *Essentials of the Reid technique:*

監禁性（Non-Custodial）及非控訴性（Non-Accusatorial）訪談，其目的主要包括：建立關係與取得有利偵查詢問的資訊、評估嫌疑人是否有罪。當詢問人員在合理確定嫌疑人有罪情形下，則進入第三階段，透過下列 9 個步驟進行偵查詢問 [16]：

一、步驟一：正面、明確對質

此步驟的目的為說服嫌疑人警方已掌握其有罪的明確證據；並打擊及削弱其否認的自信。偵查詢問一開始，詢問人員即直接且確定地告知嫌疑人，經過調查結果他即為本案的犯罪人，該手冊建議在此步驟可使用編造證據策略，例如宣稱凶器上採集到其指紋，強調否認的徒勞無益。隨後詢問人員要立即提供某些轉化性語言（Transition Statement），讓嫌疑人感受說實話可以得到的利益。

二、步驟二：說辭發展

正面對質後，詢問人員接著要表現出理解和同情的態度，發展能讓嫌疑人合理化其犯罪或者保留面子的說辭，以減少道德責難（例如怪罪被害人穿著曝露，而引起其性侵害之犯意），及減輕嫌疑人內疚等（例如為了家庭經濟才會鋌而走險）。此步驟的目的為，增強嫌疑人對犯罪的合理化；並保留其面子讓其容易自白，提供能夠證明其有罪的說辭，以及持續增強其否認的徒勞無益感。

三、步驟三：處理否認

若詢問人員允許嫌疑人在偵查詢問過程中持續否認，則嫌疑人後續要說出實話的困難度愈高。因此，當嫌疑人持續否認時，詢問人員可透過 3 種方式來

- - - - - - - - - - - - -

Criminal interrogations and confessions. Jones and Bartlett Publishers, p. 12.

[16] Blair, J. (2005). What do we know about interrogation in the United States? *Journal of Police and Criminal Psychology, 20*(2), pp.44-57, pp. 45-47, Gudjonsson (Ed.). *The psychology of interrogations and confessions: A handbook.* pp. 13-20, Hartwig, M., Granhag, P. A. & Vrij, A. (2005). Police interrogation from a social psychology perspective. *Policing & Society, 15*(4), pp.379-399, pp. 382-386, Inbau, Reid, Buckley & Jayne. *Essentials of the Reid Technique: Criminal interrogations and confessions,* pp. 212-216.

處理否認：（一）評估否認前的前兆：該手冊認為有罪與無辜的嫌疑人否認時，口語及非口語行為具有可區辨的差異性；無辜者會直接、肯定及有力否認，並表現出反映其言語可信度的非口語行為，在被阻斷後作出更激烈的否認；而有罪嫌疑人否認的方式較為防衛、緩和及遲疑，被阻斷後只會再提出軟弱否認或保持沉默；（二）阻斷否認：詢問人員透過某些口語或非口語行為阻斷其否認，例如完全掌控偵查詢問的進行，讓嫌疑人沒有任何時間陳述，或雙手交叉表現出懷疑及質疑的表情，重複強調對其有罪確信，打擊其否認信心等；（三）評估否認：評估否認之口語或非口語行為表現，並且擬定各種有效的應對策略，例如採取黑白臉的策略。此步驟的目的為，在嫌疑人提出否認前即先予以制止，並從否認的形式評估有罪者及無辜者。

四、步驟四：克服反駁

否認是無辜或有罪嫌疑人的防禦策略，無辜者會試圖提出證明其無辜的證據，而有罪者會試圖提出某些能夠支持其否認的證據。當有罪嫌疑人認知到單純否認的徒勞無益，會進一步從否認轉變為提出反駁，解釋其為什麼不可能涉案（例如我不認識他、我並不缺錢、我有堅定的宗教信仰等），以對情境有所掌控，並干擾詢問人員對其有罪的信心。此時，詢問人員應允許並引導嫌疑人提出反駁，再透過轉化讓嫌疑人提出的藉口沒有著力點（例如我知道你是一個虔誠的教徒，但是人都會犯罪，重點是你的內心要如何面對上帝），並持續維持詢問人員所掌控的對話主題。

五、步驟五：取得並維持嫌疑人的注意

當詢問人員成功處理否認及克服反駁後，嫌疑人可能會產生心理退縮，並開始忽略詢問人員所提出之說辭。此時正是嫌疑人表現出心理弱勢，詢問人員應迅速掌握此切入點，持續維持己方優勢，並透過與嫌疑人靠近等行為（例如將坐位靠近嫌疑人、身體向嫌疑人前傾、叫其名字或綽號、維持與嫌疑人的眼神接觸），拉近與嫌疑人之間的心理距離，此策略將促使有罪嫌疑人更加重視詢問人員之意見。

六、步驟六：操弄嫌疑人的被動情緒

當嫌疑人將注意力放在詢問人員，並表現出即將放棄抵抗的某些口語及非口語行為線索時，詢問人員應使嫌疑人的注意力集中在步驟二的說辭上，並且

表現出同理的態度，操弄其內在悔恨的情緒，例如運用敢作敢當情操或是宗教用語，促使其說出眞相。有時嫌疑人會哭泣，或是沉默一段時間，即是進入步驟七的重要指標。

七、步驟七：提出非此即彼的選項

　　詢問人員提出兩個皆爲有罪供述的選項，其中一個較爲體面及輕微，另一個則是殘酷、無情及嚴重的選項，例如詢問性侵害犯罪人：「你一開始只是想要把她拉到路旁搶劫，並沒有想要強姦她，對吧？」、「這只是第一次這樣作，還是已經作過很多次了？」。無論嫌疑人選擇哪一個，都是作出有罪供述。此步驟的目的爲，讓嫌疑人認爲若其未作出選擇，則別人可能相信較嚴重的內容，讓他有某個解釋的機會；並透過對其犯罪提供保留面子的解釋，導引出初步的輕微承認，再以此爲基礎逐步發展出完整的自白。

八、步驟八：讓嫌疑人敘述各種犯罪細節

　　當犯罪人選擇非此即彼的選項後，已初步承認犯行，詢問人員再持續對話，透過言語強化的技術，詢問與鼓勵嫌疑人說出更多犯罪細節，並引導出某些詢問人員未知的證據，以補強自白的眞實性。

九、步驟九：由口頭供述轉爲書面供述

　　詢問人員最後再以一問一答的方式製作偵查詢問筆錄，且確保該自白具有證據能力及證明力。

第 三 節　模式批判

　　萊德模式雖已受到美國警察機關普遍肯定，美國法院亦提供其合法性基礎；然而，社會科學家從心理學理論及研究，對模式提出諸多質疑及批判，本文從下列 4 個面向，呈現對於萊德模式之批評：

一、缺乏實證基礎

　　萊德模式雖然一再宣稱其技術的有效性，但其多是透過偵查人員的調查意見，並沒有提出其他相關實證資料佐證；相反地，社會科學家卻提出許多實證研究反駁其論點。萊德模式假設多數嫌疑人在偵查詢問初期會抗拒承

認犯罪，必須透過某些社會影響技術改變其行為，然而 Baldwin 觀察分析英國 600 個偵查詢問錄音或錄影帶[17]，發現觀察偵查詢問樣本各有成敗（Hit and Miss），但是嫌疑人自白或承認與詢問人員偵查詢問作為並無直接的關聯[18]。事實上，600 個錄影帶中僅有 20 名嫌疑人，在偵查詢問過程中改變其原來說法（Story）（從否認轉變為承認或自白），其中只有 9 名嫌疑人的改變是受到詢問人員說服技術所影響，大多數嫌疑人在過程中都維持其原本立場[19]；Baldwin 進一步提出：「警方長久以來認為偵查詢問是讓嫌疑人從否認轉變為自白的想法，在真實世界中可能是一種錯覺[20]。」

萊德模式強調透過行為分析技術辨識謊言，能夠判斷有罪嫌疑人並排除無辜者，「在偵查詢問過程中，詢問人員應詳細評估嫌疑人對詢問問題的行為反應。嫌疑人的身體姿勢、眼神接觸、臉部表情、用語及反應態度，能夠顯現出實話或謊言的記號」[21]。上述觀點必須奠基於兩個前提之上，第一，存在一套與說謊有關聯性的非口語行為指標；第二，人類可透過訓練具備辨識實話與說謊的能力。最常被詢問人員作為判斷說謊者的指標是眼神及姿態，說謊者被認為會避免與詢問人員眼神注視且坐立難安，但實證研究卻顯示它們與說謊並無絕對的關聯性[22]，DePaulo 等人的量化後設分析（Quantitative Meta-Analysis）研究

- - - - - - - - - - -

[17] 英國在1993年提出「偵查詢問」（Investigative Interviewing）取代傳統「偵查詢問」（Interrogation）的概念前，其警方使用的偵查詢問技術亦大量參考美國萊德偵查詢問模式，因此該研究檢驗萊德模式假設亦屬相當；然而，本文認為該研究對象雖是警方實際偵查詢問錄音、影帶，可觀察到實際互動資料，但警方可能在錄影前先運用偵查詢問技術改變嫌疑人的行為，待確定供述內容後，始正式製作筆錄並錄音、影，因此對其結果的解釋及運用應相當謹慎。

[18] Baldwin, J. (Ed.) (1992). *Video taping police interviews with suspects: An evaluation.* Home Office, p. 14.

[19] Baldwin, J. (1993). Police interview techniques establishing truth or proof? *The British Journal of Criminology 33*(3), pp. 325-352, p. 333.

[20] Bull, R., & Milne, R. (2004). Attempts to improve the police interviewing of suspects. In G.D. Lassiter (Ed.), *Interrogations, Confessions, and Entrapment* (pp. 182-196). Springer, p. 183.

[21] Inbau, F. E., Reid, J. E., Buckley, J. P., & Jayne, B. C. (2004). *Criminal interrogations and confessions* (4th ed.). Jones and Bartlett Publishers, p. 6.

[22] Vrij, A. (2008). Nonverbal dominance versus verbal accuracy in lie detection: A plea to change

中，分析 32 個眼神與說謊關聯的研究，發現兩者間並未具有關聯性，18 個姿態與說謊關聯的研究，也同樣未發現眞實效果 [23]。

　　詢問人員一般被認爲具辨別謊言專長，但實證研究的結果亦不支持此觀點 [24]；Vrij 檢視 10 個針對測謊專業人員（包含詢問人員、情報員、測謊專家等）測謊能力之研究，歸納出下列結果 [25]：第一，在所有研究中，測謊專業人員的平均正確率（例如正確辨別謊言及實話的得分）只有 55%，與一般人（如大學生及民衆）的 57% 並無太大差距；第二，雖然詢問人員的判斷正確率並沒有高於一般人，但對於正確區辨謊言的自信卻遠高於一般人 [26]，並傾向作出說謊的判斷 [27]。上述實證研究顯示，目前詢問人員所依賴判斷說謊的非口語行爲反應，並非與說謊有關聯性的指標，甚至只是人們處於高度壓力下的行爲徵兆 [28]；而人類判斷實話或謊言的正確率，僅略高於投擲硬幣決定的機率，判斷實話又高於判斷謊言的正確率 [29]，專業訓練亦對正確率的提升也沒有太大助益。

　　萊德模式建議詢問人員透過直接質問，表現對嫌疑人涉案的確信（步驟一），若是嫌疑人感覺到詢問人員的遲疑，他們將不會自白；並在偵查詢問過

- - - - - - - - - - - -

police practice. *Criminal Justice and Behavior, 35*(10), pp. 1323-1336, pp. 1129-1130.

[23] DePaulo, B. M., Lindsay, J. J., Malone, B. E., Muhlenbruck, L., Charlton, K., & Cooper, H. (2003). Cues to deception. *Psychological Bulletin, 129*(1), pp. 74-118.

[24] Meissner, C., & Kassin, S. M. (2002). "He's guilty!" : Investigator bias in judgements of truth and deception. *Law and Human Behavior, 26*(5), pp. 469-480.

[25] Vrij, A. (2004). Why professionals fail to catch liars and how they can improve. Legal and *Criminological Psychology, 9*(2), pp. 159-181.

[26] Kassin 等人的研究中，警方自陳在偵查詢問過程中有 77% 辨別謊言及實話的正確率，高於實證研究的結果，參見 Kassin, S., Leo, R., Meissner, C., Richman, K., Colwell, L., Leach, A.-M., et al. (2007). Police interviewing and interrogation: A self-report survey of police practices and beliefs. *Law and Human Behavior, 31*(4), pp. 381-400.

[27] Meissner, C. A., & Kassin, S. M. (2006). "You're guilty, so just confession!" Cognitive and behavioral confirmation biases in the interrogation room. In G. D. Lassiter (Ed.), *Interrogations, confessions, and entrapment* (pp. 86-106). Springer.

[28] Kassin, S. M. (2006). A critical appraisal of modern police interrogations. In T. Williamson (Ed.), *Investigative interviewing: Rights, research, regulation* (pp. 207-228). Willan Publishing, p. 213.

[29] Bond, C. F., Jr., & DePaulo, B. M. (2006). Accuracy of deception judgments. *Personality and Social Psychology Review, 10*(3), pp. 214-234, p. 230.

程透過打斷與導引嫌疑人的陳述，取得對話的主導權（步驟二、三、四）。然而，Holmberg 與 Christian 針對瑞典 83 名殺人及性侵害犯罪人進行問卷調查，瞭解其受偵查詢問的經驗及對犯行認罪的態度，結果發現受試者受偵查詢問經驗，大致可分成「掌控」（Dominance）及「人性」（Humanity）兩種風格。歸類為掌控的偵查詢問風格（包含缺乏耐心、攻擊、唐突、敵意、譴責、沒有給予時間反思及回應、以取得自白為目的），與否認反應有關聯；而歸類為人性的偵查詢問風格（包含尊重、表現正向態度、展現同理、創造個人對話、以取得資訊為目的等），則與承認反應具有關聯，Holmberg 與 Christian 認為當犯罪人感受到尊重及認同時，給他們較多的自信及心理空間（Mental Space）承認犯行[30]。此外，萊德模式強調處理否認是偵查詢問的關鍵階段（步驟三），當嫌疑人否認次數愈高時，則其自白的可能性愈低；但 King 與 Snook 觀察研究發現，偵查詢問過程中嫌疑人否認的次數，與自白與否亦無直接關聯性[31]。

二、運用某些有違倫理（Unethical）的手段

　　偵查取得不利自白的對抗特徵，導致其性質不同於日常的交談，亦有別於法庭交叉詰問，為達到突破嫌疑人抗拒的目的，在一定程度內會使用壓力、利誘及欺騙之手段；這些技術在一般日常的社會行為觀點，會被視為具有非倫理性。例如偵查詢問前進行訪談，容易讓嫌疑人產生錯誤的安全感，使其放棄權利行使並願意供述。美國法律賦予嫌疑人緘默權及律師在場權等，以保護面對其高度不適及壓力的偵查詢問情境時，不會違反任意性作出供述，行使緘默權應是對警方偵查詢問的最佳抵禦。研究顯示超過 80% 的嫌疑人，會放棄其權利而接受偵查詢問[32]；嫌疑人放棄權利原因之一為詢問人員在訪談階段，運用某些技巧影響嫌疑人決意，例如透過閒話家常及有技巧地建立關係，取得其信

- - - - - - - - - - - - - -

[30] Holmberg, U., & Christian, S. A. (2002). Murderers' and sexual offenders' experiences of police interviews and their inclination to admit or deny crimes. *Behavioral Sciences & the Law, 20*(1/2), pp. 31-45.

[31] King, L., & Snook, B. (2009). Peering inside a canadian interrogation room: An examination of the Reid model of interrogation, influence tactics, and coercive strategies. *Criminal Justice and Behavior, 36*(7), pp. 674-694, p. 691.

[32] Leo, R. A. (1996). Inside the interrogation room. *Journal of Criminal Law and Criminology, 86*, pp. 266-303.

任，以增加其繼續交談意願[33]。此外，訪談所取得的嫌疑人個人資訊，在後續偵查詢問被提出，容易使嫌疑人陷入被人摸清底細的心理弱勢，以及被用來作為發展偵查詢問的說辭[34]。

　　萊德模式運用的某些偵查詢問技術，例如誤導案情的輕微或嚴重程度，改變嫌疑人對自白或否認後果的認知；透過對嫌疑人的人格分析及瞭解，運用某些角色扮演的技術（例如假裝同情嫌疑人、扮演長者、朋友或親人之角色），或黑白臉策略等，以取得其信任；扭曲犯行的道德嚴重性（例如怪罪被害人等外在歸因），保留嫌疑人的面子；運用減輕或其他有利於嫌疑人承諾；變造身分（例如詢問人員假扮為嫌疑人的親友或檢察官），騙取其供述；提出誇大或虛構的證據（如指紋、血液鑑定相符、測謊施測未通過、目擊證人指認、偽造共犯已自白等），或在嫌疑人面前晃動厚重文件，佯裝已掌握確切證據；責怪被害人要為犯罪負責等技術[35]，皆具有欺騙及操弄的成分，而招致違背倫理的批評。

三、具有導致虛偽自白的風險

　　萊德模式在其手冊中一再宣稱其技術並不會造成虛偽自白，「必須強調的是，並沒有任何一個步驟會導致無辜者作出自白，所有步驟皆為合法及道德正當性」[36]、「無辜者自我保護的本能，再加上本手冊所教的技術，是足以讓無辜者持續聲稱清白。無辜的嫌疑人會對其未作過犯罪承認，則必然是出自於不恰當的誘導，例如威脅、利誘或剝奪其生理上的需求所導致」[37]；作者甚至以其兒子推銷報紙的過程為例，將此技術比喻為日常人際說服的一種專業形式（如同

- - - - - - - - - - - - -

[33] Dolinski, D., Nawrat, M., & Rudak, I. (2001). Dialogue involvement as a social influence technique. *Personality and Social Psychology Bulletin, 27*(11), pp. 1395-1406.

[34] 例如當警方從訪談得知嫌疑人家中有小孩或親人，在偵查詢問時慫恿嫌疑人自白後，便可以回家；或者提出「你都是為了家人，才會作出這樣的事情」的說辭。

[35] Leo, R. A., & Skolnick, J. H. (1992). The ethics of deceptive interrogation. *Criminal Justice Ethics, 11,* pp. 3-12.

[36] Inbau, F. E., Reid, J. E., Buckley, J. P., & Jayne, B. C. (2004). *Criminal interrogations and confessions* (4th ed.). Jones and Bartlett Publishers, p. 212.

[37] Inbau, F. E., Reid, J. E., Buckley, J. P., & Jayne, B. C. (2004). *Criminal interrogations and confessions* (4th ed.). Jones and Bartlett Publishers, pp. 446-447.

業務員、廣告商等）[38]。然而，此觀點過度淡化偵查詢問的潛在強制性質，偵查詢問是在嫌疑人被拘捕及限制到陌生的環境下，試圖誘發嫌疑人高度的壓力，以降低其認知判斷能力的過程；對於嫌疑人心理及認知所造成的影響，遠大於日常的說服技術。隨著第三級策略被法律明確禁止後，美國警方使用刑求逼供手段顯著減少，偵查詢問技術與虛偽自白間，似乎已不再讓人產生聯想；多數法院及民眾都假設一般具有意思能力的成年人，只要在緘默權保障下，除非是受到身體虐待或心理脅迫，否則不可能會對其未作過案件虛偽自白[39]。然而，從虛偽自白案件[40]及相關研究[41]，心理偵查詢問技術仍然存在導致虛偽自白的風

----

[38] Inbau, F. E., Reid, J. E., Buckley, J. P., & Jayne, B. C. (2004). *Criminal interrogations and confessions* (4th ed.). Jones and Bartlett Publishers, p. 211.

[39] Kassin, S. M. (2008). Confession evidence: Commonsense myths and misconceptions. *Criminal Justice and Behavior, 35*(10), pp. 1309-1322, pp. 1313-1314.

[40] Gudjonsson, G. H., & Mackeith, J. A. (1990). A proven case of false confession: Psychological aspects of the coerced-compliant type. *Medicine, Science & the Law, 30*(4), pp. 329-335; Drizin, S. A., & Leo, R. A. (2004). The problem of false confessions in the post-DNA world *North Carolina Law Review, 82,* pp. 891-963; Leo, R. A., & Ofshe, R. J. (1998). The consequences of false confessions: Deprivations of liberty and miscarriages of justice in the age of psychological interrogation. *Journal of Criminal Law and Criminology, 88*(2), pp. 429-496.

[41] Kassin, S. M. & Kiechel, K. L. (1996). The social psychology of false confessions: Compliance. internatization, and confabulation. *Psychological Science, 7*(3), 125-128; Kassin, S. M., Meissner, C. A. & Norwick, R. J. (2005). "I'd know a false confession if I saw one" A comparative study of college students and police investigators. *Law and Human Behavior, 29*(2), pp.211-227; Russano, M. B., Meissner, C. A., Narchet, F. M. & Kassin, S. M. (2005). Investigating true and false confessions within a novel experimental paradigm. *Psychological Science, 16*(6), pp.481-486; Gudjonsson, & Sigurdsson. (1999). The Gudjonsson confession questionnaire: Revised (GCQ-R) factor structure and its relationship with personality. *Personality and Individual Differences, 27*(5), pp.953-968; Sigurdsson, & Gudjonsson. (1996). The psychological characteristics of "false confessors": A study among icelandic prison inmates and juvenile offenders. *Personality and Individual Differences, 20*(3), pp.321-329; Gudjonsson, Sigurdsson, Asgeirsdottir, & Sigfusdottir. (2006). Custodial interrogation, false confession and individual differences: A national study among Icelandic youth. *Personality and Individual Differences, 41*(1), pp.49-59.

險[42]。

　　美國學者 Leo 提出心理偵查詢問技術的有效性，是基於人類決意
（Decision-Making）的特性，「人們在決意過程中，會從其考慮選項中，作出
一個最有利的選擇。心理偵查詢問技術透過限縮嫌疑人考慮的選項，以及影響
其對選項的覺知，有效地達到其取得自白的目的」[43]。萊德模式建議詢問人員操
弄嫌疑人對所在處境的覺知，讓其相信警方已掌握明確證據，無論自白與否
皆無法改變後來的結果；再使嫌疑人注意力侷限在幾個經詢問人員設計的選
項，運用道德、社會、心理或法律等議題，強化否認的焦慮，淡化自白後果的
覺知；最終使嫌疑人相信自白的利益大於否認，進而作出自白[44]。學者認為上
述技術可歸納為放大及淡化兩種策略，放大策略隱含在判刑時刑罰加重的威
脅，淡化策略則隱含判刑時刑罰減輕的允許，都可能導致嫌疑人虛偽自白[45]。
此外，詢問人員提出虛構證據（例如未通過測謊、目擊證人指認、現場採集到
其指紋、鞋印及 DNA 生物跡證）質問嫌疑人，並暗示或誘導嫌疑人因壓抑、
解離或遺忘，而無法回憶犯罪事件，亦可能導致無辜嫌疑人創造出錯誤記憶，
進而相信自己確實作過該犯罪行為[46]。

- - - - - - - - - - - - - - -

[42] 虛偽自白形成的因素並非心理偵查詢問技術單一因素所造成，亦包含偵查詢問情境、嫌疑人
脆弱性及警方偵查偏誤等因素互動的結果，請參閱施志鴻、林燦璋（2009）。虛偽自白成因
及形成過程解析。東吳法律學報，第21卷第2期，頁67-97。

[43] Ofshe, R. J., & Leo, R. A. (1997a). Decision to confess falsely: Rational choice and irrational
action. *Denver Law Journal, 74,* pp. 979-1122, p. 985.

[44] Leo, R. A. (2008). *Police interrogation and American justice.* Harvard University Press, p. 164.

[45] Kassin, S. M. (2005). On the psychology of confessions: Does innocence put innocents at risk?
American Psychologist, 60(3), pp. 215-228; Meissner, C. A., & Russano, M. B. (2003). The
psychology of interrogations and false confessions: Research and recommendations. *Canadian
Journal of Police & Security Services, 1*(1), pp. 53-64. 另一實驗設計研究結果亦發現，淡
化策略會同時提高真實自白及虛偽自白比例，Kassin, S. M., & McNall, K. (1991). Police
interrogations and confessions: Communicating promises and threats by pragmatic implication.
Law and Human Behavior, 15(3), pp. 233-251; Russano, M. B., Meissner, C. A., Narchet, F. M.,
& Kassin, S. M. (2005). Investigating true and false confessions within a novel experimental
paradigm. *Psychological Science, 16*(6), pp. 481-486.

[46] Kassin, S. M. (1997). The psychology of confession evidence. *American Psychologist, 52*(3), pp.

　　萊德模式第七步驟「非此即彼的選項」基於「社會影響」（Social Influence）的幾個原則，第一，「對比原則」（Contrast Principle）：由於人的感知會受到同時提出的對比事物所影響，當詢問人員提出兩個皆為有罪的選項，其中一個選項因相對輕微及體面，故較能吸引嫌疑人，另一選項相對嚴重且不吸引嫌疑人，在兩者對比情況下，會增加作出選擇前者的可能性；第二，「承諾一致原則」（Commitment-Consistency Principle）：即當人作出決定後，就會經驗到來自於他人與自己，必須作出與該決定一致行為的壓力；若嫌疑人選擇其中一個有罪選項後，就不容易再提出與有罪不一致的陳述或抗辯；第三，詢問人員再以「得寸進尺原則」（Foot-in-the-Door Principle）：以較小要求已經達成作為台階，一步一步再提出更為重大的要求，詢問人員先取得較為輕微的承認，再逐漸取得完整的自白供述。Hartwig 等人認為此種說服技術可能影響嫌疑人逐步依照詢問人員指示，提供不正確資訊，甚至虛偽自白的風險[47]。

四、自我預言實現的認知偏誤

　　萊德模式雖然強調其技術僅運用在判斷有罪的嫌疑人[48]，然而其所謂有罪並不可能已達到超越合理懷疑，而是根據詢問人員判斷有罪達到合理懷疑的程度[49]；此種有罪認定有時並非全然基於明確證據（例如僅是情況證據、行為跡證或是偵查詢問時的行為反應[50]），而是依詢問人員個人的認定[51]。基於某些因

- - - - - - - - - - - - - -

221-233, pp. 221-223.

[47] Hartwig, M., Granhag, P. A., & Vrij, A. (2005). Police interrogation from a social psychology perspective. *Policing & Society, 15*(4), pp. 379-399, p. 385.

[48] Inbau, F. E., Reid, J. E., Buckley, J. P., & Jayne, B. C. (2005). *Essentials of the Reid technique: Criminal interrogations and confessions.* Jones and Bartlett Publishers, p. 209.

[49] Ofshe, R. J., & Leo, R. A. (1997b). The social psychology of police interrogation: The theory and classification of true and false confessions. *Studies In Law Politics and Society, 16,* pp. 189-251.

[50] Buckley, J. P. (2006). The Reid technique of intervieng and interrogation. In T. Williamson (Ed.), *Investigative interviewing: Rights, research, regulation* (pp. 190-206). Willan Publishing, p. 194.

[51] 例如Moston、Stephenson與Williamson觀察1989至1990年間，英國9個大城市警察局的1067個案件偵查詢問錄音或錄影帶，並同時對該警方進行問卷調查。研究發現多數警方（80%）認為偵查詢問主要目的是取得自白，並且有73%是在確定犯罪嫌疑人有罪，僅有23%的警

素，嫌疑人可能被錯誤認為涉有嫌疑，理想上詢問人員應能保持開放心胸，透過詢問釐清真實，澄清嫌疑人的無辜。然而，萊德模式先推定有罪，再取得自白證據的二階段偵查詢問模式，正符合心理學上「自我預言實現」認知偏誤的發展基模，除促使虛偽自白的發生，也不易發覺供述的虛偽性。

　　心理學研究發現人們傾向於朝著與既存信念、期待或假設符合的方向，尋找、回憶與詮釋證據[52]。在驗證某個假設或推論，人們會尋找與自己假設或信念符合的證據，以強化對其假設或信念的信心；並且忽略與假設不符的證據[53]，稱為「自我預言實現」（Self-Fulfilling Prophecy）或「確認偏誤」（Conforming Bias）[54]。此種情形最早是用來解釋教師期待與學生表現的關聯性，在軍隊、商業等其他行業及組織亦發現相似結果；近年來亦被用來解釋刑事司法系統錯誤，例如警方偵查，檢察官起訴、法官審判等過程，甚至具客觀形象的刑事科學人員，亦可能因受偵查人員推論影響，朝向支持該推論的方向，詮釋某些模糊不清的資訊或虛構結果[55]。

　　當詢問人員在偵查詢問初期形成有罪推定後，容易忽略及扭曲與其假設不符的其他事證，將注意力專注在證實其判斷的資訊，積極取得及強化與其信念符合的證據。偵查詢問過程中，有罪信念容易誤導行為觀察的判斷，從某些模

　　方是在不確定嫌疑人有罪情形進行偵查詢問。確定有罪的信念與掌握證據強度有所關聯，當掌握證據愈強，確定有罪信念愈高，意圖透過偵查詢問取得自白的比例愈高，且愈傾向使用控訴的偵查詢問風格。然而研究發現，在證據強度中等的案件中（N=363），仍有74%的警方確定嫌疑人有罪；在證據程度薄弱的案件（N=273）中，甚至還有31%的警方確定嫌疑人有罪；參見Moston, S., Stephenson, G. M., & Williamson, T. M. (1992). The effects of case characteristics on suspect behaviour during police questioning. *British Journal of Criminology, 32*(1), pp. 23-40.

[52] Nickerson, R. S. (1998). Confirmation bias: A ubiquitous phenomenon in many guises. *Review of General Psychology, 2*(2), pp. 175-220, p. 175.

[53] Burke, A. S. (2005). Improving prosecutorial decision making: Some lessons of cognitive science. *William and Mary Law Review, 47,* pp. 1587-1634.

[54] 所謂的偏誤（Bias）與隨機錯誤（Radom Error）不同，它僅是描述一種朝向某個方向作出錯誤決策的狀況（Situation）；隨機錯誤則指沒有方向性而任意發生的錯誤。

[55] Neufeld, P. J. (2005). The (near) irrelevance of Daubert to criminal justice and some suggestions for reform. *American Journal of Public Health, 95*(S1), pp. S107-113, p. S111.

稜兩可的行爲跡證或情況證據作出有罪推定，進而影響偵查詢問方式及強度，研究發現有罪判斷的詢問人員，會提出較多有罪推定（Guilt-Presumptive）的問題，運用更爲重複性及強制性的偵查詢問技術，施予更多讓嫌疑人自白的壓力，促使嫌疑人在行爲上表現出更防衛，以致作出更多被認爲說謊的行爲反應（例如坐立不安、轉移眼神接觸或肢體語言等）[56]。若形成自我預言實現的認知偏誤，偵查詢問則脫離發現眞實的目的，不僅阻礙詢問人員發覺虛僞供述的錯誤，甚至會形成事實確認的錯覺（Illusory）[57]；一旦嫌疑人自白，帶有偵查偏誤的詢問人員，會忽略虛僞自白既存的諸多疑點及破綻，將所有證據看似一致並無矛盾，並停止相關查證[58]。

第 ④ 節　結　語

目前美國警方普遍使用萊德模式，可歸納具有下列特徵[59]：第一，假設嫌疑人對犯罪行爲感到丟臉，以及害怕後續的法律後果，因此抗拒自白；第二，強調透過口語及非口語行爲反應，判斷嫌疑人是否說謊，進而確定其是否有罪；第三，在有罪判斷後，即由釐清事實的訪談階段，進入取得自白的偵查詢問階段；第四，該模式認爲要讓嫌疑人從否認轉爲自白，必須使用具有控訴、欺騙及操弄性質的社會影響技術，讓嫌疑人相信自白是最有利的選擇。萊德模式運用複雜及專業心理操弄的說服技術，影響嫌疑人覺知，有利於取得嫌疑人自白。然而社會科學家對其提出下列批評：第一，該模式的假設及理論缺乏實證基礎，且其所依賴的非口語行爲，並無法正確判斷嫌疑人是否說謊；第二，

- - - - - - - - - - - - -

[56] Kassin, S. M., Goldstein, C. C., & Savitsky, K. (2003). Behavioral confirmation in the interrogation room: On the dangers of presuming guilt. *Law and Human Behavior, 27*(2), pp. 187-203.

[57] Nickerson, R. S. (1998). Confirmation bias: A ubiquitous phenomenon in many guises. *Review of General Psychology, 2*(2), pp. 175-220, pp. 178-180.

[58] Ask, K., & Granhag, P. A. (2005). Motivational sources of confirmation bias in criminal investigations: The need for cognitive closure. *Journal of Investigative Psychology and Offender Profiling, 2*(1), pp. 43-63.

[59] Gohara, M. S. (2005). Lie for a lie: False confessions and the case for reconsidering the legality of deceptive interrogation techniques. *Fordham Urban Law Journal,* (33), pp. 791-842, p. 808.

該模式運用欺騙及操弄的說服技術，不僅有違背倫理的考量，並在其他因素共同影響下，具有導致虛偽自白的風險性；第三，而有罪推定為前提的二階段偵查詢問步驟，促使詢問人員無法分辨自白的虛偽性，積極強化與其假設相符的證據，導致事實確認的錯覺。

　　我國最高法院早年已作出多個以不正方法取得自白證據排除之判例[60]，刑事訴訟法亦在民國 56 年明文規定，訊問犯罪被告及嫌疑人應出於懇切之態度，不得用強暴、脅迫、利誘、詐欺、疲勞訊問或其他不正之方法，對警察偵查詢問方式加以約制，近年來以直接身體刑求或心理威脅的偵查詢問方式雖已逐漸減少；然而證據排除法則僅能消極限制偵查詢問使用之手段，並無法正面告知警察機關偵查詢問技術應有的內涵。偵查詢問是警察最重要及基本的專業技能之一，偵查詢問良窳與案件偵辦品質具有相當關聯性，因此偵查人員應經過完善的偵查詢問能力培養和訓練，以協助其面對具有高度張力及目的性的偵查詢問互動過程。直到今日，我國警察機關尚無一套正式且完整的偵查詢問教材，偵查人員普遍是透過私下向資深人員學習及個人經驗累積，發展出「認為有效」的偵查詢問技術[61]；對警察人員使用何種技術、這些技術對嫌疑人的認知造成何種影響、如何取得有利於偵查供述內容、是否具有誤導或是虛偽自白風險性等研究及探討亦相當有限。此種土法煉鋼的偵查詢問技術發展，不僅無法累積系統化的知識，支援並訓練警方日常偵查詢問實踐，提升其發現真實的功能，亦無法發現及改進偵查詢問技術可能造成虛偽自白等風險性；更重要的是，無法正面且積極發展出兼顧人權保障及發現真實的偵查詢問模式，提供實務偵查人員完整的知識和訓練。由美國偵查詢問模式內容及正反論述，在此提出下列 3 點建議，以作為未來我國偵查詢問模式發展及實踐的建議。

一、引進心理學的偵查詢問實證研究

　　由本文探討內容可知，現階段警方日常使用的心理偵查詢問技術，就如一

---

[60] 例如最高法院28年上字第868號判例、最高法院29年上字第1457號判例等。

[61] 近期一項針對我國13位現職資深刑事警方深度訪談研究，受訪者皆表示未曾接受過正式的偵查詢問訓練，其偵查詢問主要學習來源是透過偵辦案件偵查詢問的成敗經驗，或者是由資深警方教導學習；參見李維凱（2009）。刑事警察執行偵查詢問之研究。中央警察大學刑事警察研究所碩士論文，頁113-114。

把「雙面刃」，一方面有利於事實發現，另一方面卻又有造成虛偽自白的風險。由於偵查詢問並非單純刑事訴訟程序或是證據評價的問題，是一種複雜而細緻的人際互動過程，涉及如認知、記憶、社會心理學等知識及理論；因此本文建議引進心理學的偵查詢問實證研究，針對偵查詢問情境及技術對受訊問者造成何種心理和認知影響，嫌疑人自白心理及無辜者虛偽自白心理、偵查人員有罪認知對偵查詢問技術之影響等議題進行探討。透過實證研究結果，再進一步回應下列議題：第一，偵查詢問此種質問、操弄及欺騙等潛在強制性質的作法，是否為發現真實不得已的必要手段，能否發展出其他具平等及倫理性的偵查詢問模式加以取代？第二，若是偵查詢問必然存在潛在強制性，其可允許界限為何，而無侵害人權及造成虛偽自白之虞？第三，現行法律規範及運作能否確實保障嫌疑人，面對偵查詢問此種潛在強制性，而不會作出虛偽自白？本文認為透過實證基礎研究以釐清上述議題，將有助於我國偵查詢問模式及法制之改革和發展 [62]，並提供警方偵查詢問一個明確的指導和界限。

二、落實偵查詢問全面錄影、錄音

由美國偵查詢問模式可知，偵查詢問是一種系統及動態的社會影響過程，其影響自嫌疑人被拘捕開始，並經過偵查詢問前訪談，偵查詢問技術的運用，最後始正式製作筆錄。我國自民國 86 年修訂刑事訴訟法第 100 條之 1[63]，規定偵查詢問過程應全程錄音，必要時應全程錄影，但受限於設備、效率等因素，警察機關通常只在最後正式筆錄製作才開始錄音或錄影。筆錄製作階段大多已是偵查詢問模式影響後的結果，並且是採取一問一答方式進行及記錄，一旦將來審判階段對於詢問筆錄產生爭議，法官只能透過筆錄及該錄影（音）帶瞭解偵查詢問及供述的情形，但此部分往往無法呈現詢問人員的偵查詢問方法、嫌

-- -- -- -- -- -- -- --

[62] 具體例子為英國皇家刑事程序專門調查委員會（Royal Commission on Criminal Procedure）在1992至1993年間，由心理學觀點完成22個有關偵查詢問與自白等相關研究，推動偵查詢問等相關偵查詢問技術及制度改革；參見Gudjonsson, G. H. (2002). Unreliable confessions and miscarriages of justice in Britain. *International Journal of Police Science and Management, 4*(4), p. 332.

[63] 我國刑事訴訟法第100條之1規定：「訊問被告，應全程連續錄音；必要時，並應全程連續錄影。但有急迫情況且經記明筆錄者，不在此限。筆錄內所載之被告陳述與錄音或錄影之內容不符者，除有前項但書情形外，其不符之部分，不得作為證據。」

疑強弱的認知、是否有先入爲主的觀念，以及嫌疑人與詢問人員的互動過程、嫌疑人的人格、供述心理等重要且細微資訊，不利於完整評估偵查詢問過程及自白的可信度。除此之外，全程偵查詢問錄影（音）帶可作爲警察機關內部或外界，進行偵查詢問研究的第一手素材 [64]。

三、強化承認後供述的真實性判斷

偵查詢問的最終目的並非取得自白，而是透過自白的內容，進一步釐清及發現眞實。「自白」是指承認證實有罪的所有事實陳述，除承認「是我作的」，嫌疑人進一步要再對案情細節（含客觀事實及主觀事實），作出「承認後描述」（Post-Admission Narrative）。犯罪是發生在過去的事實，眞正的犯罪者的「承認後描述」，是依據其親自體驗、儲存於大腦的記憶爲基礎，而作出供述，此過程雖然並非完全原貌呈現眞實，與所有供述證據相同，涉及記憶的記錄、保存及提取過程，並且受到動機、遺忘、知覺等因素等影響，甚至需要某些想像加以填補 [65]。但不同於眞實自白，虛僞自白的無辜者並沒有親自體驗當時的犯罪事件，因此是以所知的第二手資料及個人想像，對未作過犯罪作出供述，兩者在供述形式及內容應具有可供辨識的特徵 [66]。爲確保自白後供述內容的眞實性，警察人員於偵查詢問前應對於案件相關事證詳加調查，並應謹

---

[64] 例如英國在1986年全面實施偵查詢問過程全程錄影（音）制度，1990年初期英國內政部（Home Office）和警察首長協會（Association of Chief Police Officer, ACPO）補助多項研究計畫，運用這些錄影（音）帶提供客觀觀察及評估偵查詢問過程的研究素材，多個偵查詢問觀察錄影（音）帶研究，研究成果直接促使後續偵查詢問法制及技術改革。

[65] 此想像包含有意圖及無意圖兩方面，有意圖例如為掩飾某些事實；無意圖包含偵查人員的誘導或是因遺忘部分細節，須要透過某些想像加以填補其中的空缺。

[66] 美國學者提出至少有3個指標可供作判斷自白是否具真實性的參考，第一，自白的內容引導偵查人員發現先前未知的證據（例如找到丟棄之武器，且被證實為本案之凶器、找到確認為本案遭搶之贓物等）；第二，正確指出某些未見諸於媒體大眾之犯罪特徵（例如特殊殺害、綁捆或傷害被害人的手法等）；第三，正確細述某些未見諸於媒體大眾且不易隨意猜想的普通細節（例如被害人的案發當時的衣著、案發現場的物品擺設等），參見Leo, R. A., & Ofshe, R. J. (1998). The consequences of false confessions: Deprivations of liberty and miscarriages of justice in the age of psychological interrogation. *Journal of Criminal Law and Criminology, 88*(2), pp. 429-496, pp. 438-440.

慎不要向外界及嫌疑人提供案件細節；在偵查詢問過程中，應開放心胸，時時將嫌疑人供述與相關事證加以相互比對驗證，切勿固著於個人既定的假設；當嫌疑人自白後，應儘量使其自由陳述，避免誘導的提問，再進一步找出警方尚未知悉的犯罪細節及其他客觀證據，以確保自白的眞實性。

CHAPTER

5

PEACE 詢問模式

　　偵查是在法定程序下，蒐集及檢驗犯罪資訊，釐清與重建過去犯罪事實，篩選並結合相關資訊作為證據，提供檢察官、法官作為事實認定基礎的過程。資訊（Information）是偵查的基礎，偵查的資訊主要由兩種途徑取得：第一，透過現場勘察、搜索、扣押等方式，蒐集相關物理與數位等跡證；第二，藉由詢問被害人、關係人與嫌疑人等，取得關聯性供述。實際上，並非所有案件在偵查初期即能蒐集足夠跡證，警方往往須透過目擊者、被害人與嫌疑人等供述，始能進一步發現相關事證，並作為事實認定基礎；對某些特殊犯罪類型（例如殺人、縱火、性犯罪等），供述更是認定事實的主要證據。專業的詢問將有助警方蒐集具關聯且可靠的供述，引導正確偵查方向，儘早確定嫌疑人與排除無辜者，並取得支持起訴證據；除節省偵查人力與資源外，亦能提升警方的公信力[1]。相對地，不適切的詢問可能導致資源耗費、錯失關鍵證據、無法破案等，若取得虛偽供述並被法院採納，更有導致錯誤審判的風險[2]。

　　英國政府在歷經數個虛偽自白導致重大錯誤審判案件後（例如 1972 年 Maxwell Confait、1974 年 Birmingham Six 案等），針對警察詢問模式進行諸多檢視與探究，揭開一連串警察詢問改革方案；在 1992 年提出「偵查式詢問」（Investigative Interview）取代傳統「偵訊」（Interrogation）概念，並制定以倫理與公平為基礎的 PEACE 模式，作為該國警察詢問準則規範；同時基於記憶、社會溝通等理論與研究，引進「認知訪談」（Cognitive Interview）與「對話管理」（Conversational Management）等技術，並經由全國培訓與認證制度，提升並確保警方蒐集供述之專業，開創出截然不同的詢問典範[3]。

---

[1] 對遭受或目擊犯罪事件的民眾而言，皆是一種創傷經驗，因此往往期待警方能提供安全感、支持與有效偵查，其中詢問正是警方與被害人、目擊者最直接與正面之接觸，亦是其對警察專業最直接感受（NCPE, 2006）。

[2] 例如 Huff 等人（1996）分析美國205件錯誤審判案件因素，分別為目擊者證言錯誤（48%）、證人偽證（10.2%）、執法人員過失（9.3%）、一般過失（7.8%）、虛偽自白（7.8%）、虛構證據（3.9%）、執法人員偽證（2.4%）、執法人員偏差證言（1.5%）、法院錯誤（1.5%）、其他錯誤（6.8%）等，供述相關因素約占七成；我國雖無類似的統計資料，但如蘇建和、江國慶、邱和順等重大矚目案件，偵查階段被告與證人等供述，皆是歷審關鍵爭議之一。

[3] Williamson,T., Milne, B., & Savage, S. P. (Eds.). (2009).*International developments ininvestigative interviewing* (p. 29). Willan Publishing.

第 一 節　發展脈絡

一、警察與刑事證據法

　　美國警察偵查詢問法制源自英國，早期這兩國偵查詢問法制與模式近乎相同 [4]。1980 年代數個虛偽自白導致重大錯誤審判案件，英國皇家刑事程序委員會（Royal Commission on Criminal Procedure, RCCP）在 1981 年全面審視審判前刑事程序，發現當時英國並無一套完善警察詢問培訓方案，警方普遍透過觀察學習（Observational Learning）方式學習詢問技巧；並因循慣例操作三階段偵查詢問腳本（Scripts）：（一）詢問與犯罪無關問題（建立關係與嫌疑人答話慣性）；（二）將話題聚焦在犯罪行為；（三）取得自白 [5]。在後兩階段，警方會運用偵查詢問技術與策略，以達取得自白目的。當時英國警方依賴生理與心理操弄的詢問技術，包含淡化犯行嚴重性、操弄嫌疑人自尊、虛張持有證據、駁斥嫌疑人的否認、說服嫌疑人自白是較有利的選擇等 [6]；同時操弄權力為取供手段（如透過長時間監禁影響嫌疑人作出自白）[7]。

　　1984 年英國政府訂定首部系統性規範警察權力的成文法《警察與刑事證據法》（Police and Criminal Evidence Act, PACE），詳細列舉偵查過程各項警察權力（如盤查、逮捕、詢問等），並規定其嚴格適用範圍與程序。就詢問部分，PACE 除引進緘默權 等保障嫌疑人權利制度，並要求警方在詢問過程應留意嫌疑人是否具易受誘導特徵（例如年齡、心理能力、身體及精神狀態），同時規範所有嫌疑人詢問皆要「可被檢視／透明」（Transparent），俾利後續

----

[4] Sear, L., & Williamson, T. (1999). British and American interrogation strategies. In D. Canter & L. Alison (Eds.), *Interviewing and deception* (pp. 65-82). Carolina AcademicPress.

[5] Mortimer, A., & Shepherd, E. (1999). Frames of mind: Schemata guiding cognition and conductin the interviewing of suspected offenders. In A. Memon & R. Bull (Eds.), *Handbook ofthe psychology of interviewing* (p. 297). Wiley.

[6] Bull, R., & Milne, R. (2004). Attempts to improve the police interviewing of suspects. In G. D.Lassiter (Ed.), *Interrogations, Confessions, and Entrapment* (p. 184). Springer.

[7] Hartwig, M., Granhag, P. A., & Vrij, A. (2005). *Police interrogation from a social psychologyperspective. Policing & Society, 15*(4), p. 393.

法院評估詢問過程；其立意乃爲降低警方使用心理操弄詢問技術，同時要求警方應提出詢問改革方案[8]。1986 年起英國全面實施嫌疑人詢問全程錄音，提供外界觀察與評估詢問過程之第一手素材。

二、相關研究結果

英國內政部與警察首長協會在 1992 至 1993 年間，補助 22 個有關嫌疑人詢問與自白的觀察研究，就自白比率、詢問時間長短、作出自白的時間點、警方使用何種技術及影響自白因素等面向進行探究，揭露警察詢問眞實面貌。本章列舉其中幾個重要研究說明如下：

（一）Baldwin（1992）研究

Baldwin 觀察分析 1989 至 1990 年間 600 個警詢嫌疑人錄音、錄影帶，發現各有成敗（Hit and Miss），但嫌疑人自白或承認與警方詢問作爲，並無實際關聯[9]。在其觀察的錄影帶中，僅 20 名犯罪嫌疑人在詢問過程中改變其原來說法（Story）（從未涉案或否認，轉變爲承認或自白），其中僅 9 名嫌疑人是受到說服技術影響而改變，絕大多數皆維持其原本立場（承認、否認或兩者之間）[10]；長久以來，詢問能讓嫌疑人由否認轉變爲承認的想法，可能僅是一種錯覺[11]。Baldwin 也進一步評估詢問人表現，評估爲不良者有 149 件（24.8%）與失敗者有 69 件（11.58%），其特徵爲詢問人缺乏自信、生疏、有罪認定、不良詢問技巧（例如過於嘮叨、持續及不自然提問、無法建立相關事實及施加過多壓力等）[12]。另外，被評估爲適當者有 382 件（63.7%），其特徵爲事前準備、解釋程序、保持公正和沒有偏見、傾聽和回應、依情況作出反應

----

[8] Bull, R., & Milne, R. (2004). Attempts to improve the police interviewing of suspects. In G. D. Lassiter (Ed.), *Interrogations, Confessions, and Entrapment* (pp. 182-196). Springer.

[9] Baldwin, J. (Ed.). (1992). V*ideotaping police interviews with suspects: An evaluation.* Home Office, p. 14.

[10] Baldwin, J. (1993). Police interview techniques establishing truth or proof? *The British Journal of Criminology, 33*(3), p. 333.

[11] Bull, R., & Milne, R. (2004). Attempts to improve the police interviewing of suspects. In G. D. Lassiter (Ed.), *Interrogations, Confessions, and Entrapment* (p. 183). Springer.

[12] Baldwin, J. (Ed.). (1992). V*ideotaping police interviews with suspects: An evaluation.* Home Office, pp.15-17.

（Flexibility）、掌握主導權等。綜合而言，適格的詢問人員應具備良好溝通
與社交技巧、冷靜氣質與情緒管理、耐心、心思敏銳、反應迅速且具有彈性、
具備法律知識及想像力等[13]。

（二）Moston、Stephenson與Williamson（1992）研究

　　Moston、Stephenson 與 Williamson 等人觀察 1989 年間，英國 9 個大城市
警察局共 1067 個案件嫌疑人詢問錄音、錄影帶，同時並對詢問人員進行問卷
調查。研究發現大多數詢問人員（80%）認為詢問主要目的是取得自白，73%
樣本是在確定犯罪嫌疑人有罪下進行詢問。Moston 等人發現確定有罪的信念
與其掌握證據強度具正向關聯；當掌握證據愈強，確定有罪信念則愈高，透過
詢問取得自白的企圖愈強烈，故更傾向採取某些控訴風格之方法。但 Moston
等人進一步發現，在 363 個證據強度中等的案件，依舊有 74% 詢問人員確信
嫌疑人有罪；在 273 個證據程度薄弱案件，甚至仍有 31% 詢問人員確信嫌疑
人有罪[14]。該研究亦發現詢問技術對嫌疑人自白扮演的角色相當輕微，其原因
為：第一，大多數承認或自白是在詢問一開始即已自動提出，否則即是維持否
認到底，就算面對看似明確有罪證據，僅極少數嫌疑人會被說服而改變其原本
態度；第二，警察幾無詢問技術可言，多數僅運用非常有限的提問技術進行詢
問[15]。

（三）Moston與Engelberg（1993）研究

　　Moston 與 Engelberg 分析倫敦警察局（Metropolitan Police Force）118 個嫌
疑人詢問錄音帶，發現警方通常以兩種取向開啟詢問，第一為蒐集資訊或探究
取向，另一為自白或控訴取向，兩者又可依提問（Questioning）方式區分出不
同的詢問策略：蒐集資訊風格（Information-gathering Style），包括建立關係、
蒐集非特定資訊、蒐集犯罪特定資訊；控訴風格（Accusatory Style），包括直

----

[13] Baldwin, J. (Ed.). (1992). *Videotaping police interviews with suspects: An evaluation.* Home Office, pp.12-13.

[14] Stephenson, G. M., & Moston, S. J.(1994). Police interrogation. *Psychology, Crime & Law,1*(2), p. 152.

[15] Moston, S., Stephenson, G. M., & Williamson, T. M. (1992). The effects of case characteristics on suspect behaviour during police questioning. *British Journal of Criminology, 32*(1), pp. 23-40.

接對質、證據提示策略、有證據支持的直接對質。Moston 與 Engelberg 指出「確定的直接控訴」詢問風格，僅是用來取得自白而非證據，可能導致易受暗示影響或較易順從的嫌疑人作出虛假供述；而且指控的對話形式讓嫌疑人缺乏自發性提供訊息的機會，以致於無法進一步判斷供述眞實與否；同時他們也發現某些詢問人員在嫌疑人作出自白後，即終止偵查詢問，此舉將妨礙「自白後供述」（Post-confession Statement）的完整呈現，亦導致無法驗證供述眞實性的問題[16]。研究也發現詢問人員普遍欠缺對未準備立即自白犯罪嫌疑人的基礎詢問技巧[17]，探究其原因可能是傳統慣用強制詢問技術，降低了警方與人互動的能力，也破壞民眾對警察的信任[18]。

（四）Pearse與Gudjonsson（1996）研究

Pearse 與 Gudjonsson 聽取 1991 至 1992 年間，倫敦兩個警察（分）局 161 個嫌疑人詢問錄音帶，發現警方訪談與溝通能力低於一般人，近八成詢問是在 30 分鐘內結束。研究發現警方使用說服和操弄的詢問策略，雖較 PACE 法案實施前明顯減少，但整體使用技巧數量亦相對降低許多，探究其原因可能是 PACE 法案制定後，警方無法清楚掌握究竟何者爲法院可接受的詢問行爲，尤其是何種構成強制（Coercion）或壓迫（Oppression），法院所持見解亦不一致[19]。研究進一步發現，在許多樣本中警方曾提出目擊者或其他物證，但其中僅有四分之一案件警方會進一步質疑嫌疑人供述中說謊與不一致之處，而此種探究技術正與嫌疑人自白或承認具直接關聯性，顯示當時詢問模式及其相關訓練仍相當欠缺（或侷限）[20]。

----

[16] Gudjonsson, G. H. (2003). T*he psychology of interrogations and confessions: A handbook.* Wiley, p.45; Moston, S., & Engelberg, T. (1993). Police questioning techniques in tape recorded interviews with criminal suspects. *Policing and Society, 3,* pp. 223-237.

[17] Moston, S., & Engelberg, T. (1993). Police questioning techniques in tape recorded interviews with criminal suspects. *Policing and Society,* 3, p.236.

[18] Gudjonsson, G. H. (2003). The psychology of interrogations and confessions: A handbook. Wiley, p. 46.

[19] Gudjonsson, G. H. (1994). Investigative interviewing: Recent developments and some fundamental issues. *International Review of Psychiatry, 6*(2/3), pp. 237-246.

[20] Pearse, J., & Gudjonsson, G. H. (1996). Police interviewing techniques at two south London police

綜合前述研究結果，反映出當時英國警方詢問存在下列現象：第一，嫌疑人通常在詢問前，便已確定其將作何反應，警方詢問僅會改變少數嫌疑人的回應；顯見嫌疑人自白原因與說服式詢問技巧並無直接關聯性；第二，警方在詢問前普遍缺乏準備，且過度依賴強制性詢問技術，導致降低其人際互動的能力；第三，警方先作出有罪假設，再以說服、心理操弄等技術取得自白的模式，存在著導致虛偽自白的風險；第四，詢問人員對未立即承認或自白的嫌疑人，缺乏必要溝通與應對技能[21]。

第 二 節　操作步驟

PACE 法案通過後，英國警方並未立即依照其建議提出改革詢問模式。直至 1990 年初英國政府參考前述相關研究結果，針對當時英國警察詢問缺失加以改進，提出「偵查式詢問」取代傳統「偵訊」概念。「偵查式詢問」係指在偵查過程警察所有蒐集供述的作為，包含證人、被害人與嫌疑人等詢問[22]，其目的由過去取得自白為主，轉向為蒐集一般性資料與釐清事實；其風格也從過去封閉心胸、壓制性與誘導，轉變為開放心胸、彈性與取得可靠（Reliable）證據的風格[23]。「偵查式詢問」的 7 個主要原則如下[24]：

- - - - - - - - - - - - -

stations. *Psychology, Crime & Law, 3*(1), pp.63-74.

[21] Baldwin, J. (1993). Police interview techniques establishing truth or proof? *The British Journal of Criminology, 33*(3), pp. 325-352; Milne, R., & Bull, R. (1999). Investigative interviewing: Psychology and practice. Willey; Mortimer, A., & Shepherd, E. (1999). Frames of mind: Schemata guiding cognition and conductin the interviewing of suspected offenders. In A. Memon & R. Bull (Eds.), *Handbook of the psychology of interviewing* (pp. 293-315). Wiley; Williamson, T. M. (1993). From interrogation to investigative interviewing: Strategic trends inpolice questioning. *Journal of Community & Applied Social Psychology, 3*(2), pp. 89-99.

[22] Williamson, T. M. (1993). From interrogation to investigative interviewing: Strategic trends in police questioning. *Journal of Community & Applied Social Psychology, 3*(2), p.90.

[23] Gudjonsson, G. H. (2007). Investigative Interviewing. In T. Newburn, T. Williamson & A. Wright (Eds.), *Handbook of criminal investigation* (pp. 446-492). Willan Publishing.

[24] Milne, R., & Bull, R. (1999). *Investigative interviewing:* Psychology and practice. Willey.

一、「偵查式詢問」的目的是由嫌疑人、證人或被害人取得正確且可信資訊，以發現案件事實。

二、「偵查式詢問」須保持開放態度（Open Mind）。詢問所得資訊，應在適當時機隨時與偵查已知事情加以比對，並與已建立的事件真實相互檢驗。

三、在各案件中，詢問人員須公平對待每位受詢問之人。

四、詢問人不必侷限於接受嫌疑人的第一個答案，持續詢問並不意味著不公平。

五、即使犯罪嫌疑人行使緘默權，詢問人員仍有權力提出問題 [25]。

六、除非對象是孩童或是性侵害、暴力虐待被害人，偵查人員為建立真實，可詢問任何問題，不受法庭對律師提問規則之限制。

七、對具脆弱性（Vulnerable）被害人、證人或犯罪嫌疑人，必須時時給予特殊的考量。

　　隨後英國政府進一步提出 PEACE 五階段詢問模式架構，試圖建構更具效率與符合倫理的詢問模式 [26]。PEACE 模式立基於某些心理學理論與原則（例如記憶、非口語行為等），各階段皆為確保所蒐集供述之品質與數量 [27]。1992年英國政府提供英國警察人員「A Guide to Interviewing」及「The Interviewer's Rule book」兩本手冊，內容包含 PEACE 模式詳細解說，與 PACE 等重要法律規定；同時規劃相關訓練課程，確保警方具備操作 PEACE 模式的基本詢問技能，與符合法律要件的詢問作為等 [28]。PEACE 字母代表各個詢問階段如下：

---

[25] 此部分涉及受逮捕或羈押而人身自由受限制之犯罪嫌疑人，對偵查機關詢問有無忍受的義務之爭議；不同的立法為美國聯邦最高法院於著名的1966年Miranda判決，指出犯罪嫌疑人一旦主張緘默權，即應生停止偵訊效果，並無忍受詢問的義務。

[26] Schollum, M. (2005). Investigative interviewing: The literature. New Zealand: Office of the Commissioner of Police, New Zealand Police, p. 43.

[27] Shawyer, A., Milne, B., & Ray, B. (2009). Investigative interviewing in the UK. In T. Williamson, B. Milne & S. P. Savage (Eds.), *International developments in investigative interviewing* (pp. 24-38). Willan Publishing.

[28] Bull, R., & Milne, R. (1999). Investigative interviewing: Psychology and practice. Willey, pp. 158-159.

一、計畫與準備（Planning and Preparation）

　　良好的準備與計畫是有效詢問的第一步，歸納文獻建議準備項目如下[29]：（一）瞭解詢問目的：任何詢問都應視爲建立事件事實的過程，對嫌疑人詢問是取得證明其未涉案或涉案證據，同時檢驗其他證據可信度，同時給予嫌疑人提出解釋的機會；（二）構想詢問目標：詢問人必須事先構想所需證明的事項，以及受詢問人可能採取的抗辯；但不要固著於問題順序；（三）分析掌握的資訊：包含收集與驗證所有掌握的資訊，並與待證明事項交互比對，應注意不可忽視對嫌疑人有利資訊；並且評估詢問前尚需掌握哪些資訊（例如目擊證人、犯罪現場跡證等）；（四）備妥詢問所需環境與設備，在必要時提供適當成年人（Appropriate Adult）或翻譯人員。並建議偵查人員應「先偵查，再詢問」，不要「先詢問，再調查」，並指出缺乏計畫與準備，可能造成偵查人員忽略重要資訊、無法辨識供述不一致或謊言、造成不必要對立、耗費時間對同一人多次詢問、失去對詢問之掌控等問題。

二、開場與解說（Engaging and Explain）

　　開場是決定詢問成功與否的關鍵。詢問人員應認識到，對大多數人而言，被警方詢問是種負面經驗，故需要暖場（Warm-up）協助受詢問人平復心情。PEACE 手冊鼓勵詢問人使用日常口語與受詢問人說明與交談，吸引受詢問人參與溝通，並考量下列面向[30]：

（一）關心受詢問人的需求（例如需要開水或是上洗手間）。
（二）詢問其想要如何被稱呼（名字或小名）。
（三）確認其是否有時間限制（就目擊證人、被害人及任意同行嫌疑人而言）。
（四）若受詢問人在過程中產生緊張焦慮，應給予安撫。
（五）說明詢問原因、目的（詢問是爲發現眞實）、流程與法律權利。

　　詢問人與受詢問人間是否建立信任關係，是詢問成功與否的關鍵因素。但

- - - - - - - - - - - -

[29] Bull, R., & Milne, R. (2004). Attempts to improve the police interviewing of suspects. In G. D.Lassiter (Ed.), *Interrogations, Confessions, and Entrapment* (pp. 182-196). Springer; Home Office. (2009). Guide to enforcement interviewing: Home Office.

[30] Schollum, M. (2005). *Investigative interviewing: The literature.New* Zealand: Office of theCommissioner of Police, New Zealand Police, p. 46.

對某些逃避、說謊、不願意提供資訊，或懷有敵意的受詢問人而言，建立關係
將遭遇某些特殊困難，但若詢問人能以尊重、耐心及專業的態度對待，將有效
改善[31]。在此階段，詢問人亦應建立明確的詢問規則，讓受詢問人熟悉隨後詢
問人期待他們所作出的反應（例如告知目擊證人任何他們知道的都相當地重
要，因此盡可能回憶且不要遺漏任何細節，不要因認為可能與事件沒有關聯，
而略過不說）。詢問人亦應提醒若無法理解提問或不知道如何回答等，都應儘
量提出反應[32]。

三、陳述（Account）、釐清（Clarify）與挑戰（Challenge）

適當提問是詢問的重心，亦是最終是否獲得正確與可信供述的基礎。詢問
人必須注意受詢問人可能由合作轉變為不合作，或從不合作轉變為合作，端視
如何適當地應對（Adjust）。在此階段詢問人主要透過 3 個步驟，取得受詢問
人的完整陳述：（一）讓受詢問人未被打斷地進行陳述；（二）闡明與澄清其
陳述；（三）在必要的情況下，質問其陳述。該模式的詢問方法為下列兩種技
術：第一，認知訪談法[33]：係針對合作的證人及嫌疑人使用，其重點在於如何
強化記憶內容與正確性；第二，對話管理法，針對合作程度不足以使用認知
訪談法的對象（通常是嫌疑人），著重在言語及非言語互動的交互影響；詢
問人在詢問時應全程保持警覺，辨識受詢問人在語言與行為反應，調整詢問方
式[34]。在此階段，詢問人積極聆聽、關係建立與對話轉接（Conversational Turn-
taking）的能力，是鼓勵受詢問人儘量陳述，以及蒐集正確與完整資訊的重要
關鍵[35]。在協助受詢問人陳述後（例如適度地歸納整理其供述內容，並鼓勵其

- - - - - - - - - - - - -

[31] Ord, B., Shaw, G., & Green, T. (2004). *Investigative interviewing explained* (2nd ed.). Lexis Nexis, pp. 3-5.

[32] Schollum, M. (2005). *Investigative interviewing: The literature.* New Zealand: Office of the Commissioner of Police, New Zealand Police, p. 46.

[33] Fisher, R. P., & Geiselman, R. E. (1992). M*emory-enhancing techniques for investigative interviewing: The cognitive interview.* Charles C. Thomas Publisher.

[34] Schollum, M. (2005). *Investigative interviewing: The literature.* New Zealand: Office of the Commissioner of Police, New Zealand Police, p. 46.

[35] Shawyer, A., Milne, B., & Ray, B. (2009). Investigative interviewing in the UK. In T.Williamson, B. Milne & S. P. Savage (Eds.), *International developments in investigative interviewing* (p. 27).

盡可能回憶），詢問人會評估其供述的可信度（例如與已掌握的資料進行比對；或者透過 ADVOKATE 準則檢視目擊者的可信度[36]），進一步加以澄清或是質疑[37]。當嫌疑人說謊時，即使無法作為證明有罪的證據，但可能指引詢問人再進一步詢問的問題大綱（Line of Questioning）。詢問手冊強調質疑嫌疑人的重要性，但在發現嫌疑人說謊時，建議不要直接挑明與質問，當其說出的謊言愈詳細時，自己就更難以找藉口自圓其說；當詢問人決定要揭穿其謊言時，應以明確與自信的方式要求其提出解釋[38]。

四、結束（Closure）

　　有效與正式的結束詢問亦是詢問的重要步驟，但研究發現有時詢問人會草草結束。在結束的階段，有幾個事項必須加以注意[39]：
（一）摘要詢問過程的重點，邀請其提問及補充意見，確認雙方的瞭解一致。
（二）確認是否已充分取得事件的相關資訊，確認受詢問人是否已提供所有其願意提供的資訊。
（三）告知未來可能進行程序，可適當提供受詢問人後續程序的相關資訊（例如告知目擊者往後是否需要出庭等）。
（四）邀請受詢問人若記起任何與案件相關的資訊可再予告知，並留下聯繫管道。
（五）對案件結果不要作出任何承諾。

Willan Publishing.

[36] ADVOKATE準則為英國法院在 R v. Turnbull（1977）所建立的8個「確保目擊證言可信度」準則包含：A：證人是否有足夠的時間觀察犯嫌；D：觀察時證人和犯嫌的距離；V：觀察時能見度的條件；O：障礙物的影響是否暫時或部分降低了觀察；K：證人是否認識或曾經看過犯嫌；A：任何使證人記住犯嫌或事件的特別原因；T：證人觀察犯嫌及事件已經過去多久的時間；E：證人描述與實際狀況的差異等8個要件。
[37] Schollum, M. (2005). *Investigative interviewing: The literature.* New Zealand: Office of the Commissioner of Police, New Zealand Police, p. 46.
[38] Home Office. (2009). *Guide to enforcement interviewing.* Home Office.
[39] Bull, R., & Milne, R. (1999). *Investigative interviewing: Psychology and practice.* Willey, p164; Schollum, M. 2005. *Investigative interviewing: The literature.* New Zealand: Office of the Commissioner of Police, New Zealand Police, p. 47.

五、評估（Evaluation）

評估主要包含 3 個部分：（一）詢問所取得的資訊是否足夠與正確；（二）依據詢問取得資訊，進一步進行完整的偵查；（三）在詢問過程中，詢問人的個人表現。其中第三個部分往往容易被忽略，評估是指偵查人員自我評估，或者透過同儕或督導評估。研究發現警方一般不善於評估自己詢問的表現[40]，例如 Stockdale 發現即使多數受訪者同意警察詢問仍有許多改進的空間，但對自己詢問的能力皆持正面評價[41]；此現象與不允許其承認自己不足，甚至有誇大表現的警察文化有關，但這種自我評估的反思，正是專業學習的重要過程[42]。

PEACE 模式包含將詢問目的清楚告知嫌疑人，適當給予關懷與賦予權利，建立關係，而且以詢問人員及嫌疑人雙向平等對話進行，使用非強制性對話技術，其焦點是在資訊蒐集，而非取得自白，其架構概念如圖 5-1：

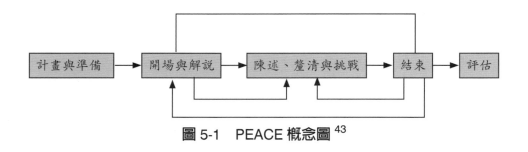

圖 5-1　PEACE 概念圖 [43]

---

[40] Baldwin, J. (Ed.). (1992). *Videotaping police interviews with suspects: An evaluation.* Home Office.

[41] Stockdale, J. E. (1993). *Management and supervision of police interviews.* Home Office.

[42] Bull, R., & Milne, R. (1999). *Investigative interviewing: Psychology and practice.* Willey, p. 164.

[43] 引自：Clarke, C., & Milne, R. 2001. *National evaluation of investigative interviewing: PEACE course.* Home Office, UK, p. 2.

第 ③ 節　模式評論

　　英國於 1984 年訂定「警察與刑事證據法案」後，結合心理學、法律學等領域，正面檢視詢問過程，並提出以蒐集資訊取向（Information-gathering）的PEACE模式。即使後續研究指出其實際成效尚有許多待改進處[44]，但該模式確實引領警察詢問一連串反思與改革，帶動詢問基礎哲學的轉向，開創出截然不同的詢問典範，並且結合全國性「偵查專業發展計畫」（Professionalizing Investigation Programme, PIP）[45]，發展五層級（Tiers）訓練與考核策略，目前已成為澳洲、加拿大、紐西蘭、新加坡、挪威、冰島等國警察詢問模式的範本。整體而言，英國 PEACE 模式在詢問研究與實踐至少有下列 4 個關鍵轉折處，值得我國參考與觀察：

　　第一，有別於長久以來詢問著重密室操作，並依賴實務經驗累積出認為有效的詢問技術，英國 PEACE 模式乃由全國性的角度，結合學術與實務界專家，引進心理學認知、溝通等理論與實證研究，關注在所有類型（包含嫌疑人、證人及被害人）的詢問過程，如何取得具關聯性與可信之供述，並制定一套系統化的警察詢問模式，不僅為學術與實務結合的理想典範，更是建立詢問的學術與科學基礎，引導詢問訓練、操作與督導等發展。

　　第二，傳統詢問專業發展重心偏重於如何突破有罪的嫌疑人抗拒，進而取得自白的偵查詢問策略，但其前提乃是偵查人員對嫌疑人的有罪推定，此種以有罪推定為前提的偵查詢問步驟，往往讓詢問人員無法分辨供述的虛偽性，並且積極地強化與其假設相符的資訊，導致事實確認的錯覺。PEACE 模式則以受詢問人是否具陳述意願（合作）作為詢問技術運用依據，同時強調事前的充分準備，運用如 ACCESS 之系統性評估方法，將重心放置供述檢驗與比對，

---

[44] 例如Clarke與Milne（2001）實證研究發現，仍有普遍證據顯示詢問過程存在著缺乏足夠詢問技術與溝通技能、欠缺適格的訓練師資、對於詢問過程的掌握不足等問題。Clarke, C., & Milne, R. (2001). *National evaluation of investigative interviewing: PEACE course.* Home Office, UK; Schollum, M. (2005). *Investigative interviewing: The literature.* New Zealand: Office of the Commissioner of Police, New Zealand Police, pp. 48-49.

[45] 有關英國偵查專業發展計畫，請參閱施志鴻（2012）「偵查專業之概論—以英國偵查專業發展計畫為中心」一文。

有助於降低偏誤並檢驗供述之可信度。

　　第三，詢問是詢問人透過對話方式取得受詢問人供述的過程。供述的本質是儲存在人腦中的記憶，詢問牽涉受詢問人陳述意願及說謊動機等因素外，亦涉及記憶編碼、保存及提取等過程。傳統詢問假設大多數嫌疑人在詢問會否認犯罪，故須透過偵查詢問技術改變感知（即降低自白的不利益感，增強否認的焦慮），兩者間為對立關係。PEACE 詢問模式將焦點回到供述本身，如同物證蒐集保全，詢問人應協助受詢問人自發性作出詳細供述，並避免誘導與污染；再經由資訊分析比對，進一步以透過對話探究技術釐清矛盾與細節，透過資訊整合壓力與認知負擔（Cognitive Loading），讓受詢問人透露更多與案件有關聯之資訊。從自白心理學的觀點，傳統詢問模式偏向於影響受詢問人感知的操弄取向，而英國 PEACE 詢問模式則是著重在透過對話技術，發覺並質疑受詢問人供述矛盾處，以增加其認知負擔之探究模式[46]。

　　第四，前述傳統詢問偵查取得不利自白的對抗特徵，導致其性質不同於日常的交談，亦有別於法庭交叉詰問，為達到突破嫌疑人抗拒的目的，在一定程度內會是施壓、利誘及欺騙之手段；這些技術在一般日常的社會行為觀點，會被視為違反倫理，並在不正方法邊緣遊走之風險[47]。英國 PEACE 詢問模式認為詢問為複雜人際互動過程，受詢問人在詢問時的反應，受到詢問人行為模式所影響，故詢問人應展現尊重與真誠，建立兩者平等關係，將能促進受詢問人供述的意願。該模式提供警察人員一個符合倫理探究（Inquisitorial）之詢問架構[48]，不僅改變外界及刑事司法系統對詢問之負面觀感，並正面引導警察機關詢問技術應有內涵。由於英國 PEACE 詢問模式某程度可視作對美國萊德偵查詢問模式為主之傳統詢問模式的反動，故本文另以嫌疑人詢問的面向為焦點，簡要歸納兩者差異如表 5-1：

----

[46] 施志鴻（2011）。自白心理學之探究。警學叢刊，第42卷第3期，頁171-206。

[47] 施志鴻（2010）。美國偵訊模式之論析。警學叢刊，第40卷第5期，頁27-52。

[48] Schollum, M. (2005). *Investigative interviewing: The literature.* New Zealand: Office of the Commissioner of Police, New Zealand Police, p. 43.

表 5-1　美國萊德模式與英國 PEACE 模式之比較

項目	美國萊德模式	英國 PEACE 模式
基礎假設	大多數的嫌疑人在詢問初期者會否認的，須透過偵查詢問技術突破其抗拒	嫌疑人在詢問前已決定立場，自白與偵查詢問技術無太大關聯
看待嫌疑人	對立；證明有罪的客體	平等；提供資訊的主體
兩階段詢問	依詢問人有罪或無罪判斷區分為「詢問」與「偵查詢問」等兩階段	未區分詢問與偵查詢問；以有無供述意願選擇 CI、CM 技術
詢問技術	萊德模式的9大步驟（配合BAI）	認知訪談法 CI／對話管理 CM
技術基礎	實務經驗歸納	記憶、認知與溝通等理論與實證研究
技術重點	說服犯罪嫌疑人改變對於自白後果之感知	促進犯罪嫌疑人提升記憶提取之內容；透過已掌握資訊比對並探究供述內容之眞實性
提問方式	質問、封閉	開放、探究
處理否認	放大否認焦慮與淡化自白後果；使其認知自白利益大於否認利益，進而自白	促使嫌疑人提供犯罪事件相關供述，並質疑矛盾處，增加其認知負擔及提供情報壓力，進而提供更多與犯罪相關聯之資訊

資料來源：研究者整理。

第四節　結　語

　　我國刑事訴訟法第 98 條及第 192 條，分別對被告與證人詢問規定應出以懇切之態度，不得用強暴、脅迫、利誘、詐欺、疲勞訊問或其他不正之方法（第 100 條之 2 準用第 98 條）；並對不具任意性之供述設有證據排除規定（如刑法第 156 條）。然而「警察詢問」此種取得不利自白的對抗特性，以致警方認爲有效的詢問方式（多爲依賴說服、對質與操弄等方式）[49]，往往與現行法「應出於懇切之態度」規範間，存有相當落差及矛盾；而此種矛盾促使警方儘

---

[49] 有關我國偵查詢問實務上使用的技巧，請參閱劉章遠（2009）。詢問與筆錄製作要領。載於莊忠進編。犯罪偵查學。臺灣警察專科學校，頁201-252。

量將詢問過程隱密化，讓法院與外界難以審查其真實樣貌 。在審判實務上，除身體刑求或心理威脅等明顯違法手段外，法院對某些心理操弄的詢問方式，是否為不正方法的判斷標準亦不明確；以致於無法正面告知我國第一線的偵查人員，何謂兼顧真實發現與人權保障的詢問界限。除此之外，我國警察機關亦無一套正式詢問模式，偵查人員普遍透過私下學習與經驗累積，發展個人「認為有效」的技術，此種土法煉鋼方式可能僅著重在某些「技巧」（例如扮演黑白臉、重複詢問等）的運用，欠缺如何有效取得關聯性及信用性的理論架構和知識基礎。

本章介紹英國 PEACE 詢問模式之發展脈絡、規範與技術內涵，該模式由全面與整體的觀點，引進並結合心理學與法律學專業領域之理論與實證研究，正面界定詢問應有之內涵，同時採用認知詢問與對話管理兩套溝通與記憶促進技術，經由正式訓練與督導建立偵查人員的詢問能力，適可對照我國前述詢問專業發展的不足，提供較全面的觀點，作為我國後續詢問模式探究與反思參考。然限於篇幅，僅就該模式之規範與技術層次初淺介紹，對其實際運作、訓練及成效評估等，尚待後續深入瞭解之必要。更重要的是，詢問模式的改革與建制，與刑事司法制度等背景具有密切關聯，因此建議後續研究應以更宏觀的角度，納入各國詢問法制及警察組織和訓練等層面之探討，並就我國現況進行比較研究[50]，進而建構出一套適合我國的警察詢問模式。

---

[50] 例如我國檢警留置受拘提逮捕嫌疑人時間為24小時（刑事訴訟法第93條），英國在嚴重案件則可延長36至96小時，英國立法局，網址：http://www.legislation.gov.uk/ukpga/2011/9/notes/division/4/1?view=plain，瀏覽日期：2019年9月5日。在此時間壓力下，是否依認知詢問法或對話管理法等容許讓嫌疑人儘量自發性供述，恐有疑問。

CHAPTER

6

詢問工具

　　詢問工具，即是在進行問話時所運用的專業技術；此工具是普遍被認是穩定且有效的，以促使嫌疑人自白或供出犯罪實情。一般而言，警察詢問是一個相當直接的對話管理歷程，不需添加花俏的策略，複雜的詢問方式通常不會獲得好成果。以下有幾種普遍被認定是比較有效的專業詢問工具，若能妥切運用，將有助於犯罪嫌疑人卸下心防[1]。

第一節　讀心術（Reading Mind）

　　當你的老闆能夠解讀到你對他的真正意向或認同度時，你會作何感想？「讀心術」可說是當前最為有效詢問工具之一，如果使用得當，會讓嫌疑人覺察到詢問人已掌握他的心思和祕密，甚至包括他正在想什麼、怎麼看待被害人、真正的事發原因等，最後只好配合而吐露實情。為了讓嫌疑人暴露出這樣的心理弱點，需遵守以下5點原則[2]：第一，詢問人所使用的語詞必須是模糊且有所保留的（例如：「你好像不是故意要傷害被害人，是嗎？」），此舉容許詢問人有轉圜的空間，免得讓嫌疑人馬上察覺詢問人的說法有誤而拒絕配合；這樣也有助於黑白臉的策略的交替使用；第二，詢問人應謹慎避免使用嚴厲或高度指控性的詞彙（例如：強暴、勒頸、刑期等），因為這反而會提醒他們合作的下場就是刑罰制裁；這點必須與第一項原則緊密結合；第三，詢問過程中糾葛嫌疑人的疑點或問題，應明快且高潮式地鋪陳（例如：「以我的地位和多年辦案經驗，對於本案以下所說的會和你有密切相關，因為……」），這會使得嫌疑人的注意力專注在受詢問的問題上，並追尋該問題與自己的關聯或衝擊；第四，不需直接由詢問人披露嫌疑人的特質或人格特性，而是間接由嫌疑人在詢問的過程中自己認知到，這樣更能發揮讀心術的效用；第五，在論及犯罪行為和心智狀態時，詢問時都應避免提及嫌疑人的姓名，以免喚起其羞恥感或憤怒。

----

[1]　Hazelwood, R. R., & Burgess, A. W. (2008). *Practical Aspects of Rape Investigation: A Multidisciplinary Approach.* CRC Press, pp. 126-130.

[2]　Hazelwood, R. R., & Burgess, A. W. (2008). *Practical Aspects of Rape Investigation: A Multidisciplinary Approach.* CRC Press, p. 126-128.

第 二 節　發展主題

　　有效的偵查詢問核心，就是廣泛運用詢問主題（Theme Development），並在整個脈絡中重述多次。所謂「主題」是設計來增強嫌疑人對他自己所犯下的罪行，讓他存有的理所當然自覺有罪的一種勸服技巧；因此，必須創造出一種讓嫌疑人感覺自然的情境下說出有關他犯罪活動的真相[3]。例如，當你鞋裡有一塊小石子，在你脫下鞋子將該小石子清理之前，隨著時間過去愈久，你會覺得那顆小石子愈變愈大，直到你看到石子時，才發現原來它是這麼小；在偵查詢問時，那顆小石子就是在他眼前所懼怕的事情，也就是他的心理弱點，詢問人若能察覺其中奧妙，便有機會順勢提出緩解之道，進而逐漸讓嫌疑人卸下心防。詢問主題有各種不同來源，人性共通可接受的主題就是好主題，同一概念可發展出多個主題且可被合併使用；在詢問犯罪嫌疑人的過程中，最常被警方採用的詢問主題就是為嫌疑人的犯行找理由或藉口，包括合理化犯行（Rationalizing）、歸咎他人（Projection）、淡化罪行（Minimization）等3類，目的是先讓嫌疑人能以簡單的方式坦承較輕的罪刑，其後才針對陳述內容與證據不吻合的疑點深入釐清[4]：

一、合理化犯行

　　嫌疑人應詢時通常在心裡會有盤算，提醒自己並非是犯罪行為發生的禍首，因此傾向於省略自己最差勁的行為，或是認為自己的行為並沒那麼糟，為自己的行為找理由。

二、歸咎他人

　　嫌疑人為了減輕心理負擔，經常會將事件發生的責任歸諸於他人身上，若不是他人的過錯，自己也不會有這樣的行為反應。

---

[3]　Senese, L.C. (2009). *Anatomy of interrogation themes: The Reid Technique of interviewing and interrogation.* IL, p. 43.

[4]　Hazelwood, R. R., & Burgess, A. W. (2008). *Practical aspects of rape investigation: A multidisciplinary approach.* CRC Press, p. 130.

三、淡化罪行

嫌疑人為了減輕自己的罪責或可責性，會使用較委婉的詞彙來輕描淡寫自己的行為，例如嫌疑人會說「當我們在一起的時候」，而不是「當我強暴她的時候」。

第 三 節　灌輸概念與測試真假

一、灌輸概念（Planting Ideas）

在證據不是很充足的情形下，與其冒著直接指控的風險，倒不如由嫌疑人自己判斷本身是否有被認定涉案，或者是與案件有所關聯，有時可獲得預期不到的效果；這項專業技術又稱作是「灑種子」（Planting Seeds），特別適用於詢問有性犯罪前科的嫌疑人[5]。例如，可向嫌疑人透露本案可能會（在那些位置或地點）找到何種物證，此舉會讓嫌疑人擔憂每一潛在物證所可能形成的威脅。

二、測試真假（Test of Commitment）

為了確定嫌疑人是否有說謊或有所保留，詢問人可直接問「你可以告訴我，我為什麼要相信你說的話？」在聽到答案前，有說謊的嫌疑人會猶豫一下子，說實話的人不需要考慮這個問題，因為他所說都是實話[6]。因此，他應該準備好要回答這個問題，給的回答也是「因為我說的都是實話」類似的答話。

第 四 節　同理心

對於犯罪嫌疑人詢問，除了上述 4 種普遍被認定是比較有效的專業詢問工

--- --- --- --- ---

[5] Hazelwood, R. R., & Burgess, A. W. (2008). *Practical aspects of rape investigation: A multidisciplinary approach*. CRC Press, p. 128.

[6] Hazelwood, R. R., & Burgess, A. W. (2008). *Practical aspects of rape investigation: A multidisciplinary approach*. CRC Press, p. 130.

具外，許多研究論述在警方詢問中同理心（Empathy）之運用將有助於友好關係的建立，而其中也有研究論述同理心之運用，可促使嫌疑人願意作出更多案情回饋，進而增加嫌疑人的自白比率，特別是兒童性侵犯內心具有強烈的罪惡感需要去自白以降低壓力，但羞恥感卻反而抑制了自白的念頭[7]。因此，在詢問時，羞恥感是要去加以克服的，需要以一種「溫和」的方式及瞭解嫌犯人觀點與情緒需求，這就必須與嫌疑人建立良好的關係、嘗試去瞭解其觀點、運用一種同理心的詢問方式，而避免以審判方式，或者是批評嫌疑人行為，耐心、反覆地進行詢問。

一、同理心內涵

　　Titchener 於 1909 年首次以心理學領域的意涵來定義同理心之後，自此陸續被不同領域所使用；回顧國內外與同理心相關文獻，發現同理心的概念尚未有一致性的共識，但仍可將同理心歸納為：同理心是一種「共鳴性的瞭解」，亦即能正確辨識他人感受，從他人的立場來看事情，並將適當反應傳達給對方知道的心理歷程；其中概可包含認知和情感兩個層面，在認知上「知人之所感」，從互動過程中去感受他人的經驗，瞭解他在想什麼、說什麼；在情感上「感人之所感」，對他人的狀況能感同身受，表達出關懷、尊重與接納，進而產生交流共鳴[8]。其中，最廣義的同理心意指「感受體驗」他人的感覺，詢問中同理心就是能夠以別人的經驗為經驗，一種設身處地的能力，詢問人瞭解嫌疑人的感受和態度，彷彿是自己親身經歷過一般[9]；然而，這些定義就如同穿著別人的鞋子，來體驗他人的感覺，但就偵查詢問而言，這不只是難以去達成也不恰當，特別是假如偵查人員企圖想要去「感受體驗」、「經驗」有關嫌疑人的感覺[10]。因此，運用在詢問過程中，同理心一種有效率運作的定義可能是「一

---

[7]　Gudjonsson, G. H. (2006). Sex offenders and confessions: How to overcome their resistance during questioning. *Journal of Clinical Forensic Medicine, 13*(4), p. 206.

[8]　陳耀宗（2016）。犯罪嫌疑人警詢過程中同理心之運用與效益初探。執法新知論衡，第12卷第1期，頁93-115。

[9]　Woody, R. H., & Woody, J. D. (1972). *Clinical Assessment in Counseling and Psychotherapy.* Meredith.

[10]　Greenson, R. R. (1967). *The Technique and Practice of Psychoanalysis (Vol.1).* International Universities Press.

位個體（偵查人員）對另外一個個體（嫌疑人）觀察到體驗的反應」，且反應有多種類型，範圍從簡單的瞭解另外一人的觀點（一種認知或智能反應），到一種更主觀性或情感性的反應；而在詢問過程的情境背景中，同理心不只是有關於詢問人「顯現出」對受詢問人的同理心，也是有關於擁有一種能力去瞭解受詢問人的觀點、情感與挫折壓力[11]。換言之，同理心可以被看成是包含有認知過程與情感包容力的一種多面向現象。

二、同理心循環理論運用於偵查詢問

　　爲解釋同理心的複雜性與多面向，Barrett-Lennard 發展出一個「同理心循環理論」（Empathy Cycle Theory）[12]，這種「循環」具有 4 個步驟，且經Oxburgh 與 Ost 等人調整運用於偵查詢問的 5 個步驟（如表 6-1），假設這種同理心溝通是持續的並且在詢問從頭到尾都繼續著，將可促使嫌疑人願意作出更多案情回饋，當加入或新獲得資料在詢問中出現時，這種過程可以再度的從步驟二開始，循環下去[13]。有關警方詢問同理心之循環以圖解方式詳列於圖6-1，這個模型提供一種概念性架構，可清楚被使用在警察詢問過程中。

三、同理心運用效益

　　目前研究已瞭解到如何在詢問過程中運用同理心，但如何在詢問過程中實際檢測出同理心的效益？近期 Oxburgh 等人運用 Barrett-Lennard 之同理心循環理論發展出對於檢測同理心的一種更精緻的模型（如圖 6-2），並且將它測試於26件眞實發生的兒童性侵犯的詢問中[14]。其定義同理心機會爲「一種陳述

[11] Davies, M. H. (1983). Measuring individual differences in empathy: Evidence for a multidimensional approach. *Journal of Personality and Social Psychology, 44*(1), pp. 113-126.

[12] Barrett-Lennard, G. T. (1981). The empathy cycle: Refinement of a nuclear concept. *Journal of counseling psychology, 28*(2), pp. 91-100.

[13] Oxburgh, G. E., & Ost, J. (2011). The use and efficacy of empathy in police interviews with suspects of sexual offences. *Journal of Investigative Psychology and Offender Profiling, 8*(2), p. 182.

[14] Oxburgh, G. E., & Ost, J. (2011). The use and efficacy of empathy in police interviews with suspects of sexual offences. *Journal of Investigative Psychology and Offender Profiling, 8*(2), p. 184.

或說明，由此詢問人可以推斷出嫌疑人有沒有充分表達出一種支撐下去的情緒」；同理心機會繼續者爲「一位詢問人的陳述或反應，會去促進隱含情緒或陳述的延續」；反之，同理心機會終止者爲「一位詢問人的陳述或反應，會去終止一種隱含情緒或陳述的延續」。進一步說明，如在偵查詢問中，嫌疑人無論是有意識的或有其他目的，可能提供出某種資訊而希望詢問人會加以回應（一種同理心機會；圖 6-1 之步驟一），在這一點上，詢問人有二種方法可擇一去處理此種資訊：可以對所接收的資訊作一部分或全部共鳴，也就是存在於同理心機會繼續者（圖 6-1 之步驟二）；或者可以完全忽略或回應一個毫無關係的問題，也就是存在於同理心機會中止者，表 6-2 提供出所分類爲同理心機會、同理心繼續者、同理心中止者的更明確範例。

表 6-1　詢問過程中同理心循環的 5 個步驟 [15]

步驟	說明
一	A（詢問人）主動聆聽與陪伴B（受詢問人）陳述他自己的體驗（例如他的犯罪過程），並且期待與希望尊重他們的困境：實質上B是在探索A的接受度與回應度
二	A間接（替代性）共鳴於B之體驗的部分或所有方面
三	A以某種溝通方式表示或顯示出對B的一種感受意識
四	B轉而認知到A對他的體驗回應，並且形成一種A瞭解他困境的一種認知感覺
五	B理解到A是有共鳴回應的，因而顯現出一種可以察覺的自我表達，也是對A的一種報答；因此，B認知A現在已瞭解他，轉而讓B對A作出更多回饋

----

[15] 引自：Oxburgh, G. E., & Ost, J. (2011). The use and efficacy of empathy in police interviews with suspects of sexual offences. *Journal of Investigative Psychology and Offender Profiling, 8*(2), p. 182.

步驟一	步驟二	步驟三	步驟四	步驟五
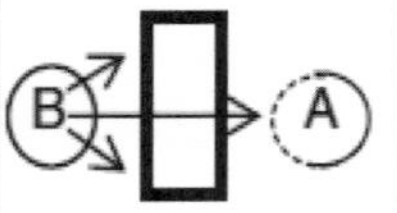 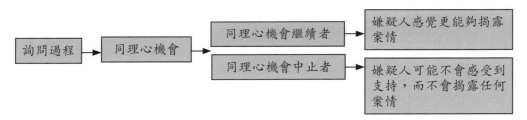	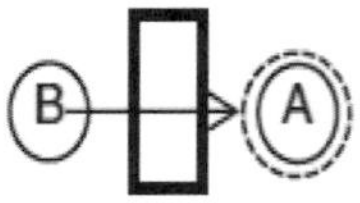	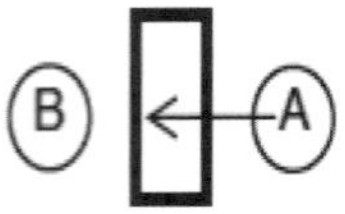	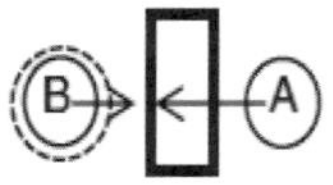	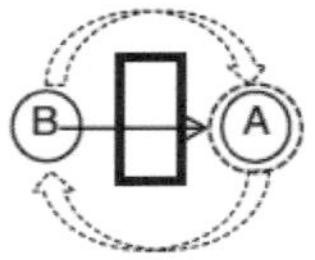
同理心組合 主動聆聽 （同理心過程 的條件）	同理心共鳴 同理心階段1 （替代性共鳴）	表達同理心 同理心階段2 （A顯現認知）	接受同理心 同理心階段3 （B瞭解回應）	回饋、新陳述 返回階段1 （重複方式）

圖 6-1　詢問過程中同理心循環之圖解說明[16]

```
詢問過程 → 同理心機會 ┬→ 同理心機會繼續者 → 嫌疑人感覺更能夠揭露案情
                      └→ 同理心機會中止者 → 嫌疑人可能不會感受到支持，而不會揭露任何案情
```

圖 6-2　以同理心循環理論發展之檢測模型[17]

- - - - - - - - - - - - - -

[16] 引自：Oxburgh, G. E., & Ost, J. (2011). The use and efficacy of empathy in police interviews with suspects of sexual offences. *Journal of Investigative Psychology and Offender Profiling, 8*(2), p. 182.

[17] 引自：Oxburgh, G. E., & Ost, J. (2011). The use and efficacy of empathy in police interviews with suspects of sexual offences. *Journal of Investigative Psychology and Offender Profiling, 8*(2), p. 184.

表 6-2　同理心機會、繼續者、終止者之範例 [18]

同理心類型	範例
同理心機會	「……我發現到這整個過程很難去處理……」
機會繼續者	「沒關係，我完全瞭解它有多麼困難，但是請試著保持聚焦於……」
機會中止者	「我不在乎它對你而言有多麼困難，只要回答問題……」

目前，對於詢問過程中同理心運用效益之相關研究仍相當有限，類似於 Oxburgh 等人的研究，由於只運用文字之詢問轉錄內容，沒有詢問中相關音調抑揚頓挫的資訊存在，且樣本上僅含有兒童性侵犯，未來研究需要運用大範圍的樣本，並包含不同族群，同時使用語音或影像數據指標資料去探討這些發現結果，相信更能精確測量到同理心的效益。雖然，其運用效益目前還不甚明確，但可以肯定的是，同理心的運用至少對於詢問人員與嫌疑人之間融洽氣氛與良好關係的建立是正面的，亦不失為警察詢問的良好工具之一。

第 ⑤ 節　結　語

在詢問工具上，除了彙整讀心術、灌輸概念、發展主題、測試真假等四種普遍被認定是比較有效的專業詢問工具外，也提出同理心之運用，若能妥切運用，將有助於犯罪嫌疑人卸下心防（詢問常用工具彙整詳如表 6-3）。其中同理心最常被運用在心理諮商領域，運用在警察詢問嫌疑人過程中則較為罕見，因此本書也特別論及同理心如何運用於詢問過程中，同時也提供效益檢測方法的相關研究。而每一個人都有與生俱來的同理心，但對於同理心的運用與敏感度卻不盡相同，在生活中的交談，多少會在有意或無意情況下運用同理心，然而運用在警察詢問過程中是否有助於偵查相關資訊（或案情）的回饋及自白的取得，則尚待深入瞭解。

- - - - - - - - - - - - - - -

[18] Oxburgh, G. E., & Ost, J. (2011). The use and efficacy of empathy in police interviews with suspects of sexual offences. *Journal of Investigative Psychology and Offender Profiling, 8*(2), p. 184.

表 6-3 犯罪嫌疑人詢問工具研究彙整

研究者 （年代）	詢問工具	說明
Hazelwood, & Burgess （2008）	讀心術	即是看穿一個人心思的技術，如果使用得當，會讓嫌疑人覺察到詢問人已掌握他的心思和秘密，甚至包括他正在想什麼、怎麼看待被害人、真正的事發原因等，最後只好配合而吐露實情
	灌輸概念	又稱作是「灑種子」，特別適用於詢問有性犯罪前科者，例如可向嫌疑人透露本案可能會找到相關的物證，此舉會讓嫌疑人擔憂而形成威脅
Hazelwood, & Burgess （2008）	發展主題	所謂「主題」是設計來增強嫌疑人對他自己所犯下的罪行，讓他存有的理所當然自覺有罪的一種勸服技巧；因此，必須創造出一種讓嫌疑人感覺自然的情境去說出有關他犯罪活動的真相。在詢問過程中，最常被採用的主題就是為嫌疑人的罪行找理由或藉口，包括合理化犯行、歸咎他人、淡化罪行，目的是先讓嫌疑人能以簡單的方式坦承較輕的罪刑，其後才針對陳述內容與證據不吻合的疑點深入釐清
	測試真假	為了確定嫌疑人是否說謊，詢問人可直接問「你可以告訴我，我為什麼要相信你說的話？」在聽到答案前，有說謊的嫌疑人會猶豫一下子，說實話的人不需要考慮這個問題，因為他所說都是實話
Oxburgh, & Ost （2011）	同理心	同理心運用在偵查詢問時的定義是「偵查人員對嫌疑人觀察到體驗的反應」，在詢問過程的情境背景中，同理心不只是有關於詢問人「顯現出」對被詢問人的同理心，也是有關於擁有一種能力去瞭解被詢問人的觀點、情感與挫折壓力，以建立融洽氣氛，進而使嫌疑人願意作出更多案情回饋

資料來源：研究者整理。

CHAPTER

7

詢問互動

在偵查詢問階段，影響犯罪嫌疑人決定是否自白的影響因素，大致可分為：嫌疑人背景特徵、案件特性、情境脈絡及詢問互動等 4 類；現今國內、外研究一致發現，情境脈絡及詢問互動兩類影響因素的重要性大於前兩者，特別是當警方握有的證據強度不夠堅實時，詢問人員的準備、態度、技巧、專業表現，以及詢問氛圍和環境等詢問互動的因素就顯得格外重要。

第 一 節　詢問步驟

詢問步驟，即是在進行問話時所採取的流程，也包括詢問前的準備與結束後的評估等，以促使嫌疑人自白或供出犯罪事實。特別是性犯罪嫌疑人相較於其他犯罪嫌疑人，在性侵害過程中通常少有物證去證實案件的發生，被指控的嫌疑人也會積極抗辯並否認犯罪。因此，性犯罪嫌疑人的詢問應該採以一種有效、妥當的方式來進行，藉以確保嫌疑人被公平對待，減少錯誤的發生。關於詢問步驟的研究整理如下：

一、萊德模式

Inbau 與 Reid 所提出的萊德模式（或稱萊德技術），主要把詢問被概念化成否認的瓦解，否認則被設想成等同於說謊，並透過 9 個步驟同時操弄嫌疑人對自白所知覺的後果，與說謊造成的焦慮限縮[1]：（一）正面、明確對質；（二）說辭發展；（三）處理否認；（四）克服反駁；（五）取得並維持嫌疑人的注意；（六）操弄嫌疑人的被動情緒；（七）提非此即彼的選項；（八）讓嫌疑人敘述各種犯罪細節；（九）由口頭供述轉爲書面供述；此 9 個步驟是出現在針對有罪確定或是合理懷疑其有罪的嫌疑人詢問脈絡中，但必須強調並不是每場詢問都是由完整的 9 個步驟組成，每個步驟也不一定要照特定順序；而在每個階段均需注意嫌疑人的行爲反應，因爲有些是要進入下一階段的提示，有些則透露出嫌疑人是無辜的。

---

[1] 高忠義譯（2000），Inbau, F. E.、Reid, J. E.、Buckly, J. P.著。刑事偵訊與自白。商周出版社，頁126-234。

二、PEACE 模式

　　普遍使用於英國的 PEACE 模式，是 5 個階段詢問結構的縮寫[2]：（一）計畫與準備；（二）開場與說明；（三）陳述、釐清與挑戰；（四）結束；（五）評估，也是偵查人員在詢問嫌疑人、證人及被害人的標準過程，採用一種平等對待的溝通方法，並運用開放式問題去鼓勵嫌疑人陳述實情。

三、其他研究發現

　　Yeschke 提出的步驟包括[3]：（一）歷史背景階段；（二）個人準備階段、（三）初步階段；（四）主要階段；（五）結束階段；（六）追蹤階段。Zulawski 與 Wicklander 兩人提出的步驟，包括[4]：（一）事前的準備；（二）建立信賴；（三）降低抗拒；（四）取得嫌疑人承認；（五）發展自白；（六）專業性結束詢問；另有 Walters 提出[5]：（一）方針；（二）敘述；（三）詰問；（四）決定分析等 4 步驟。上述這些研究所整理的詢問步驟，有些是經由實務經驗歸納、有些則是透過研究分析，進而發展出一定的操作程序。

- - - - - - - - - - - - - - - - -

[2]　Tong, S., Bryant, R. P., & Horvath, M. A. H. (2009). *Understanding Criminal Investigation*. Wiley, pp. 115-133.

[3]　王寶墉譯（2001），Yeschke, C. L.著。偵訊的藝術：突破心防的技巧。鼎茂圖書，頁101-137。

[4]　Zulawski, D. E., & Wicklander, D. E. (2002). *Practical Aspects of Interview and Interrogation* (2nd ed.). CRC Press, pp. 18-23.

[5]　Walters, S. B. (2003). *Principles of Kinesic Interview and Interrogation* (2nd ed.). CRC Press, pp. 25-29.

表 7-1　詢問步驟彙整

研究者（年代）	詢問階段	說明
萊德模式（1986）	正面、明確對質	明確地對嫌疑人表示，懷疑他就是犯罪人，藉此評估其反應
	說辭發展	詢問人員對犯罪發生的原因，先為嫌疑人找理由引導嫌疑人說話，並注意其所表現出來的神情
	處理否認	透過評估否認前的前兆、阻斷否認、評估否認來處理嫌疑人之前對有罪的否認
	克服反駁	分辨嫌疑人否認的真偽，適當地處理嫌疑人所提出的抗辯，甚至用嫌疑人的抗辯回過頭質疑他
	維持嫌疑人的注意	試著吸引或保持嫌疑人對詢問的專心
	操弄嫌疑人的被動情緒	消除嫌疑人被動的態度，把談話的重點放在這些可能的犯罪原因，逐一詢問嫌疑人查出實情
	提非此即彼選項	提出二選一的問題，讓嫌疑人自己挑出真正的犯罪動機
	讓嫌疑人敘述各種犯案細節	嫌疑人對詢問人員提出的選項問題作出選擇，就表示他已經首次承認犯行，接下來應進一步勸導嫌疑人把案情、細節及各種旁證等細節交代清楚，成為法律上可被接受與證實的犯罪自白
	轉換成書面供述	把嫌疑人口頭上的認罪，轉錄成書面的記載
英國PEACE方案（1992）	準備與計畫	此階段重點在於瞭解待證的法律爭議點、評估可得的證據、確保符合相關刑事法律與實務上的規定、嫌疑人權利告知；另過程中需要與翻譯、律師或嫌疑人是未成年需有監護人配合在場
	開場及說明	強調使用關係建立技巧以便與嫌疑人互動，有利於詢問的進行；解釋法定的規定，如告誡、提供免費的法律諮詢、詢問的原因，以及詢問後可能會發生的流程。在這個階段，詢問人員必須確認嫌疑人理解力的問題，以便確定能適當的回答問題，並思考實施詢問的時間點、期間及地點，選擇詢問人和中斷時間點

表 7-1 詢問步驟彙整（續）

研究者 （年代）	詢問階段	說明
英國PEACE 方案 （1992）	陳述、釐清與挑戰	詢問人使用的兩個詢問或訪談的方法以取得較多的案件資訊：認知訪談，較常用於證人或被害人，在詢問過程中提供被詢問人較多的控制權；對話管理，用於嫌疑人，詢問人掌控更多的權力
	結束	確認嫌疑人已有充分機會陳述，並且詢問已被錄音存證；嫌疑人會被告知這次詢問後會發生什麼事，是羈押或是釋放
	評估	評估受詢問人的回答，可從自我評估和來自同事或上司的反饋來達成
Yeschke （1997）	歷史背景階段	每個人成長背景決定對人對己的看法，也決定對詢問經驗的累積
	個人準備階段	透過教育、訓練、與經驗的累積，可以調整對他人的看法，以成為更專業的偵查人員
	初步階段	本階段最基本的目的就是要考量偵查案情的各個細節，如參與之相關人員、詢問地點、可能之各種情況
	主要階段	本階段的主要目的是繼續加強雙方的投契關係，透過積極的傾聽，以搜尋更多的資料訊息或觀察是否有說謊的相關訊息
	結束階段	本階段偵查人員要研判受詢問人的語言及非語言反應是否為真實或是說謊；此種結論需與其他來源證據進行比對。結束階段與追蹤階段合起來可以分為4個步驟： 步驟一：主要是研判受詢問人的回答是否完整與真實 步驟二：擬定第2次詢問計畫
	追蹤階段	在詢問的最後階段，供詞前後矛盾不一致的疑點都已經解決，接著就是對質和自白的取得 步驟三：安排受詢問人接受測謊 步驟四：解決受詢問人的矛盾供詞，決定下一步行動
Zulawski, & Wicklander （2002）	事前的準備	瞭解案情、嫌疑人背景、詢問時所採取的技巧、策略，視詢問目的、案件性質、客觀條件的限制等因素而相應調整
	建立信賴	與嫌疑人建立良好信賴關係，傳達確切的訊息

表 7-1　詢問步驟彙整（續）

研究者（年代）	詢問階段	說明
Zulawski, & Wicklander（2002）	降低抗拒	對於嫌疑人的否認不予指責，並提供合理化的解釋，讓嫌疑人瞭解與詢問人員之間並不是敵人的關係，且輕描淡寫犯行的嚴重
	取得嫌疑人承認	注意嫌疑人的轉變陳述時機，若嫌疑人的頭緩緩地垂下、或眼光根本就不敢注視詢問人，即表示已屆自白的時機，詢問人員接著以選擇題形式的問題進行詢問
	發展自白	對嫌疑人作出的承認表示迅速的支持，由開放式問題轉變為只需簡單回答幾個字的問題
	專業性結束詢問	將口頭上的自白轉化為文字紀錄
Walters（2003）	方針	建立基本資料、背景、案情瞭解、確立詢問目的、問題大綱；觀察嫌疑人行為及建立投契關係
	敘述	聆聽階段；使用開放性問題及觀察嫌疑人行為
	詰問	針對案情爭議點實施詢問，同時觀察具有重要意義之行為徵候，運用技巧施加壓力及突破心防
	決定分析	綜合詢問過程作成結論

資料來源：研究者整理。

第 ② 節　詢問風格

　　詢問風格，即是在進行問話時所表現出的態度，一般概可區分為強勢挑戰與尊重友善兩種，以促使嫌疑人自白或供出犯罪事實。詢問人員是詢問過程中最重要的自白催化角色，要扮演良好互動催化的角色需要作到：「積極傾聽」，包括整個的身體語言，運用聲調、身體姿勢、面部表情表現出願意傾聽的意願[6]；「建立融洽關係」，所謂融洽就是「一種具有合作、信心、與和諧精

6　王寶墉譯（2001），Yeschke, C. L.著。偵訊的藝術：突破心防的技巧。鼎茂圖書，頁51-67。

神的人際關係」[7]。研究結果亦顯示：詢問人員以友善態度與嫌疑人建立互信關係較易讓嫌疑人俯首認罪[8]。

一、Pearse 與 Gudjonsson 研究發現

Pearse 與 Gudjonsson 從英國警方詢問的錄音帶分析詢問人員與嫌疑人的互動情形，研究結果建議對於性犯罪嫌疑人的偵查詢問，應改採較敏銳（Sensitive）且低強度的感性詢問風格，尤其是在嫌疑人內心存有較高罪惡感和羞恥感時，特別推薦的詢問策略有二：（一）「迎合」（Appeal）：主要是訴諸於嫌疑人的良心和善行、鼓勵說出真相、給予信心、討論自白的好處等；（二）「柔性挑戰」（Soft Challenge）：包括低調、引用證人的證詞、導入證據並運用技巧以降低羞恥感；但嫌疑人內心缺乏自覺有罪與羞愧感時，「迎合」與「柔性挑戰」的感性風格則不太可能有效，轉而使用實質證據去挑戰嫌疑人將會是較有效的替代方法[9]。

二、Wachi 等人研究發現

Wachi 等人針對日本警察詢問技巧進行研究顯示，當警察採以友好關係的詢問風格，嫌疑人比較有可能充分的敘述案情；相反地，當採以證據挑戰的詢問風格，嫌疑人會顯現出抗拒、不合作的情形[10]，顯示出東西方不同文化下的詢問風格與詢問結果亦趨於一致。

--- --- --- --- --- --- --- ---

7　廖訓誠（2010）。警察詢問過程影響因素之研究—以陌生人間性侵害案件為例。中央警察大學犯罪防治研究所博士論文，頁57。

8　陳茹匯（2013）。犯罪人自白實證分析之研究。中央警察大學刑事警察研究所碩士論文，頁100。

9　Pearse, J., & Gudjonsson, G. H. (1999). Measuring influential police interviewing tactics: A factor analytic approach. *Legal Criminal Psychology, 4,* pp. 221-238.

10　Wachi, T., Watanabe, K., Yokota, K., Otsuka, Y., Kuraishi, H., & Lamb, M. (2014). Police interviewing styles and confessions in Japan. *Psychology, Crime & Law, 20*(7), pp. 673-694.

表 7-2 犯罪嫌疑人詢問風格研究彙整

研究者 (年代)	詢問風格	說明
Pearse, & Gudjonsson (1999)	強勢風格	表現出3種具體的因素：強勢挑戰、操弄
	感性風格	表現出2種具體的因素：迎合、柔性挑戰
Wachi等人 (2014)	友好關係	當採以友好關係的詢問風格，嫌疑人較可能充分敘述案情
	證據挑戰	當採以證據挑戰的詢問風格，嫌疑人較會顯現出抗拒、不合作的情形

資料來源：研究者整理。

第 ③ 節 詢問技巧

　　詢問技巧，即是在進行問話時所運用的方法，其主要是由影響自白相關因素或警察實務人員經驗累積而成；但與詢問工具相較，並非是普遍被認為固定且有效，往往因實際情境狀況或不同類型犯罪嫌疑人而作評估應變，以促使嫌疑人自白或供出犯罪事實。詢問犯罪嫌疑人除了取得嫌疑人自白外，促使嫌疑人詳細敘述犯罪過程與細節亦相當重要，因此詢問技巧除了從影響自白的相關因素中發展出應對的技巧外，更可從警方詢問的實務過程中發展出詢問技巧，相互整合運用，以提高自白率或取得偵查相關資訊、發現犯罪事實。

　　研究顯示愈嚴重的犯罪，警方迫於破案壓力則會增加詢問技巧的強度[11]，嫌疑人自白率亦會因而提高。其中又有哪些偵查技巧較能有效取得嫌疑人自白，在美國及加拿大警方的警詢實務研究中發現，警方較常使用的詢問技巧包括：訴諸嫌疑人的自身利益、以既存的有罪證據與嫌疑人對質、指出嫌疑人陳述中的矛盾、提供嫌疑人道德合理化的理由或藉口等，同時亦發現部分技巧是警方非常少用或甚至不會使用，包括：黑白臉策略、對嫌疑人吼叫、以不友善的方式碰觸嫌疑人等[12]；國內亦有研究指出，傳統的黑白臉策略僅對於社

---

[11] Gudjonsson, G. H. (2003). *The Psychology of Interrogations and Confessions: A Handbook.* John Wiley, & Sons, p. 151.

[12] Leo, R. A. (1996). Inside the interrogation room. *Journal of Criminal Law and Criminology,* 86,

會歷練較不足的嫌疑人可發揮效用，對於經驗較豐富的嫌疑人，則無法發揮效果[13]，並認爲詢問前的成功晤談（指的是與嫌疑人建立融洽關係，取得信任，瞭解其價值信念或發現隱藏、害怕、擔心、逃避、焦慮等狀況，進而感動說服）是影響詢問自白形成的重要因素[14]，特別是詢問前的晤談（Pre-Interview）最爲關鍵，因嫌疑人乍接觸警察，大多措手不及，尚未作好防禦的心理準備，此時警察詢問如能以自信、先發制人之勢，最易突破案情，取得自白[15]。相關研究說明如下：

一、Leo 研究發現

　　Leo 觀察研究歸納 182 件樣本發現，美國警察常用的詢問策略有 12 種，包括訴諸嫌疑人自身的利益（134 件）、以既存的有罪證據與嫌疑人對質（130 件）、打擊嫌疑人否認有罪的自信（66 件）、指出嫌疑人陳述中的矛盾（65 件）、分析語言行爲（61 件）、訴諸合作的重要性（56 件）、提供道德合理化及心理藉口（52 件）、用虛僞的有罪證據與嫌疑人對質（46 件）、誇讚或奉承（46 件）、訴諸偵查人員的專業及權威（45 件）、訴諸嫌疑人的良知（35 件）、淡化犯罪的道德嚴重性（33 件），其中有 4 種策略最能成功取得自白等有罪供述分別是：訴諸嫌疑人的良知（成功率 97%）、指出嫌疑人陳述中的矛盾（成功率 91%）、誇讚或奉承（成功率 91%）、提供道德合理化及心

---

pp. 266-303; Kassin, S., Leo, R., Meissner, C., Richman, K., Colwell, L., Leach, A.-M., & Fon, D. L. (2007). Police interviewing and interrogation: A self-report survey of police practices and beliefs.*Law and Human Behavior, 31*(4), pp. 381-400; King, L., & Snook, B. (2009). Peering inside a Canadian interrogation room: An examination of the Reid model of interrogation, influence tactics, and coercive strategies. *Criminal Justice and Behavior, 36*, pp. 674-694：林燦璋、施志鴻、盧宜辰、郭若萱（2013）。國內刑事警察使用萊德（Reid）詢問技巧現況之調查。警學叢刊，第44卷第1期，頁60-61。

[13] 莊忠進（2008）。影響詢問自白因素初探。2008年中央警察大學刑事警察實務與學術研討會論文集，頁14-15。

[14] 莊忠進（2008）。影響詢問自白因素初探。2008年中央警察大學刑事警察實務與學術研討會論文集，頁28。

[15] 廖訓誠（2010）。警察詢問過程影響因素之研究──以陌生人間性侵害案件爲例。中央警察大學犯罪防治研究所博士論文，頁133。

理藉口（成功率 90%）[16]。

二、Pearse 與 Gudjonsson 研究發現

Pearse 與 Gudjonsson 透過「警察訪談分析架構」（The Police Interviewing Analysis Framework），針對 18 件嚴重刑事案件樣本進行觀察研究，發現突破犯罪嫌疑人抗拒的 3 個顯著技巧分別為「恫嚇」（Intimidation）：強化嫌疑人對否認的焦慮、「強力挑戰」（Robust Challenge）：具敵意地質疑其說謊及供述不一致處、「操弄」（Manipulation）：合理化其犯罪藉口[17]。

三、Kassin 等人研究發現

Kassin 等人針對美國、加拿大 631 名警察及關稅人員進行問卷調查，透過因素分析歸納出常用的四大詢問類別技巧：（一）孤立、融洽關係及淡化（Isolation, Rapport, Minimization），包含同理心、個人利益、建立關係、孤立及淡化等策略；（二）對質（Confrontation），包含指出矛盾、對質及打斷等策略；（三）威脅嫌疑人（Threatening the Suspect），包含各種威脅、人身恐嚇或身體脅迫；（四）提示證據（Presentation of Evidence），包含了虛偽的測謊結果及現場照片等策略；也發現「對質」使用的頻率高於其他三者[18]。

四、King 與 Snook 研究發現

King 與 Snook 觀察加拿大 Atlantic 某一警察局中所進行的 44 件詢問錄影紀錄，發現詢問人員最常使用的 3 種技巧依序是：以既存的有罪證據與嫌疑人對質、提供道德合理化及心理藉口、誇讚或奉承[19]。

- - - - - - - - - - - - -

[16] Leo, R. A. (1996). Inside the interrogation room. *Journal of Criminal Law and Criminology, 86,* p. 294.

[17] Pearse, J., & Gudjonsson, G. H. (1999). Measuring influential police interviewing tactics: A factor analytic approach. *Legal and Criminological Psychology, 4*(2), pp. 221-238.

[18] Kassin, S., Leo, R., Meissner, C., Richman, K., Colwell, L., Leach, A.-M., & Fon, D. L. (2007). Police interviewing and interrogation: A self-report survey of police practices and beliefs. *Law and Human Behavior, 31*(4), pp. 381-400.

[19] King, L., & Snook, B. (2009). Peering inside a Canadian interrogation room: An examination of the Reid model of interrogation, influence tactics, and coercive strategies. *Criminal Justice and Behavior, 36,* pp. 674-694.

五、Soukara 等人研究發現

Soukara 等人觀察歸納 31 件自白案件樣本中警方常用策略：展示證據（31件）、開放式問句（31件）、誘導式問話（30件）、積極質問（28件）、質疑嫌疑人的回答（26件）、找出矛盾（25件）及反覆詢問（25件），但其中僅有展示證據及開放式問句與自白具顯著相關 [20]。

六、Kelly 等人研究發現

美國 Kelly 研究團隊蒐集 1973 至 2013 年間出版的 46 篇探究詢問技巧的研究或專書，從中找出 71 種偵查詢問技巧，並進一步匯集成下列 6 類 [21]：

（一）融洽關係建立（Rapport and Relationship Building）：詢問人與受詢問人在相互尊重與理解雙方目標的情況下展開詢問，例如耐心、展現友善、拍肩、找到共通話題、滿足基本需求等。

（二）背景操弄（Context Manipulation）：在詢問進行前或進行中，改變實體空間布置，包括孤立、狹小角落、詢問日期和時間的挑選、允許看見或聽見其他嫌疑人。

（三）情緒挑動（Emotion Provocation）：以受詢問人的情感為攻擊目標，藉此觸動受詢問人作出反應，例如放大、淡化、合理化，以及訴諸於自身利益、良心、榮譽、宗教、恐懼、無望及某人情感。

（四）對質或對抗（Confrontation / Competition）：強調威權和控制，直接質問受詢問人，例如威脅不合作的後果、詢問相同問題、不准否認、使用欺瞞、曲解語意、命運黑暗等。

（五）合作（Collaboration）：透過明示或暗示交換好處或訊息下，達成雙方的共同目標，例如提供基本或特殊回報、表現關心、扮黑白臉等。

（六）證據提示：提出受詢問人涉案或同謀的事證，包括誇大或捏造的證據、指出矛盾、使用測謊儀、證人的影音陳述等。

上述 6 類詢問技巧之間的理論互動過程（Theoretical Interactive Process of

----

[20] Soukara, S., Bull, R., Vrij, A., Turner, M., & Cherryman, J. (2009). What really happens in police interviews of suspects? Tactics and confessions. Psychology. *Crime & Law, 15*(6), pp. 493-506.

[21] Kelly, C. E., Kleinman, S. M. & Redlich, A. D. (2013). A taxonomy of interrogation methods, Psychology, *Public Policy, and Law, 19*(2), pp. 165-178.

Interrogation），請參照下圖所示。Kelly 等人也針對北美、歐洲、紐澳及韓國等 10 國，共計 265 名偵查人員進行跨國問卷調查，結果發現建立融洽關係此類詢問技巧最常被採用，而對質或對抗這類技巧則最少被使用；此外，對質或對抗、情緒挑動、證據提示這 3 類技巧之間呈現正相關，特別是當受詢問人否認涉案時，詢問人員明顯偏向使用對質、情緒挑動或證據提示等相關的詢問技巧 [22]。

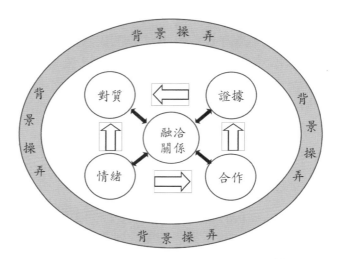

圖 7-1　偵查詢問的理論互動過程 [23]

六、其他研究發現

　　國內研究則發現，刑事警察進行警詢時，經常使用的詢問技巧為：先讓嫌疑人自由陳述犯案過程再就細節提問、指出前後矛盾之處、當嫌疑人承認犯案後再重新提問讓其交代完整過程、取得信任、與嫌疑人保持眼神接觸、向嫌疑人表明詢問是為了給其澄清的機會、嫌疑人不回應的問題改變問法持續

- - - - - - - - - - - - -

[22] Kelly, C. E., Miller, J. C., & Redlich, A. D. (2016). The dynamic nature of interrogation, *Law and Human Behavior, 40*(3), pp. 295-309.

[23] Kelly, C. E., Kleinman, S. M. & Redlich, A. D. (2013). A taxonomy of Interrogation Methods, *Psychology, Public Policy, and Law., 19*(2), p. 174.

發問等[24]。另近期一項針對日本 276 名警察進行問卷調查，透過因素分析歸納出常用的 5 類詢問技巧：提示證據、對質、建立融洽關係、積極傾聽（Active Listening）、討論犯行（Discussion of the Crime），並確定了 4 種詢問策略：證據為重點（Evidence-focused）、對質（Confrontational）、關係為重點（Relationship-focused）、未有明顯特徵（Undifferentiated）；當警察採用以關係為重點的詢問策略，犯罪嫌疑人比較有可能充分的敘述案情，提供新的資訊；相反地，當警察採用以證據為重點的詢問技巧，犯罪嫌疑人會顯現出抗拒而不合作[25]。有關上述國內外犯罪嫌疑人詢問技巧彙整於下表。

表 7-3　犯罪嫌疑人詢問技巧研究彙整

研究者 （年代）	發現經常使用詢問技巧	研究地區
Leo （1996）	訴諸嫌疑人的良知 指出嫌疑人陳述中的矛盾 誇讚或奉承 提供道德合理化及心理藉口	美國
Pearse, & Gudjonsson （1999）	脅迫：強化嫌疑人對否認的焦慮 對質：具敵意地質疑其說謊及供述不一致處 操弄：合理化其犯罪藉口	英國
Kassin 等人 （2007）	孤立、融洽關係及淡化：包含同理心、個人利益、建立關係、孤立及淡化等策略 對質：包含指出矛盾、質問及打斷等策略 威脅嫌疑人：包含各種威脅、人身恐嚇或身體脅迫 提示證據：包含虛偽測謊結果及現場照片等策略	美國、加拿大
King, & Snook （2009）	以既存的有罪證據與嫌疑人對質 提供道德合理化及心理藉口 誇讚或奉承	加拿大
Soukara 等人	展示證據、開放式問句、引導式問話、積極質問、質疑嫌疑人的回答、找出矛盾及反覆詢問	美國

---

[24] 盧宜辰（2012）。國內刑事警察警詢現況之研究。中央警察大學刑事警察研究所碩士論文，頁127。

[25] Wachi, T., Watanabe, K., Yokota, K., Otsuka, Y., Kuraishi, H., & Lamb, M. (2014). Police interviewing styles and confessions in Japan. *Psychology, Crime & Law, 20*(7), pp. 673-694.

表 7-3 犯罪嫌疑人詢問技巧研究彙整（續）

研究者（年代）	發現經常使用詢問技巧	研究地區
Kelly（2013）	建立融洽關係、背景操弄、對質或對抗、情緒挑動、合作及提示證據等6大類，共計71種詢問技巧；並提出這6類技巧之間的理論互動過程	韓國、美加、歐洲、紐澳等10國
盧宜辰（2012）	先讓嫌疑人自由陳述犯案過程再就細節提問 指出前後矛盾之處 當嫌疑人承認犯案後再重新提問讓其交代完整過程 取得信任 與嫌疑人保持眼神接觸 向嫌疑人表明詢問是爲了給其澄清的機會 嫌疑人不回應的問題改變問法持續發問	臺灣
Wachi等人（2014）	提示證據、挑戰對抗、建立融洽關係、積極傾聽、討論罪行	日本

資料來源：研究者整理。

第四節　結　語

　　綜合關於偵查詢問步驟的研究，除了萊德模式是採用一種直接提出證據，強勢挑戰嫌疑人的抗拒外，其餘步驟則比較趨於一致，多採用溫和、柔性的方式，概可彙整區分爲：（一）準備：除了針對詢問案情、相關法律規定、詢問地點、詢問策略準備外，亦有論及較長遠的個人成長背景與透過教育訓練、經驗累積的準備，以成爲更專業的偵查人員[26]；（二）建立融洽關係：與嫌疑人建立良好信賴或融洽關係，以利後續詢問的進行；（三）導入主題：在未假設有

---

[26] 詢問前的計畫與準備階段，主要有以下工作項目：1.瞭解詢問目的；2.盡可能取得案情和被詢問人背景等相關資訊；3.界定詢問目標；4.辨識需要求證的重點；5.評估現有及哪裡可取得證據；6.評估需要何種及如何取得證據；7.瞭解立法及相關規範等問題；8.準備詢問的環境和設備；參見Kim, J., Walsh, D., Bull, R., & Bergstrom, H. (2017). Planning ahead? An Exploratory study of south Korean Investigators' beliefs about their planning for investigative interviews of suspects. *Journal of Police and Criminal Psychology,* November, p. 2.

違法情況下，讓嫌疑人說出對於整個事件的個人版本；（四）開放敘說：引導、鼓勵嫌疑人對案情作詳細的描述；（五）釐清疑點：以封閉式問句來取得補充或釐清，並運用技巧予以突破心防；（六）結束：確認嫌疑人已有充分陳述及告知後續可能的程序；（七）評估：依據詢問結果，採取下一步的作為，如補強證據、第二次詢問、測謊等（如圖7-2）。

　　對於犯罪嫌疑人應該優先採取柔性的問話溝通風格，尤其是在性犯罪嫌疑人內心存有較高罪惡感和羞恥感時，詢問人員必須要和嫌疑人建立友好的關係，來激勵他們去說出犯罪細節，甚至坦承犯罪。但當犯罪嫌疑人內心缺乏罪惡感與羞愧感時，柔性的問話溝通風格則不太可能有效，此時使用實質證據去挑戰嫌疑人將會是較有效的替代方法[27]。

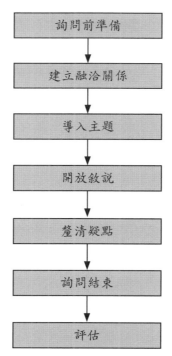

圖7-2　統整的性犯罪嫌疑人詢問步驟

資料來源：研究者整理。

---

[27] Pearse, J., & Gudjonsson, G. H. (1999). Measuring influential police interviewing tactics: A factor analytic approach. *Legal Criminal Psychology, 4,* pp. 221-238.

　　詢問技巧獲取的管道有二：一是從犯罪嫌疑人自白因素分析研究中獲得，另一是從執法人員深度訪談中，發展出詢問技巧。由於自白因素分析中所發展出的詢問技巧，主要在探究影響自白相關因素，詢問技巧論述較為重點深入卻稍嫌片段；而從執法人員訪談所發展出的詢問技巧，則較易實地學習和操作。雙重管道整合後的結果，多可作為詢問實務的參考。再者，犯罪嫌疑人詢問技巧多屬一般通用技巧，例如：訴諸嫌疑人的良知、指出嫌疑人陳述中的矛盾、誇讚或奉承、提供道德合理化及心理藉口等；但對於自白率較低的性犯罪嫌疑人，有必要依據不同的性犯罪嫌疑人類型及特質，量身制定一套更適切的詢問計畫，是以美國聯邦調查局幹員 Hazelwood 與 Burgess 等人依據權力再確認、權力獨斷、憤怒報復、憤怒興奮等 4 類性犯罪嫌疑人的特質，發展出相對應的詢問技巧；雖然所建議的詢問技巧無法保證必能取得最後的自白，但在詢問室內有了這些詢問技巧的指引和運用，相信將會有助於突破犯嫌的心防。

　　詢問人員是詢問過程中最重要的自白催化角色，要扮演良好互動催化的角色需要作到：「積極傾聽」，包括整個的身體語言，運用聲調、身體姿勢、面部表情表現出願意傾聽的意願[28]；「建立融洽關係」，所謂融洽就是「一種具有合作、信心、與和諧精神的人際關係」[29]。研究結果亦顯示：詢問人員以友善態度與嫌疑人建立互信關係較易讓嫌疑人俯首認罪[30]。

- - - - - - - - - - - - -

[28] 王寶墉譯（2001），Yeschke, C. L.著。偵訊的藝術：突破心防的技巧。鼎茂圖書，頁51-67。

[29] 廖訓誠（2010）。警察詢問過程影響因素之研究—以陌生人間性侵害案件為例。中央警察大學犯罪防治研究所博士論文，頁57。

[30] 陳茹匯（2013）。犯罪人自白實證分析之研究。中央警察大學刑事警察研究所碩士論文，頁100。

第二篇

偵查詢問特論

CHAPTER

8

口語與非口語行爲

　　小說、電視、電影的情節，讓大眾以為只要犯罪偵查者仔細勘查犯罪現場，就能找到蛛絲馬跡，進而順利揪出兇手；然後只要逮到犯嫌，就算是原本千方百計想要脫罪的傢伙，只要看到證物，也會立即和盤托出犯罪經過。事實上，現在的犯罪偵查技術，在絕大多數的情況下，不大可能只憑著指紋、毛髮等證物，就確認出兇手的身分，或甚至予以定罪。在許多迅速偵破的案件中，不少是根本就還沒有找到證物，而是在詢問過程中，犯罪嫌疑人或證人透露出重要的訊息，才使案情得以釐清。因此，案件要順利的偵破，除了證物的佐證外，詢問過程中所獲得的訊息常扮演著破案的關鍵，而如何在偵查詢問中獲取有用的訊息，則仰賴詢問技巧。

　　儘管詢問的技巧是如此的重要，但並非每位犯罪偵查人員皆具備且純熟運用此技巧。許多熟知詢問技巧的犯罪偵查人員，多半是來自經驗的累積，而犯罪偵查人員的養成教育當中，對於詢問的技巧卻不甚重視；詢問技巧涉及心理學的原理，但國內將心理學方法運用在犯罪偵查工作上，除了目前從事犯罪偵查工作者少有心理學背景，相對的具有心理學背景的專家亦少投身於犯罪偵查工作。

　　在心理諮商方面，有一項技術是藉由觀察受測者口語及非口語行為之異同，來研判受測者的焦慮程度。口語反應包含口語及那些用來代替字詞的基本動作，比如點頭表示「同意」，而搖頭則表示「不同意」；此外，還包含音質上的種種變化，如語調、速度、高低音及明晰度；口語行為在心理學上有個基本的原理，就是通常經過高度社會化的人不擅於說謊，心理上的衝突使他們容易焦躁或表現出承受壓力的狀況。非口語的反應包含身體的動作或位置的變化、姿勢、臉部表情、眼神及肢體符號（Emblem）等反應[1]；非口語行為基本上是出自於減緩焦慮的目的，無論是為了鬆弛一下注意力（變化身體的姿勢、用手托臉、環抱胳臂），或轉移到別的地方（像是拉扯衣服上的線頭、踱步、重複而迅速的某種動作），所有的非口語行為都顯現出說謊的犯嫌為了紓解焦慮的情緒，而作出這些動作[2]。

- - - - - - - - - - - - - -

[1]　Zulawski, David E. & Douglas E. Wicklander (2002). *Practical aspects of interview and interrogation.* CRC Press, p. 106.

[2]　高忠義譯（2000），Fred E. Inbau、John E. Reid、Joseph P. Buckley著。刑事偵訊與自白。商業周刊出版，頁80-81。

　　有關非口語行為（Nonverbal Behavior），多數研究者認為至少應包含：肢體動作（Kinesics）、附屬語言（Paralanguage）、人造外表（Artifactual Features）、人際距離（Interpersonal Distance）等四部分[3]；其中，「肢體動作」包含範圍有：姿勢、手勢、臉部表情及眼神[4]、身體移動等；「附屬語言」強調說話的方式而非說話內容，例如：說話時的音量、音調、沉默次數、時間長短、速度快慢，以及省略、重複、斷斷續續、口吃等不完整的話語；「人造外表」是指身上的配件、裝飾品等；「人際距離」則指人與人互動時的實體距離，包括：親密、個人、社交及公共等距離[5]。

　　關於口語及非口語行為在說謊偵測上的使用情形，近來有一跨國研究針對北美、歐洲及紐澳等 9 國，共計 185 名實際從事刑案偵查詢問的人員進行問卷調查，分析結果發現美國的樣本較他國明顯傾向採用非口語線索、附屬語言線索或回答一致性等 3 項技術，來檢測受詢問人是否說謊；而歐洲及紐澳的樣本較美國傾向以案件事實進行對質或交代細節等兩項，作為受詢問人是否有說謊的偵測技術。至於正確性評估方面，每個國家樣本的自我評定結果均高過評定他國，顯示對本國人員比對他國人員更具信心，而且美加樣本自評的正確性（分別是 74.5%、69.8%）高過歐洲國家及紐澳（61.6%）。[6] 此一問卷調查結果

---

[3] 沈勝昂（1998）。以非口語行為偵測個人處於焦慮狀態的可能性。警學叢刊，第29卷第2期，頁94-95。

[4] 臉部表情（facial expression）包含有：臉部肌肉、嘴角、前額、眉毛等的移動或抽動等；眼神（Gaze or look）則包括：眼神接觸的頻率、時間長短，以及眼球移動形成各類不同的眼神注視方式。

[5] 親密的人際距離是小於18英吋；個人的人際距離是18英吋與4呎之間；社交的人際距離是4呎與12呎間；公共的人際距離是大於12英呎。

[6] 這項跨國調查列出10項實務界常用的說謊偵測技術（Deception Detection Techniques），包括：依時間順序敘明（Go through a timeline）、認知察覺（Cognitive awareness）、解讀非口語行為（Interpreting non-verbal behaviors）、以案件事實進行對質（Confront with case facts）、交代細節（Have detainee go into detail）、是否急於迎合（Watch for eagerness to please）、語言線索（Linguistic cues）、附屬語言線索（Paralinguistic cues）、提問特定問題（Ask certain questions）、重複提問以核對一致性（Repeat questions to check for consistency）等；參見：Miller, J. C., Redlich, A. D., & Kelly, C. E. (2018). Accusatorial and information-gathering interview and interrogation methods: A Multi-country comparison.

雖不足以推論到全美，但仍可窺知美國警界似乎較偏好語言及非口語線索的謊言偵測技術。

本章首先依據 Stan B. Walters 所著「詢問動作學」一書第二版內容[7]，表格化彙整詢問中，受詢問人口語行為及非口語行為的訊息或線索，其次是解析這套詢問輔助技術的運用原則及注意事項，接著評析口語和非口語行為分析法是否適用在受詢問人說謊與否的判斷上，最後嘗試對可能面臨的問題與相關配套措施進行討論及建議。

第 一 節　偵查詢問動作學

一、實用基本原則

動作學（Kinesics）係研究人類遭遇各類不同情境時所呈現的行為，而該行為本質含有對象之心理素質，透過表情、動作、反應、眼神、口語，甚而邏輯思維等外在行為表現出來，由觀察者記錄、分析、實驗、演繹，進而歸納原理原則，套用於類似情境，以解讀被觀察者的心理狀態。動作學的重要理論及原則提供刑事司法工作者，於實施詢問時，透析受詢問人的心理狀態，掌握其為閃避刑責而刻意掩飾案情、偽造事實或誤導方向等目的，不經意顯露的行為線索中，有系統地辨識出破綻所在。

有學者表示，謊言之所以會穿幫，多是被壓抑的情緒洩了底，跟謊言有關的情緒愈強烈、複雜，就愈容易在口語與非口語行為表現上顯露出破綻；亦即，愈是強烈的壓力，愈是極力想隱瞞，情緒的訊號反而更容易洩露出來，舉凡臉部的表情、身體的動作、講話的語調、口水的吞嚥、呼吸的深淺、言詞的遲疑、口誤、細微表情等，都會洩露說謊的蛛絲馬跡。換言之，由於說謊者擔心被識破、說謊的罪惡感、欺騙的快感等因素牽動了情緒，特殊變化就會自動發生，自己既作不了主，也控制不住，一切都在瞬間發生；且通常都會對說謊者造成某種程度的困擾，心有所感卻要極力掩飾，言詞之間難免露出真情，即

Psychology, Crime & Law. pp. 1-22.

[7] Walters, Stan B. (2003). *Principles of kinesic interview and interrogation* (2nd ed.). CRC Press.

使刻意想要掩飾，臉部表情變化、呼吸加速或聲音變調等，破綻和說謊線索不由自主地顯露。此外，無法預知什麼時候需要說謊、說詞編得不夠周延、無法應付情勢的變化、不記得自己所講過的說詞等，都很容易成為說謊線索；而說詞本身矛盾或與相關的證據衝突，謊言也可能會穿幫[8]。

　　為了使觀察者能藉由觀察被觀察者在接受詢問時，為掩飾真實或案情，於各種線索中不自主流露出的破綻，以確實掌握被觀察者的心理狀態，並避免誤判，應確實遵循以下原則[9]：

（一）僅憑單一口語或非口語行為線索，無法判定受詢問人是否說謊。

（二）應針對每一受詢問人建立行為常模（Baseline），這樣準確評量才得以進行。

（三）行為常模建立後，便可針對基準行為觀察其壓力反應下的變化情形。

（四）當重複刺激時，所呈現的行為線索必須是相當一致的[10]。

（五）基準行為特徵僅在成串（或群組）出現變化時，才足以判定受詢問人是否說謊；通常是以不具威脅性的問題詢問受詢問人，觀察無壓力時的放鬆行為反應，以逐步建立此人口語與非口語行為的參考常模。

（六）行為線索必須是及時出現，方才具有特定意義[11]；即在同一問題多次詢

---

[8] 鄧伯宸譯（2005），Paul Ekman著。說謊—拆穿商場、政治、婚姻的騙局。心靈工坊文化，頁32、43-48。

[9] Walters, Stan B. (2003). *Principles of kinesic interview and interrogation* (2nd ed.). CRC Press, pp. 10-20.

[10] 另有學者指出，在評斷受詢問人的非口語行為徵候時，必須配合以下要點：1.必須掌握受詢問人說話方式、特殊習性、姿勢、與人目光接觸等非口語行為的正常表現，一旦掌握了這套正常的標準，問話時受詢問人任何的異常表現就可清楚被察覺；2.評估其行為訊息出現的時機發生的頻率；3.觀察需掌握回答問題的瞬間，或回答問題後即刻發生的行為變化，才能夠作為判斷說實話或說謊的標準，且必須每次談到同一個問題時，受詢問人都有類似反應，才是可靠的判斷依據。參閱高忠義譯（2000），Fred E. Inbau、John E. Reid、Joseph P. Buckley著。刑事偵訊與自白。商業周刊出版，頁90。

[11] 關於臉部表情的判讀，除及時（timing）之外，有必要再搭配觀察對話過程中的不對稱（asymmetry）與落點／位置（location）這兩條線索。發自內心的臉部表情，出現不對稱的機率相當低；而長達10秒左右或更長，通常約5秒，差不多都是假的，真正發自內心的表情不長；且任何臉部表情伴隨著肢體動作，兩者如果不是同步的，多半可視為虛假的線索。鄧

問刺激下，皆同樣呈現類似群組的反應行為，所觀察到的肢體動作變化才可作為分析的基礎。

（七）詢問人應注意本身舉止以免干擾對方，因為兩造皆在互相觀察。

（八）觀察與破解受詢問人的行為線索並非容易之事。

（九）詢問人在進入詢問室前，不應對受詢問人及詢問存有任何先入為主的偏見。

（十）詢問動作學不適用在心智缺陷、兒童或青少年、精神異常、藥物濫用或酗酒導致身心狀態異於常人等特定族群；因肢體動作不穩定，口語與非口語行為欠缺參考常模，接受詢問時容易受到詢問人引導。

二、詢問壓力下的反應狀態

人們日常會對各式各樣壓力作出不同反應，受詢問人於詢問過程中亦是如此；當事實真相或對個人的不利情況出現時，受詢問人的反應不外有 5 種，其中憤怒（Anger）、沮喪（Depression）、否認（Denial）及協商（Bargaining）等 4 種是負面的，唯有第五種「承認」（Acceptance）是正面反應。本文以下內容所描述的口語及非口語反應情形，皆是指受詢問人處於此 5 種狀態下的言談舉止等特徵；這 5 種行為線索就像路標一樣，詢問人若能細心解讀每一種狀態的行為反應，將有助於判定受詢問人在壓力刺激下的真正心理狀態，並適時作出妥切回應，以順遂整個詢問過程。本文稍後將細部描述這 5 種狀態下的行為線索，在此先將受詢問人面對壓力時的 5 個反應階段說明如下：

（一）憤怒：憤怒是否認犯行的最佳描述，也是受詢問人企圖以攻擊手段去掌控主導權的強勢反應；憤怒是所有反應狀態中最沒有助益的，此時受詢問人封閉理智，不去理解與聆聽詢問人，詢問過程中應設法儘快讓受詢問人脫離此一狀態，因這意味著取得自白或蒐集犯罪相關事實的機會渺茫。

（二）沮喪：沮喪與憤怒雖有相通的外顯「攻擊」行為，惟兩者內涵不同，憤怒是對外的攻擊行為，沮喪則是對內的自我攻擊行為；在此一反應狀態下，受詢問人容易將注意力集中在自己本身，內在自我消耗而忽略詢問

- - - - - - - - - - - - - - -

伯宸譯（2005），Paul Ekman著。說謊—拆穿商場、政治、婚姻的騙局。心靈工坊文化，頁126-130。

人，有時會因疏忽而說出不利於己的言詞。多數學者認為沮喪者不可能完全承認，但這不一定正確，重點是切勿將沮喪者的外顯行為誤認為坦承行為線索。

（三）否認：這是詢問室中最見到的負面行為，研究發現受詢問人 90% 以上的欺瞞行為是在否認其犯行；如何突破受詢問人心防使其坦承不諱，是詢問過程中最費神且耗時的。

（四）協商：協商是一種暫時性的談判行為，也這是一種最柔性的否認反應。在此階段受詢問人會持續耍花招，企圖扭轉或誘導詢問人的觀點和認知，甚至使詢問人誤入陷阱。

（五）承認：在此階段受詢問人會準備為自己行為負起責任，但不一定會全盤供出犯罪事實，詢問人必須有效辨識出此一反應狀態，進而把握機會。

第 二 節　口語行為線索

一、口語特質

　　口語行為（Verbal Behavior）係指經由嘴巴真實表現出來的說話訊息，包含一個人說話的用詞（回答內容）、音調、音量、口氣及速度[12]。語言是人類用以溝通、表達思想、傳遞訊息的一個工具，人類的語言有獨特及多面向的溝通能力，透露出個人情緒及心理狀況等資訊，且語言表達為人類最有效率的對外表達方式。基於「情緒緊張將會導致音調、音量、說話速度等口語品質的改變」，因此詢問過程中詢問人所施加的刺激可引起受詢問人的口語線索，經由檢視口語及非口語線索是否一致，將可藉此研判受詢問人是否說謊。

　　通常說謊時音調會提高，但無辜者也會；情緒造成的聲音變化很難掩飾。說謊若是為了要掩飾內心的感受，出現破綻的機會極大，例如掩飾生氣或害

----

[12] Zulawski, David E. & Douglas E. Wicklander (2002). *Practical aspects of interview and interrogation.* CRC Press, p. 106；黃富源、陳振煜（1999）。口語化與非口語化行為語言分析法的運用。刑事科學，第47期，頁164。

怕，聲音聽起來較高，也較急促；聲音出現相反的變化，則會洩漏說謊者掩飾悲傷情緒的意圖 [13]。相關的口語行為特性，彙整如表 8-1：

表 8-1 口語特性 [14]

口語行為特性（因緊張、壓力而變化）	音調（對壓力的回應）	音調上升通常是在說謊時
		音調下降顯示沮喪或孤立
		音調低沉、嘶啞表示在極度恐懼下
	音量	以增大音量提升其信心、主導性
		明顯下降表示心情退縮、沮喪或對話題沒興趣
		喃喃自語顯示心理上的退卻
	速度、清晰度（心智處理程度）	說話速度變慢表示正在小心斟酌字句，以降低負面風險
		對於預料中的問項，通常說話速度會加快
		處在低壓力狀態下，說話規律且一再重複

資料來源：研究者整理。

二、言語機能失調

「言語機能失調」（Speech Dysfunction）是指在詢問過程中，受詢問人因倍感壓力而造成在言語表現上出現不流暢的障礙；研究顯示在詢問過程中，「說謊者較誠實者會顯現出更多的言語機能失調」，但不可單以受詢問人有此缺陷即認定是說謊，有時受詢問人覺得偵查程序難以忍受或過於冗長，言詞陳述也會呈現出此缺陷。言語機能失調的形成與「壓力」高度相關，基本上是「由於受詢問人面臨關鍵性問題時，欠缺清晰思路（Thought Line）所致」；換言之，是受詢問人為了避開「入罪的關聯性陳述」，必須杜撰或保留其部分言詞，連帶導致其心智運作負擔加重。

----

[13] 鄧伯宸譯（2005），Paul Ekman著。說謊——拆穿商場、政治、婚姻的騙局。心靈工坊文化，頁82。

[14] 整理自：Walters, Stan B. (2003). *Principles of Kinesic Interview and Interrogation* (2nd ed.). CRC Press, pp. 37-39.

　　言語機能失調大致可分為「附屬語言線索」（Paralinguistic Cues）（又稱「非說話聲音」Non-speech Sounds）與「思路不清」（Unclear Thought Line）；有關這兩大類的詳細描述（詳如表 8-2 所示）。一般而言，當受詢問人的言語機能失調特徵成串出現且有遞增現象，通常表示此人所言的可信度正在遞減中[15]。

表 8-2　言語機能失調情形[16]

言語機能失調	附屬語言線索	嗯、啊、咦：身陷壓力及困境
		嘀咕、抱怨、嗚咽或口哨：由於壓力及害怕所致
		大口呼、吸、喘氣或倒吸：壓力或想重新設定談話內容
		口吃：口吃是想快速表達本身意思而語言器官配合不及
		結巴：結巴則是尚未確定所欲表達的意思而產生的停頓
		停頓：短暫停頓是欲藉由暫停詢問行為以探詢或轉換議題；長時間停頓可能是說謊、逃避或思路無法及時運作
		打斷詢問：通常表示此為重要議題，故欲阻止詢問繼續深入而故意轉移詢問主題
		嘆息：持續嘆息表示對自己感到沮喪或遺憾；單一而深沉嘆息可能是接受或準備承認
		假笑[17]：是在壓力情境下的虛假線索，目的在減壓、挑釁、緩和情緒、降低他人疑慮或拖延
	思路不清	漏字：在過度控制情況下產生漏字，或為了找藉口而快速表達，導致在陳述中遺漏字尾或錯漏幾個字

----

[15] Stan B. Walters (2003). *Principles of Kinesic Interview and Interrogation* (2nd ed.). CRC Press, p. 100; Edelmann, Robert (1999). Nonverbal behavior and deception, In David Canter & Laurence Alison (Eds.), *Interviewing and Deception*. Dartmouth Press, pp. 165-166.

[16] 整理自：Stan B. Walters (2003). *Principles of Kinesic Interview and Interrogation* (2nd ed.). CRC Press, pp. 39-46.

[17] 一個人心中毫無所感，或心理有負面情緒卻強顏歡笑，但又要讓人相信他的心情不錯，就是假笑：假笑的線索有四，分別為：1.假笑的不對稱多於由衷的笑；2.假笑不會伴隨眼睛周圍肌肉的動作；3.假笑的收斂往往並非其時；4.拿假笑當作面具，頂多只能遮住下半部臉和下眼皮，額頭上表現害怕或煩惱的不隨意肌符號仍然會浮現。引自鄧伯宸譯（2005），Paul Ekman著。說謊—拆穿商場、政治、婚姻的騙局。心靈工坊文化，頁139-140。

		字句重複：通常表示重複部分為重要或難以處理的；也可能是減壓，或是思想固著在重要議題上
言語機能失調	思路不清	字句編輯或修正：擔心句子的用詞或說話方式不妥或別人無法信服而導致負面解讀所致
		字句不完整：內在思考在短暫時間內來不及作用，出現不按順序的跳躍或不完整的字句，像是播放唱片時跳針
		答非所問：欲逃避案情中的重要議題，企圖將詢問焦點轉向，或就像沒聽見似的轉到不相干議題上

資料來源：研究者整理。

三、口語內容

　　多數人都曾有在「無壓力」的狀況下，避免他人洞悉自己真正想法及感覺的相關經驗；但在有壓力的情況下，由於外在刺激與內在認知之間交互作用的負荷過重，在不經意時多少會將真正的內在思維和感覺洩漏出來。偵查人員可按受詢問人在詢問過程中，針對憤怒、沮喪、否認、協商及承認等壓力反應狀態下，所伴隨的口語形式詳加解析，將是判斷對方是否真實陳述的可靠依據；不過，仍須謹記「僅憑單一口語或非口語的特徵，是無法判定說謊與否」。以下是受詢問人處於壓力下的口語內容介紹[18]：

（一）憤怒

　　在詢問過程中，受詢問人通常會透過憤怒之攻擊呈現，藉以取得支配地位；舉凡犯嫌、同夥、被害人、證人、警方都可能會是憤怒攻擊的標的，但憤怒本身不代表說謊。憤怒可分為集中型憤怒（Focused Anger）：是開放而正面的攻擊展現，例如：宣稱要控告辦案人員、推卸責任給被害人，或以言詞指控目擊者對案情有偏見、不可信、作偽證或好管閒事等；隱藏型憤怒（Covert Anger）：是狡猾而隱約的攻擊表現，通常是「不否認犯罪的發生，卻對犯罪行為的過程作出辯解」，並以各種方式降低該案件的證據可信度；專業與高知識分子、高學歷人士，較常會表現此種憤怒，且會在過程中經常提醒詢問人，

- - - - - - - - - - - - -

[18] Stan B. Walters (2003). *Principles of kinesic interview and interrogation* (2nd ed.). CRC Press, pp. 47-84.

他們是有身分者，不可能涉及此案。

（二）沮喪

沮喪與憤怒皆屬「反擊或逃避」（Fight or Escape）回應模式中的攻擊表現，兩者差別在於憤怒是向外對別人，沮喪則是對內朝自己；沮喪者將自己與外界隔離，只注意到與自己有關的問題，通常伴隨著負面陳述，或表示自己生理、心理狀況不佳，甚至呈現恐懼、痛苦、抨擊等狂怒（Rage）徵候。詢問人可透過口語（如音調降低、音量變小、說話速度變慢）與非口語（如動作變慢、身體看似衰弱、臉部表情低落）的特徵觀察，分辨受詢問人是否處於沮喪階段，但應牢記：「不要把沮喪狀態誤解為承認，持續謹慎檢視口語與非口語的特徵。」

（三）否認

研究顯示詢問時，受詢問人全部的陳述內容中，有 90% 是集中在否認犯行上。在被詢問壓力情況下，充其量只會承認那些能被證明與他有關的少部分案情，絕不承認那些不能被證實的大部分案情；有時為了控制訊息，會吐露些許能被證明卻又似乎不是那麼真實的資料，或者是毫無頭緒地一再重複已經說過的話。

（四）協商

與憤怒、沮喪、否認等口語反應相較，協商是最弱的一種口語反擊方式，但不要誤認此時受詢問人必然會有口語承認的情事發生；受詢問人可能只會承認部分犯罪事實，或透過替代性陳述來取代坦然承認。

（五）承認

在此階段，被詢問人口語表達焦點不再是否認或協商，而是傾向願意接受詢問、面對事實，以減輕生理或心理負擔；惟此良機不常出現，若警方此刻有不正確的判斷或刺激，可能導致對方改變主意、不願意承認犯行，因此「當確認受詢問人正處於承認狀態時，應停止詢問並開始傾聽」。

有關受詢問人分別處於憤怒、沮喪、否認、協商、承認等 5 種壓力狀態下，所大致呈現的口語反應形式、答話內容及相關範例如表 8-3：

表 8-3　口語反應形式及範例

階段	反應形式	答話內容或範例
憤怒	集中型憤怒	1.指責證人、歸咎被害人 2.詆毀辦案人員或單位
	隱藏型憤怒	1.攻訐案情真實性或其中的枝微末節 2.移轉話題或改變陳述形式
沮喪	對內朝向自己伴隨負面陳述	1.自責或歸咎他人 2.表示感到沮喪、想自殺、健康情形不佳 3.提及無法正常飲食、難以入眠、家庭生活出問題 4.聲音變小、音調柔和些許
否認	記憶遺忘	我記不得！忘記了！我醉得不省人事！
	標記性陳述	老實說！告訴你真的！相信我！說真的！
	加重性陳述	順便問一下！還有！附帶地！順便提一下！
	修飾詞	但是！根本上！可能、大部分、通常、幾乎、少有
	有罪詞組	1.你已經事先認定是我犯的案子！ 2.你希望我對你撒謊嗎？我總是最倒楣的一個！ 3.傾向以第三人稱或假設狀況進行陳述
	阻礙性陳述	1.我有什麼理由會作案，你告訴我？ 2.如我錢是我拿的，我為何不去……呢？
	連接詞組	常用「不久之後、突然間」等不必要的連接詞
	語彙轉換	錯用動詞時態、大量使用代名詞、轉換平常語彙
	取代	別人、人家、有些人、每個人、他們
	停頓策略	以反問語氣答話、重複問題、答話前停頓很久
	特定否認	1.答話範圍限縮在問題的一小部分或枝微末節上 2.絕不談論犯罪現場
	欺瞞的yes-no回答	1.快速回答「yes」或「no」以打斷問話 2.小聲（似未脫口）回答「yes」或「no」 3.回答「yes」或「no」音調、音量或速度不一 4.口說「yes」但肢體卻呈現「no」 5.以反問語氣提出「yes」或「no」
協商	訴諸同情	我生病、我喝醉了、我很愛睏、我要去看醫生、我需吃藥
	替代性詞彙	引用「借」錢、「輕傷」、「口誤」等輕描淡寫的語句
	模糊陳述	不是很多、那是「相當久遠」的事、我只拿其中一小部分

表 8-3　口語反應形式及範例（續）

階段	反應形式	答話內容或範例
協商	宗教性陳述	邀請一同禱告、強調信仰非常虔誠、願對天發誓、可在墳前發誓、手持（頌唸）聖經或佛經
	道德陳述	我出身名門、我是模範母親、我曾捐贈公益很多錢、我當選過好人好事代表
	過度有禮	過度合作、極度恭維、巧言令色、灌迷湯
	攀附權貴	有力人士攻勢、牽親引戚
承認	金錢補償陳述	1.我沒有犯下這竊案，但我願意付錢了結此案 2.我不會作出這種事，但我願意幫他度過難關 3.我沒傷他，但我願意付醫藥費 4.如果東西被找到，刑罰會減輕嗎？
	想像－現實或第三者陳述	1.我沒作這檔事，但若要我承認，我是不會否認的！ 2.我沒犯此案，但在兇手未到案前，我願意暫時擔起責任 3.你要我說些什麼？若我向你承認，這會讓你高興嗎？ 4.你要我對未曾作過的事，向你撒謊嗎？
	論及懲罰性的議題	1.新聞會報導出來嗎？我太太、父母親會知道嗎？ 2.如果整件事情只是件意外呢？我會被開除或坐牢嗎？ 3.我會有什麼罪？法律上這是什麼罪？法官會判刑多重？ 4.有何非法律途徑可解決此事？

資料來源：研究者整理。

　　有研究比較誠實與不誠實受詢問人的陳述內容，發現：誠實者會詳細說明細節、內容流暢、採用第一人稱和過去時態、使用所有格、沒有時間間隙（No Gap in Time）、關鍵時會有適度情緒表達、詢問前就否認犯案；不誠實者則不會敘明細節、內容不順暢、避開第一人稱和過去時態、缺少所有格、時間不連貫或跳躍、沒有情緒表達、只對直接相關問題加以否認[19]。另有學者歸納出，兩者在口語內容與反應形式上的差異情形如表 8-4 所示。其實，只要逐項仔細對照，便可發現此一比較結果與上述口語特性、內容及反應形式的描述情形大致吻合；但表 8-4 所提供的口語線索較籠統而限縮，缺乏客觀評量標準，結果的解釋也不夠客觀。

---

[19] Gordon, Nathan J. & William L. Fleisher (2006). *Effective interviewing and interrogation techniques* (2nd ed.). Academic Press, p. 57.

表 8-4　誠實與不誠實者口語內容及反應的差異比較[20]

誠實者	不誠實者
一般而完全否認	否認所涉案件的某一部分
不逃避用刺耳或直接的字彙描述案件	避免用刺耳或直接的字眼討論案情
直接、乾脆、未經修飾的回答	遲疑、逃避、拖延、閃躲的回答
沒有加入任何自我設限的回答	添加一些情況、條件、限定的回答
表現出一般記性，未對那一點記得超清楚	異常健忘或記憶力特別強
談話中不會插入一些不相干的話	即使被問的問題直接而清楚，可以聽得很清楚，但依然要求詢問人重述問題
回答時腦筋很清楚	心理壓力沉重，甚至根本說不出話
語調清晰而確切	喃喃自語或刻意壓低音量
不必指天劃地來發誓證明自己的話	找些有的沒有的來發誓支持自己的話
回答時堅定而明確地挑戰詢問人的質疑	回答時用致歉、懇求或過分的謙遜、卑躬
回答時認真而專注	會有訕笑、失神、凝視周遭或輕浮出現
詢問後，堅持要知道自己是否還有嫌疑	詢問後，沒有問是否還有嫌疑就急忙離開

　　此外，也有研究者利用誠實者與說謊者被詢問時心理狀態的差異，發展出提引並放大檢視說謊口語線索的詢問技術，以下簡略介紹 3 種[21]：

　　「詢問未預期的問題」（Asking Unanticipated Questions）是基於誠實者與說謊者的反詢問（Counter Interrogation）對策存有明顯差異，一般說謊者會比誠實者更系統化準備面對警方的詢問，他們會針對警方可能發問的問題而預作準備，可是當被問到未預期的問題時，因為沒有事先準備，當下只能編織謊言

----

[20] 引自：高忠義譯（2000），Fred E. Inbau、John E. Reid、Joseph P. Buckley著。刑事偵訊與自白。商業周刊出版，頁85-86。

[21] Granhan, L. A., Fallon, M. Vernham, Z & Giolla, E. M. (2018). Detecting Deceit via Verbal Cures, In Griffiths, A. & Milne, R. (Eds.), *The Psychology of Criminal Investigation.* Routledge, pp. 183-188.

以對；相對地，因爲誠實者的回答是源自於眞實回憶，因此不論是面對到預期或未預期的提問，回答都頗爲一致；通常關於時間上（誰先吃完晚餐？）或空間上（你坐離前門多遠？誰坐你身旁？）等特定細節，最常被拿來當作未預期的問項。再者，此策略也可改以詢問預期的問題，但要求以未預期的形式作答，例如要求親手繪製（未預期的）現場的相關位置，而不是以口語描述（預期的），此舉讓說謊者一時難以將預先準備好的回答轉換成未預期的形式，而誠實者則較能夠提供更多細節且更一致的回答。

「加諸認知負荷」（Imposing Cognitive Load）的理論背景，是說謊者應訊時爲了要讓所言具體而可信，一方面需要關注詢問人員的反應，另一方面又要費心故作鎭靜、編織謊言、避談眞相與構思理由，其認知負荷通常會比誠實者明顯高出；詢問人員可藉此調整詢問策略，額外加諸說謊者的認知負荷，使其無力應付而透露較多隱瞞的線索（Cues to Deceit）。除上述詢問未預期的問題外，要求以相反順序回答（有違正常程序，降低敘事流暢度），以及要求雙眼全程注視詢問人（可避免分心，降低編謊能力），皆因增加受詢問人的認知負荷，使得誠實者與說謊者更易於被辨識出。

通常警察在對犯嫌展開詢問之前，多少已握有部分證據。「策略性使用證據」（Strategic Use of Evidence）是基於無辜者應訊時較涉案者願意提供訊息，會儘量配合以證明自己是無辜的，但涉案者應訊時卻是設法隱瞞重要訊息，避免洩漏不利於己的事證；故在詢問過程中，過早提示證據無疑是對涉案者示警，傳達警方已對案情瞭解的程度，使其得以及早編織謊言與掩蓋重要訊息，況且此舉帶有對質意味，不利於維持融洽氣氛與後續的對話，是以證據應技巧性地延遲提示；但對無辜者而言，證據提示無論是在詢問的任何階段，所獲得的供述通常不會有過多出入。

第 三 節　非口語行為線索

研究顯示，人類對外溝通方式有 65% 是非口語行爲，另有 20% 是口語行爲。受詢問人非口語行爲乃是指「逃避或迎戰」本能反應下的直接視覺呈現；口語行爲提供詢問人關於被訊者內心想法的相關線索，而肢體的非口語行爲則洩漏受詢問人的情緒及當時壓力狀態，兩者具有個化特徵及一致性。此外，

「受詢問人對於口語行為線索的控制，優於非口語行為線索」，而口語及非口語行為是互相依存的，詢問人必須藉由整體的觀察，並發現受詢問人獨特的行為線索（大多為口語及非口語行為的矛盾），進而解讀其內在的情緒反應及壓力狀態，並反覆確認才能予以判定。

一、非口語行為意涵

就如同汽車駕駛座儀表板的各項「功能顯示儀表」一樣，肢體動作顯示出受詢問人的情緒、心智及心理狀態。肢體動作可切割為 4 個主要「功能顯示儀表」，簡稱為「HEAL」，代表著頭部、眼睛、上肢、下肢；透過這 4 個儀器來觀察受詢問人肢體發出的訊息，當彼此間或與口語線索相衝突，則顯示受詢問人說謊的可能性升高。

為便於內容解析與內容呈現，本文在此增設「其他」此一「功能顯示儀表」，因此整個肢體非口語行為共切割為頭部、眼睛、上肢、下肢及其他等 5 部分，各部分所涵蓋的範圍如下：

（一）頭部：包含頭部姿勢、臉色、臉部表情、臉部抽搐（Facial Tics）、鼻子、嘴巴、嘴唇、抽煙行為等。

（二）眼睛：包含眼神接觸、眼球移動、瞳孔反應、眨眼、眉毛等。

（三）上肢：包含肩膀、手肘、交叉行為、手部行為等。

（四）下肢：包含腿部、膝蓋、腳部等。

（五）其他：包含坐姿、領域行為等。

另有學者表示，就身體姿勢而言，無辜者通常會直接面對詢問人，筆直而坐但不僵硬；說謊的嫌犯不會直接面對詢問人而坐，往往側坐、胳臂內縮、雙手抱胸、雙腳交叉斜靠，夾雜不自然的姿勢變換等。說謊者較常出現的身體動作，有以下 3 類：

（一）大幅度的身體動作：姿勢變更、座椅後拉、似要起身，甚至離開詢問室的動作。

（二）掩飾性的小動作：搓手、敲後腦、摸鼻子、拉耳垂、抿嘴唇、摳咬指甲、撥弄衣服、玩弄穿戴的珠寶或衣服線頭、摸或擦拭眼鏡，以及雙腳拖、敲、晃、屈等。

（三）支撐性的姿勢：單手托著下巴或眼睛、雙手或雙腳纏繞、手縮背後或腳

縮椅下、手托額頭或放兩腿間 [22]。

二、肢體語言群組（Body Language Clusters）[23]

依據實用詢問動作學原則，肢體語言群組行為遠比單一行為更容易被確認，也更具有評定的價值，「僅憑單一口語或非口語的行為線索，是無法判定欺瞞與否」，也「沒有任何單一的行為徵候，能在整個詢問過程中一體適用」，且「基準行為特徵僅在成串（或群組）出現變化時，才足以判定有無欺瞞情況發生」；此外，當受詢問人的肢體群組行為與口語行為線索不一致時，方可推斷受詢問人並未吐露實情；以下是負面、承認及承認前等 3 類群組行為反應：

（一）負面的群組行為

負面群組行為不僅可用來觀察受詢問人，同時亦可適用在證人、目擊者的行為觀察，並判斷其誠實與否；處於否認狀態下的受詢問人，通常有下列負面的群組行為反應：

1.阻隔行為：受詢問人在進入詢問室就坐時，以桌子形成其與詢問人之間的阻隔物。

2. 增大與詢問人的距離：受詢問人就坐時，調整或拉離椅子以增加其與詢問人的距離；或者出現將背部傾靠椅背上、雙手交叉在頭部後方等控制行為。

3. 冷肩側對（Cold Shoulder）：受詢問人可能會調整椅子側坐，保持身體側向詢問人，並使得一邊肩膀指向詢問人。

4. 避開眼神接觸：受詢問人可能會不經意中斷眼神接觸或增加眨眼頻率、毫無理由穿戴眼鏡或故意讓頭髮垂落在前額等刻意隱藏目光，避免直接與詢問人眼神接觸；其實，「當眼神接觸是及時且成串出現異常改變時，可視為焦慮與可能說謊的負面徵候」。

5. 瞄準手勢（Gun Sight）：受詢問人可能以手指或筆等物品，作出類似舉槍瞄準等手勢。

----

22 高忠義譯（2000），Fred E. Inbau、John E. Reid、Joseph P. Buckley著。刑事偵訊與自白。商業周刊出版，頁89-90。

23 Walters, Stan B. (2003). *Principles of kinesic interview and interrogation* (2nd ed.). CRC Press, pp. 199-205.

6. 否定手勢：當詢問人在提出問題或相關陳述時，受詢問人的可能出現舉手搖晃的否認手勢，或將身體轉離詢問人，甚至以一冷肩側對詢問人。

7. 戰鬥表情（War Face）：受詢問人對於訊問者的微笑不予理會，甚至在詢問不重要的問題時，表現出漫不經心的遊戲表情；受詢問人也可能完全不笑，或只在無關緊要的問題上展現笑容，甚至出現緊咬牙齒，致使一邊或兩邊的下顎肌肉明顯收縮，強烈顯示憤怒和敵意。

8. 觸摸臉部：在詢問過程中受詢問人可能顯現部分的否認行為，如皺眉、皺起前額，若手指摩擦鼻子以下至下巴特殊區域（Face-touch Target）是發生於詢問人講話時，表示不相信所聞；假如此舉發生在受詢問人講話時，那表示對其自己所言並非真的相信。事實上，「說謊者比誠實者傾向有較多觸摸頭部或臉部的行為特徵」。

9. 點頭應付：當受詢問人在程序中感到不舒服或不耐煩時，可能會有應付詢問人的慣性點頭行為出現，正如同父母親在對小孩嘮叨時，小孩通常會感到不耐煩，並頻頻點頭表示贊同；此舉具有否認的行為意涵。

10. 特殊坐姿：受詢問人坐在椅上呈直角狀，雙腳立於地板上、雙手掌靠在大腿上向前傾斜、雙手拇指相對，像似要撲向詢問人，表示對詢問人的不信任。

11. 阻斷談話：任何阻礙交談的肢體或象徵式行為，皆是焦慮與可能說謊的負面反應。

（二）承認的群組行為

推測受詢問人是否進入承認階段，可就下列群組行為詳加檢視：

1. 沮喪行為：當受詢問人進入承認階段時，經常伴隨沮喪行為；但受詢問人是否進入沮喪階段，仍應配合其他口語及非口語行為。

2. 複製反映：受詢問人在表情、身體行為或肢體語言，可能出現與詢問人同步的情形產生，包括點頭、手部或頭部傾向等群組行為。

3. 瑣細群組行為：處於承認階段下的受詢問人，為了紓解內心壓力，可能會鬆開領帶、脫去外套、解開鈕釦、鬆開皮帶或撥弄皮鞋等瑣細群組行為反應。

4. 肢體群組行為：受詢問人在詢問過程中可能陷入靜默，也不畏與詢問人眼神接觸，或將身體傾向詢問人，甚至解除障礙行為，並將注意力集中在詢問人。

5. 點頭改變：受詢問人由應付性點頭，改為與詢問人提問時的同步點頭行為。

（三）承認前的肢體徵候

當受詢問人顯現一些承認前的肢體行為徵候時，詢問人應該停止問話，並開始傾聽；同時應將聲音、頻率及音調等說話語調降低，尋找適當機會幫助受詢問人進入承認階段，並應注意維持受詢問人的尊嚴。以下介紹各種承認前的肢體徵候：

1. 與詢問人對談時，受詢問人可能會產生將手掌轉向上，身體向詢問人傾斜，或將原本雙臂交叉抱胸的防禦動作解除，肩膀也向前下垂等。

2. 手部群組行為：受詢問人可能出現象徵性的懇求或放棄手勢，也減少對其本身的防護舉動。

3. 臉部群組行為：臉部表情呈現出較木訥、呆板，同時下巴垂至胸前，也不再躲避詢問人的眼神接觸，或者是將目光飄移至天花板，且眼睛開闔的次數及頻率也會下降，甚至出現配合詢問人說話頻率的眨眼動作。

4. 哭泣行為：哭泣是強烈的情緒表現，但不可單就此舉而據以認定是承認的訊息，因為處於協商階段的受詢問人也會以哭泣行為來博取同情。承認前的哭泣行為通常伴隨著下列特徵：觸摸臉部區域：特別是鼻子以下至下巴附近；下巴顫抖：哭泣行為可能同時伴隨下巴及嘴唇顫抖，且每次顫抖可能持續約 30 秒；深沉嘆息：深沉嘆息意味受詢問人即將進到承認階段。

下列表 8-5 所示，是受詢問人分別處於憤怒、沮喪、否認、協商、承認等 5 種壓力狀態下，所大致呈現的非口語行為的群組反應情形：

表 8-5　非口語行為群組反應

階段	非口語行為群組
憤怒	1.眉毛在鼻樑上呈 V 字形 2.臉部及頸部變紅 3.在陳述時握拳，或說出論點時猛擊拳頭、拍擊腿部 4.以手指呈現出 L 型並指向詢問人 5.雙臂交叉等防衛行為 6.當雙腿交叉時，會拍腿、搖晃、拍腳、跺腳
沮喪	1.不同於承認階段的哭泣行為 2.頭部、眼部、肩膀部位形成下垂 3.手部蠕動、雙手纏繞自己 4.身體捲縮而前弓，彷彿要將自己縮小並消失 5.目光下垂、與詢問人的眼神接觸減少

表 8-5 非口語行為群組反應（續）

階段	非口語行為群組
否認	1. 出現冷肩側對、瞄準手勢、雙腿交叉等負面群組行為 2. 以桌子形成其與詢問人之間的阻隔物，或將身體轉離詢問人 3. 調整或拉離椅子以增加其與詢問人的距離 4. 出現將背部傾靠椅背上、雙手交叉在頭部後方等控制行為 5. 調整椅子側坐，保持身體一邊肩膀側向詢問人 6. 不經意中斷眼神接觸，或刻意遮蔽或避開眼神直接接觸 7. 以手指等作出搖晃的否認手勢或類似瞄準開槍手勢 8. 緊咬牙齒致使一邊或兩邊下顎肌肉明顯收縮的戰鬥表情 9. 皺眉、皺起前額；觸摸臉部或用手指摩擦鼻子以下至下巴區域 10. 出現應付詢問人的慣性點頭行為，或像是要撲向詢問人的特殊坐姿 11. 中斷談話的肢體或象徵式行為
協商	1. 過度友善及無威脅性的行為 2. 對詢問人微笑或出現過度的眼神接觸
承認	1. 向詢問人敞開雙手或雙腳 2. 手掌向上，並置於膝部；身體出現向詢問人方向傾斜 3. 肩膀部位可能向前垂下，下巴部位可能下垂至胸部或喉嚨 4. 摩擦下巴；開始陳述前，出現深深的嘆息 5. 眼睛部位注視天花板，並放慢眨眼速度 6. 眼睛注視上方，露出白眼球，然後闔上眼睛 7. 眨眼速度與詢問人詢問問題形成同步 8. 在開始作出承認陳述時，可能摩擦其雙唇長達30秒 9. 下巴顫抖，伴隨哭泣

資料來源：研究者整理。

第 (四) 節　詢問策略運用

　　在詢問過程的壓力情境刺激下，受詢問人的內在認知及情緒反應歷程會呈現出諸多反應行為；詢問人透過對受詢問人處於憤怒、沮喪、否認、協商、承認等壓力反應 5 階段的瞭解，可解讀其行為表現的意涵，並思索如何將受詢問人引導到承認的最後階段；因此，在整個詢問過程中，詢問人的首要工作是：「透過詢問程序快速且重複確認受詢問人的特殊反應，並思索如何發動詢問」。[24]

----

[24] Walters, Stan B. (2003). *Principles of Kinesic Interview and Interrogation* (2nd ed.). CRC Press,

一、憤怒階段

憤怒是最具意義的負面反應行為，起因於各種因素，可能會發生在犯罪嫌疑人、被害人或證人身上，但必須記得「憤怒本身並非是代表欺騙行為已開始出現之指標」。以下分別介紹憤怒行為的特性、目標、結果及詢問人面對憤怒行為的因應技巧。

（一）特性

在詢問過程中，受詢問人身心均處於較敏感狀態，詢問人若有稍具攻擊性的言詞，受詢問人容易誤認為是刻意攻擊其自尊，或感到被侮辱；因此正式進入詢問主題前，雙方應先營造互信的融洽關係。另外，人際關係的緊張也會觸動憤怒行為，被害人可能基於報復等心理而對詢問人作出不實陳述，所以在與受詢問人培養信賴關係的同時，應對其身心狀態要有一定程度的瞭解。

（二）可能引發受詢問人憤怒的行為類型

1. 受詢問人在不受信賴狀況下，容易以憤怒行為引起詢問人注意，譬如：被害人覺得沒人願意傾聽或信賴其陳述，或證人覺得其陳述不被重視。

2. 當計畫無效或失敗時，受詢問人也傾向以憤怒行為來隱瞞自己的窘境，此類行為通常發生於較高智商的受詢問人。

3. 受詢問人可能藉著憤怒行為以企圖掌控詢問過程中的優勢。

4. 被提問的受詢問人會有心理上的壓力，通常會陷入「逃避或迎戰」的困境；當受詢問人選擇迎戰時，其行為透露出憤怒，選擇逃避時，則行為透露出沮喪。

（三）目的

在詢問過程中受詢問人是想藉著憤怒攻擊，企圖扭轉局勢或取得主控地位；或是針對詢問人的提問，以憤怒作為另一種防衛形式，避免本身弱點被發現。

（四）結果

憤怒會導致受詢問人的口語及非口語行為增加，並增加其行為被破解的危機，同時也容易被詢問人所識破；一旦被詢問人重拾詢問主控權時，受詢問人

- - - - - - - - - - - - - -

pp. 209-231.

在身心消耗與思緒紊亂的處境下，仍需面對事實及先前的欺瞞困境。

（五）詢問人的回應

首先，詢問人必須先瞭解受詢問人憤怒目的是想取得詢問程序的主導權，因此詢問人應運用適當技巧，譬如：假意認同受詢問人看法、以模糊性方式回答，或適時運用安撫策略等，將受詢問人引導至下一個壓力反應階段，以避免對立或相互攻訐。另外，受詢問人在壓力情境下，其心理處於混亂狀態，詢問人應忍耐並避免辱罵。

二、沮喪階段

相較於憤怒行為的對外攻擊行為，沮喪行為屬於對內的攻擊行為，但「沮喪本身並不代表是欺騙行為的出現指標」。

（一）意義

正如憤怒會快速耗竭受詢問人的身心狀態，沮喪的向內攻擊行為亦將使其精疲力竭，並讓受詢問人對外界的資訊處於難以接收的狀態，產生混亂且單一思緒（Single-mind）的行為表現。

（二）目標

受詢問人在此階段的首要目標為逃避事實，以保護自身免受刑罰制裁，並利用各種方式封閉自己、不向詢問人敞開心胸。

（三）結果

受詢問人在沮喪階段下，可能處於單一思緒狀態下，即受詢問人只能將注意力集中在其所遭受的苦痛上，而無法將焦點轉移到案情相關的事證或詢問人的問話上。

（四）詢問人的回應

經由受詢問人所透露出的口語行為（聲音、音調、音頻）、非口語行為及陳述內容等加以綜合研判，當確認受詢問人正處於沮喪階段時，應有耐心並提供機會與受詢問人討論相關議題，且於適當時機予以安撫；若刻意忽略或漠視受詢問人的沮喪行為，可能會造成受詢問人攻擊性增加（對自己或周邊的人）。另外，在沮喪階段因受詢問人的思緒混亂而單一，杜撰能力降低，此時可依據受詢問人的人格特質提問，並將話題加以延伸或深入，伺機引導對方進入承認階段。

三、否認階段

否認行為是各種負面反應行為的精神堡壘，同時也是受詢問人產生欺騙行為的主體；受詢問人在否認階段會以拒絕面對現實來逃避危機，並透過否認行為來為自己築起心理避風港；但受詢問人在否認犯罪事實的同時，又必須對犯罪事實加以杜撰，以增加陳述的可信度，因而陷入「現實－杜撰」兩難的困境中。

（一）定義

受詢問人基於保護自己免於面對犯罪事實的心理焦慮，在其與犯罪事實之間藉由欺瞞形成阻隔；在所有負面反應狀態中，憤怒與沮喪都屬於人類的本能反應，皆可在誠實與說謊者身上發現到，但否認與協商卻是費盡心思操作下的後天自保反應。

（二）目標

受詢問人的首要目標是拒絕面對犯罪事實；可能以攻訐詢問人所提證據的正確性，或企圖以欺騙方式說服詢問人。

（三）結果

受詢問人可能在其心理上拒絕面對犯罪事實，透過欺騙反應來保護自己；惟愈多的否認，受詢問人抗拒承認的壓力就愈大，心智負擔也更加沉重，且連帶拖延了問案速度。

（四）詢問人的回應

當受詢問人處於否認階段，會以欺騙方式說服詢問人，同時試圖延宕詢問程序或轉移詢問焦點；詢問人應針對受詢問人的心理特質，積極就證據及犯罪事實的矛盾之處逐一反駁，正面迫使受詢問人由否認階段進入協商或承認階段。

四、協商階段

協商是壓力下最弱的負面反應行為，意味著受詢問人已開始承認部分犯罪事實；此時應避免傷害對方自尊，以免退回否認階段。

（一）定義

通常受詢問人的謊言中有 90% 是集中出現在否認階段，其餘 10% 是分布在協商階段。現階段受詢問人並非完全拒絕承認事實，而是編造一個較容易被

認定的事實，且不必完全進入承認狀態；受詢問人想脫罪會表現出只承認經過僞裝的部分事實，藉此減輕在案件中的參與程度或角色扮演，企圖轉圜詢問人的觀感。另外，被害人可能基於恐懼或難爲情等因素，目擊者可能對部分的犯罪事實未有完全觀察，兩者在陳述時也會表現出協商的行爲線索。

（二）目標

協商的最終目標是與詢問人建立某種形式上的進展，企圖博取詢問人的認同或同情，以持續隱瞞大部分的犯罪事實；再者，受詢問人把協商視爲刺探詢問人案情掌控的手段之一，若察覺不妥便會改變策略來化解眼前險境。

（三）結果

協商的最終結果是減少不利條件，避開俯首承認的危機；但受詢問人以協商爲手段的同時，亦暴露出自己的弱點，一旦協商被拒勢必陷入劣勢。

（四）詢問人的回應

在瞭解到受詢問人已開始承認部分事實的有利前提下，可就已承認的事實部分來展開訊問，並利用詢問技巧以導引進一步吐露更多實情。在此，詢問人必須避免過度強勢而損及受詢問人自尊心，致使其退回到更負面的情緒反應階段。

五、承認階段

在此承認階段，受詢問人開始嘗試面對犯罪事實，思考是否坦白承認；但由於受詢問人心中多少仍會存有自我保護心態，此時應運用技巧引導其坦承罪行。

（一）定義

心理負擔已使受詢問人不勝負荷，於是開始思考要放棄抗拒，準備承認犯行。

（二）目標

承認的目標很簡單，就是屈服於事實，同時希望保有自尊；受詢問人也希望可以被從輕發落且有重新出發的機會。

（三）結果

當受詢問人開始瞭解到欺瞞已經無法有效紓解自身壓力時，會傾向面對犯罪事實而承認；此時詢問人可說是已掌握整個詢問程序。

（四）詢問人的回應

詢問人應停止問話並開始小心傾聽，同時應給受詢問人留住情面，說話音調與音量需降低，運用所學技巧，順勢導引其完整陳述實情。

下列表 8-6 是針對受詢問人在憤怒、沮喪、否認、協商、承認等 5 個壓力反應階段的行為特性、口語及非口語行為反應、目的、結果及詢問人的回應等彙整結果：

表 8-6　各壓力反應階段的詢問策略

壓力反應階段	憤怒（Anger）	沮喪（Depression）	否認（Denial）	協商（Bargaining）	承認（Acceptance）
行為特性	1.對外界產生攻擊行為 2.身心處於敏感狀態	1.對自身之攻擊行為 2.身心處於混亂且單一狀態	1.90%以上負面反應行為 2.較理智的防衛行為	最弱的負面反應行為	受詢問人心理負擔已不堪負荷
行為類型	1.隱藏式攻擊 2.集中式攻擊	1.展現對內攻擊行為 2.沮喪行為	1.直接否認 2.間接否認 3.阻礙詢問過程	1.承認部分經過偽裝部分事實 2.使用許多遁詞	1.直接承認 2.間接承認
口語行為反應	1.音量增加 2.說話變快 3.音調升高	1.自責或歸咎他人 2.表示感到沮喪、想自殺、健康不佳 3.提及無法正常飲食、難以入眠、家庭生活出問題等 4.音量變小、音調柔和	1.拒絕回答 2.使用大量修飾詞 3.語彙轉換 4.要求提出證據 5.以第三人或代名詞陳述 6.典型的否認陳述行為 7.攻擊所提證據	1.訴諸同情 2.替代性詞彙 3.模糊陳述 4.宗教性陳述 5.道德陳述 6.過度有禮 7.攀附權貴	1.金錢補償陳述 2.想像—現實／第三者陳述 3.論及懲罰性的問題

表 8-6　各壓力反應階段的詢問策略（續）

壓力反應階段	憤怒 （Anger）	沮喪 （Depression）	否認 （Denial）	協商 （Bargaining）	承認 （Acceptance）
非口語行為反應	1.眉毛呈V字型 2.臉部潮紅 3.握拳 4.手部呈L型 5.雙臂交叉 6.雙腿交叉、搖晃或跺腳	1.雙手纏繞 2.哭泣 3.頭部下垂 4.眼神接觸減少 5.身體捲曲而前弓	1.大量阻礙行為 2.潛藏性攻擊行為 3.刻意遮蔽或避開眼神接觸 4.中斷談話的肢體或象徵性行為 5.調整、增加與詢問人之間的距離	1.過度友善 2.對詢問人微笑或過度眼神接觸	1.敞開雙手或雙腳 2.手掌向上置於膝 3.肩膀向前垂下 4.摩擦下巴 5.下巴垂及胸或喉嚨 6.身體前弓 7.陳述前深深嘆息 8.眼睛向上注視 9.闔眼或放慢眨眼 10.摩擦嘴唇長達30秒以上 11.下巴顫抖
目的	1.取得優勢或控制地位 2.防衛	逃避事實，保護自己	1.拒絕面對事實 2.企圖說服詢問人	企圖搏取同情，或與詢問人建立某種關係	期望將來獲得良好的處遇，或重新開始的機會
結果	導致語言及非口語行為增加	單一思緒，無法專注	構築障礙之牆	進入承認階段之前的行為	詢問人已控制整個詢問程序
詢問人的回應	1.運用技巧安撫受詢問人 2.避免直接抨擊或責難	1.運用技巧安撫 2.將問題延伸、深入	1.以證據、事實、案情爭點處施以正面而強烈之攻訐 2.適時引導到協商或承認階段	1.維持受詢問人自尊 2.避免過度責難 3.利用已承認之事實加以質問	1.傾聽 2.維持其自尊 3.使其為完整陳述

資料來源：研究者整理。

第（五）節　結　語

一、可信度比較

　　有關口語與非口語行為線索在測謊方面的可信度比較，由於非口語行為的表現具有連續不斷與不被察覺等兩個特性，所以非口語行為不容易被當事人所掩飾或控制；亦即非口語行為非常容易洩露出內心真正的意向與情緒感受，且非口語的行為訊息比口語行為訊息較有可靠性，因為非口語的行為面對壓力時較無法控制，所以非口語行為表現被認為是一項可信且準確的情緒狀態指標[25]。此外，口語與非口語行為線索是相伴而生又相互影響，有時受詢問人因過度專注在自己所陳述的口語資訊，疏忽之下會洩露肢體破綻；此刻應注意受詢問人口語與非口語行為間的矛盾處，因為這些可能是判讀受詢問人是否說謊的重要依據[26]。至於單純以非口語行為線索判斷說謊的可信度方面，美國的研究初步結果，依序是：（一）流汗、臉色發白、口乾舌燥等自主神經反應；（二）腿與腳的動作；（三）身體動作；（四）不明確的手部動作；（五）明確的手部動作；（六）臉部表情[27]；本土研究是否會因文化差異而有不同反應情形，則仍待未來實驗加以釐清。也有一所美國測謊學校曾對口語與非口語行為線索在測謊上的運用，得出以下研究結論[28]：

（一）非口語化行為訊息比口語化行為訊息較有可靠性，因為非口語化的行為面對壓力時較無法控制，除非受詢問人對行為訊息知之甚詳。

（二）超過50%的非口語行為訊息與口語行為訊息是有相關聯的。

（三）口語化行為所透露的訊息通常受到非口語行為訊息的支持或否定，如受詢問人口說是無辜的，但其非口語訊息卻顯露出矛盾、說謊的訊息。

（四）詢問人的言談舉止對受詢問人的行為反應訊息有很大的影響，例如：詢

----

[25] 沈勝昂（1998）。以非口語行為偵測個人處於焦慮狀態的可能性。警學叢刊，第29卷第2期，頁92。

[26] Walters, Stan B. (2003). *Principles of kinesic interview and interrogation* (2nd ed.). CRC Press, pp. 35-36.

[27] 莊忠進（2001）。論如何從口語訊息與非口語行為判斷說謊。刑事科學，第51期，頁121。

[28] 陳振煜、黃富源（1999）。口語化與非口語化行為語言分析法的運用。刑事科學，第47期，頁160。

問人的眼神、聲調、姿勢、態度及與受詢問人的接近程度等。

（五）當受詢問人愈是焦慮時，其行為訊息愈容易顯露；因此在正式詢問過程中，可設計出製造壓力的問題，激發被觀察的行為特徵，以幫助分析、研判。

非口語的行為線索也可分為「肢體符號」及「肢體語言」兩類；兩者常被混為一談，如何區分是相當重要的，因為說謊時這兩種行為線索會產生相對的變化，亦即肢體符號如果增加，肢體語言通常會減少。聳肩和比中指都是肢體符號，這種動作不同於其他身體表現，具有特定意義且為某一文化群體內眾所周知的身體符號，如比中指是「幹」，聳肩則是「沒意見」、「辦不到」或「無聊」；肢體符號都是有意而發的動作，一旦肢體符號是片段且不在正常表現的位置，則應特別留意。肢體語言則是後天形成的，具有加強語意表達的作用，例如用動作強化某個字或詞，有如加重語氣或畫重點，或是用雙手在空中比畫著形狀或動作，反覆強調正在陳述的事情；肢體語言的增加與講話時的情緒有關，通常在極度生氣、恐慌、焦慮或興奮，講話時的肢體語言都會多於平時，但單以肢體語言多者即判定是說謊，則是極危險的錯誤。此外，由於肢體符號代表特定的訊息，這點與口語極為類似，因此肢體符號失誤通常也比較明確，所以解讀肢體符號會犯錯的可能性，遠低於解讀其他說謊線索；至於肢體語言，平時表現的頻繁程度因人而異，除非開始詢問案情前已經清楚掌握其行為常模，否則不宜輕率作出判斷 [29]。

美國 John Reid 率先將投射分析法（Projective Analysis）運用在詢問上，此一區辨犯罪嫌疑人誠實或說謊的方法，主要是在向對象詢問相關問題的同時，觀察與分析其口語、非口語及行為態度等線索；若能善用此一方法，平均正確判讀率約可達 85%。這 15 個問題分別是 [30]：

（一）知道今天詢問的目的嗎？

（二）如果這是你作的，現在應該告訴我，你有作嗎？

（三）你知道這是誰作的嗎？

---

[29] 鄧伯宸譯（2005），Paul Ekman著。說謊—拆穿商場、政治、婚姻的騙局。心靈工坊文化，頁89-99。

[30] Gordon, Nathan J. & William L. Fleisher (2006). *Effective Interviewing and Interrogation Techniques* (2nd ed.). Academic Press, pp. 76-77.

（四）你懷疑是誰作的？

（五）有誰你能保證不會涉及此案？

（六）如果有人想作這檔事，你認為誰最有理由或機會去作？

（七）你認為這是故意作的嗎？

（八）被這樣詢問，你感覺如何？

（九）若偵查結果證明是你作的，你將作何感想？

（十）你過去曾經想要作此事嗎？

（十一）你認為作此事的人，後來會怎樣？

（十二）你認為，是否應再給此人一次機會？

（十三）告訴我，為何你不會這麼作？

（十四）你想，為何有人要這麼作？

（十五）你有告訴任何人，今天要來此接受詢問嗎？

　　採用投射分析法，判讀準確性的試驗結果顯示，對於誠實的犯罪嫌疑人，有 78% 判定是誠實的，有 5% 判定是說謊的，另有 17% 無法判定；對於說謊的犯罪嫌疑人，有 66% 判定是說謊的，有 17% 判定是誠實的，另外 17% 是無法判定；若排除無法判定者，亦即不列入準確性計算範圍，另計結果對於誠實的犯罪嫌疑人平均判讀準確性是 91%，對於說謊的犯罪嫌疑人平均判讀準確性則為 80%。

二、與生理測謊儀器併用

　　結合生理測謊測驗與行為線索的測謊，與測謊人員只依據測謊圖譜的測謊，兩者之間的優劣比較，到目前為至僅作過四次研究，兩次研究顯示，僅以行為線索為根據的測謊，在準確度上，與根據測謊圖譜判定的結果不分軒輊；另一次研究發現，行為線索測謊雖有其準確性，但比不上測謊紀錄。以上三者都有研究方法上的瑕疵；第四次研究避開上述方法上的瑕疵，發現根據行為線索所作的判斷，準確度不到五成，僅根據測謊圖譜且未與嫌犯接觸所作成的判斷，則高於五成。行為線索與測謊圖譜都能夠提供情緒屬性的資料，都有助於減少「誤真為謊」與「誤謊為真」的錯誤；但測謊器的使用必須獲得嫌疑人的合作與同意，行為線索的解讀卻隨時可行，既不需事先通知，也不需徵得同

意，甚至嫌犯根本不會察覺自己已經被盯上[31]。

但單靠口語化行為分析，其測謊結果卻只有38%的準確度[32]；倘若測謊人員能在進行儀器測謊測試前，利用與受測者的測前晤談中（時間約40至60分鐘）或測後會談時，進行口語化與非口語化的行為分析，來輔助判斷儀器測謊結果的正確性；此行為語言分析法根據統計對說謊者有接近70%的準確度，對誠實者的準確度則是約80%[33]。更值得注意的是，O'Sullivan及Ekam兩人近三十年專注在肢體動作與謊言之間的關聯性研究，過去總共測試超過13,000人，卻僅有找到15名判讀準確度能夠持續、穩定在80%以上的抓謊高手[34]；可見兩者適切結合、併用，例如以行為語言分析法作為測謊前的前測工具，既可縮小犯罪嫌疑人的範圍，又可提升測謊結果的正確性。

三、預防誤判

影響口語及非口語行為線索判讀準確性的因素可區分成三方面，分別是[35]：（一）受詢問人的說謊動機強弱、說謊經驗多寡、記憶好壞、自信高低、事前計畫及演練與否；（二）受詢問人在詢問情境下的焦慮程度或壓力高低；（三）詢問人對於受詢問人涉案程度的推定、本身能否能夠把握深入問案的契機和重點、自己的態度和舉止言談、個人在判讀口語及非口語行為線索方面的能力與經驗。若與檢察官、法官相較，警察當然是握有最好的時機，可利用口語及非口語行為線索戳穿犯罪嫌疑人的謊言，因為這時說謊者最沒有機會去準

----

[31] 鄧伯宸譯（2005），Paul Ekman著。說謊—拆穿商場、政治、婚姻的騙局。心靈工坊文化，頁202-203。

[32] 另有研究顯示其準確度約是45-60%不等，但對於美國密情局幹員（Secret Service Agents）等通過特殊訓練者，其準確度有半數參加訓練者可高達70-100%；參閱Colwell, Lori, Holly Miller, Phillip Lyons Jr., & Rowland Miller (2006). The training of law enforcement officers in Detecting Deception: A Survey of current practices and suggestions for improving accuracy, *Police Quarterly, 9*(3): 275-276.

[33] 陳振煜、黃富源（1999）。口語化與非口語化行為語言分析法的運用。刑事科學，第47期，頁158、164、170。

[34] Kassin, Saul M. (2005). On the psychology of confessions, *American Psychologist, 60*(3): 216.

[35] Edelmann, Robert (1999). Nonverbal behavior and deception, in David Canter & Laurence Alison (eds.), *Interviewing and Deception,* Dartmouth Press, pp. 167-176.

備說詞，且害怕被識破的恐懼最強烈，並因犯行而感到罪惡感；一旦檢察官或法官開始接手後，由於時間的拖長，犯罪嫌疑人已有相當機會可以準備、演練說詞，信心亦逐漸恢復；而且與案情相關的情緒大量稀釋，擔心被識破的恐懼也隨之減弱，心情逐漸平靜，說謊的破綻或行為線索比較不會顯露，也就不容易被觀察與判讀。

關於口語與非口語行為線索判讀錯誤的情形，則可大致分為兩類：一是「誤真為謊」（False Positive），即誤判誠實人說謊，統計學上稱為 α 錯誤；另一為「誤謊為真」（False Negative），即是誤判說謊者誠實，亦稱之為 β 錯誤。由於壓力的訊號有可能不是說謊線索，而是一個誠實者被人懷疑說謊時，所流露出來的心情；因此，當受詢問人不知道有人懷疑時，詢問人通常比較不會犯下「誤真為謊」的錯誤[36]。

鑒於評估說謊的行為線索相當容易誤判，有學者提出以下簡要的預防要點，作為判讀行為線索的遵循依據[37]：

（一）受詢問人是否說謊，任何預感或直覺都應儘量釐清；解讀說謊的行為線索，警覺性愈高愈能發現自己的錯誤，也有助於認清自己作出正確判斷的機會有多大。

（二）千萬記住測謊的兩個陷阱：誤真為謊、誤謊為真；這兩個錯誤很難完全避免，因此必須慎重考慮誤判所造成的後果。一旦口語與非口語行為線索彼此若有任何不一致，切忌驟下定論；當判斷說謊結論與明確事證有違時，應予捨棄。

（三）沒有說謊訊號並不證明所說的話就是實話，有些人說謊是毫無破綻可尋。相對地，出現說謊訊號也不一定就是說謊的證據，有些人儘管誠實無欺，仍會因「擔心與害怕被冤枉」而產生不安或罪惡感；為能減少誤判，應以受詢問人的行為「變化」作為判斷基礎。

（四）對於受詢問人，應審視自己是否有先入為主的成見，並思考成見對於作

----

[36] 鄧伯宸譯（2005），Paul Ekman著。說謊—拆穿商場、政治、婚姻的騙局。心靈工坊文化，頁143、153、160。

[37] 莊忠進（2001）。論如何從口語訊息與非口語行為判斷說謊。刑事科學，第51期，頁134-135；鄧伯宸譯（2005），Paul Ekman著。說謊—拆穿商場、政治、婚姻的騙局。心靈工坊文化，頁163-165。

出判斷的影響。

（五）對於任何情緒訊號不可一律視爲說謊線索，除要設法穩定受詢問人的情緒，使受詢問人相信詢問人會秉公辦案之外，應從誠實者遭到懷疑以致心情波動的角度去理解；誠實者遭到懷疑時，由於他自己的個性、與懷疑者之間過去的關係，以及他的預期心理，都可能產生某種情緒，這時這些情緒應該予以排除。

（六）無辜者的「害怕被冤枉」與說謊者的「擔心被識破」，兩者的恐懼訊號是相同的；詢問人除了要知道說謊的破綻之外，也要瞭解誠實者疑似說謊的言談舉止，以及在什麼情況或情緒下，誠實者可能會出現疑似說謊的口語及非口語線索。

（七）務必記住，許多說謊線索不只是一種情緒、壓力的訊號，同一條線索，受詢問人誠實時感受到的是一種情緒，說謊時可能是另一種，這時候就必須予以排除。

（八）受詢問人是否已經知道自己遭到懷疑，應該予以認眞看待，並評估在這兩種不同情況下測謊的得失。

（九）一定要切記，評估的結果都只是可能；一個動作，一個表情，所暗示的是說謊還是誠實，任何訊號都不是絕對的；說謊的行爲線索只能提醒辦案人員，更多的資訊與調查是必要的，行爲線索與測謊器一樣，無法提供絕對的證據。

四、國內相關研究

國內有兩篇關於非口語研究的實驗，當中的受試者都是大學生，且皆是在人爲實驗情境下進行觀察。第一篇目的在檢驗說謊者與說實話者的非口語行爲反應的差異，以及說謊建構對說謊者非口語行爲反應的影響；分析結果發現在眨眼、視線注視、視線迴避、微笑、調整動作、手與手指的動作及腿與腿的動作等 7 項非口語行爲反應中，僅「調整動作」具有顯著差異，亦即受試者在說謊時，調整動作的頻率會增加；而說謊組與說實話組的非口語行爲反應（眨眼次數），並沒有因爲不同說謊建構的操弄而有顯著差異 [38]。

---

[38] 林朱燕（1999）。以非口語行爲與說謊建構來探究謊言的偵測。輔仁大學應用心理學研究所碩士論文。

　　第二篇則在探討說謊組與實驗組的參與者，在眼神、笑容、嘴巴、眉毛、頭部、身體、手部、下半身姿勢、表情、態度等，10個非口語行為反應向度與生理反應指標上的差異情形；實驗結果顯示，說謊組與誠實組的參與者，在「愉快」的表情及「表裡不一」的態度上有顯著差異，特別是說謊組的參與者在「表裡不一」的態度上多於誠實組的參與者；同時也發現說謊組與誠實組的反應中，採用生理圖譜去判斷說謊與否的正確性會比非口語行為線索來得高[39]。

　　上述關於口語及非口語行為線索，在憤怒、沮喪、否認、協商、承認等5個詢問壓力階段的反應形式和變化情形，目的在輔佐詢問人辨識受詢問人的心理狀態，並適時作出適切反應，最後引導受詢問人進入承認階段；至於詢問動作學基本原則的作用，則是在指引詢問人如何進行客觀而正確的觀察，並避免判讀錯誤的情事發生。

　　有1項調查顯示，口語及非口語行為線索在美國德州警界的運用情形，僅止於偶爾短期訓練課程裡頭的簡淺介紹，多數雖認為此技術對未來詢問工作必定會很有幫助，但實務運用卻不普及[40]，理由是它雖已有相當證據，但仍不是十分成熟，特別是在口語方面的研究並無新的進展或發現。有鑑於此，國內初步研發似可在測謊時結合測謊圖譜與行為線索，此舉一方面可減少「誤真為謊」及「誤真為謊」的錯誤，另一面也有助於系統性建構本土化的說謊行為線索。

----

[39] 在進行生理反應指標的第2個實驗時，僅納入7個依變項，被排除的是身體、手部及下半身等；參閱周怡岑（2007）。以非語言行為與生理測謊儀來探討謊言的偵測。佛光大學心理學系碩士論文。

[40] Colwell, Lori, Holly Miller, Phillip Lyons Jr., & Rowland Miller (2006). The training of law enforcement officers in detecting deception: A survey of current practices and suggestions for improving accuracy, *Police Quarterly, 9*(3): 275-290.

CHAPTER

9

虛偽自白成因及過程解析

　　「一個人爲什麼會對其沒有作過的犯罪加以自白？特別是之後會導致一連串不利於己的後果，甚至是被判處死刑」，是近年來英美日等學者所關注的問題。隨著 DNA 技術的迅速發展，過去許多錯誤審判的案件，因 DNA 證據排除而被推翻，其中部分被告在偵查過程曾作出虛僞自白，並基於此自白作爲關鍵證據被加以定罪，因而開啓國外對於虛僞自白的一連串研究。到目前爲止，我國對於虛僞自白案件缺乏系統性研究，對詢問導致虛僞自白原因也多停留在「刑求逼供」層次解讀；然而，隨著社會開放與偵查法制的改革，直接以身體刑求作爲取供手段被法令禁止且少見，詢問技術已從「身體的強制」轉變到「心理的操弄」。國外研究顯示，某些偵查機關常用的詢問技術，仍有導致虛僞自白危險性；但是國內對詢問過程中偵查人員使用的詢問技術，以及如何讓犯罪人作出眞實自白少有探討，對於相同的技術是否會導致無辜者的虛僞自白，以及哪些因素會容易導致虛僞自白等議題的研究更是闕如。

　　虛僞自白問題普遍存在於世界各國，大多與偵查階段的警察機關詢問有關，且是造成司法誤判（Miscarriage of Justice）的重要原因之一；因此，揭明虛僞自白形成原因具有諸多意義，包含：（一）作爲健全及落實詢問法制的參考；（二）提供偵查人員檢視與預防可能形成虛僞自白的因素，進而建立有效及合法的詢問技術；（三）作爲法官判斷自白證據可性度的參考。本文透過國外相關文獻整理，著重在警察機關詢問過程虛僞自白成因及過程的解析，並提出解釋模式及預防建議，期作爲未來國內後續相關研究之參考。

第 一 節　虛僞自白定義與類型

一、虛僞自白定義

　　自白可分爲審判中被告自白或是偵查中犯罪嫌疑人自白。由於被告在法庭內的自白並無任意性的考量，且法官可直接觀察其陳述的態度、神色及語調，進而判斷其供述眞實與否，因此其眞實性原則上較無爭議；發生虛僞自白的情形幾乎都是在偵查階段，且是在警察機關由警察人員進行詢問所產生（以下以偵查機關及偵查人員稱之）。

　　自白有各種不同的定義，最廣義的定義是「任何傾向於暗示犯罪嫌疑人或

被告與犯罪關聯之陳述，包含否認」[1]，但此定義容易造成混淆[2]。較佳的定義將自白（Confession）與承認（Admission）加以區分，自白是指「承認證實有罪的所有事實之陳述」；而承認則爲「承認某些傾向證明有罪，但尚不及於所有犯罪全部或主要部分事實之陳述」[3]。因此，若是犯罪嫌疑人僅承認到過犯罪現場，或僅承認是其所犯下的案件，但對於犯罪其他相關事實沒有清楚交待者，仍不屬於自白[4]。犯罪事實可分爲（一）客觀事實：例如行爲、客體及結果等客觀存在之事實；（二）主觀事實：例如故意、過失、動機及知情與否等被告之內心狀態；（三）主體事實：被告與犯罪人同一性等 3 部分。因本文探討的焦點是經由詢問過程，對其未作過的犯罪，作出證明自己有罪的虛偽自白，因此虛偽自白的定義爲「一個人對其未實施過的犯罪，作出承認有罪的所有犯罪事實」，依此定義，虛偽自白包含了兩個過程，第一，無辜嫌疑人對於其未作過的犯罪，從否認到承認犯案的過程；第二，無辜嫌疑人承認犯案後，對其未作過犯罪，交待犯案細節（含客觀事實及主觀事實）的過程。

　　虛偽自白難以直接測量，一般是從法院無罪判決案件回溯加以認定；然而，無罪判決並不等同於虛偽自白，無罪判決的原因可能是：（一）經過確定的證據排除其犯罪（例如眞正的犯罪人落網，DNA 證據排除等）；（二）缺乏證據證明其有罪；（三）因爲某些程序瑕疵而排除其證據。因此，某些犯罪人可能會因爲證據證明力不足或是證據取得程序問題，而獲判無罪。爲了建立更細緻的評估標準，有學者進一步依證據強度及自白陳述內在的可信程度（Internal Reliability），將 60 件自白具爭議的案件區分爲 3 類，分別是：（一）

- - - - - - - - - - - -

[1] Drizin, S. A., & Leo, R. A. (2004). The problem of false confessions in the post-DNA world, *North Carolina Law Review, 82,* pp. 891-963.

[2] Gudjonsson, Gisli (2006). The psychology of interrogations and confessions. In T. Williamson (Ed.), *Investigative interviewing: Rights, research, regulation* (pp. 123-146). Portland: Willian Publishing, p. 130.

[3] Drizin, S. A., & Leo, R. A. (2004). The problem of false confessions in the post-DNA world, *North Carolina Law Review, 82,* pp. 891-963.

[4] Gudjonsson, Gisli (2006). The psychology of interrogations and confessions. In T. Williamson (Ed.), *Investigative interviewing: Rights, research, regulation* (pp. 123-146). Portland: Willian Publishing, p. 130

「證實為虛偽自白」（Proven False Confessions）：被告的無辜係由其他獨立的證據所建立，且自白陳述也缺乏可信的內在指標，共計 34 件；（二）「高度可能是虛偽自白」（Highly Probable False Confessions）：缺乏有力且可信的證據證明其自白所言為真，但卻有相當證據證明被告的供述為虛假，且其自白陳述缺乏可信的內在指標，共有 8 件；（三）「可能是虛偽自白」（Probable False Confessions）：沒有充分的證據能夠支持被告的有罪，共有 18 件[5]。此 60 個虛偽自白案件，達到被逮捕階段有 5 件（18%），起訴階段者有 26 件（43%），被判決有罪者有 29 件（43%）；其中 31 件最後未被判決有罪的原因為：（一）警察、檢察官判斷或懷疑為虛偽自白，因而未進行接下來的刑事訴訟程序；（二）真正的犯罪人自白；（三）起訴後檢察官懷疑自白的可信度而撤回起訴；（四）法院否定自白的可信度，而命令檢察官撤回起訴；（五）法院無罪判決等[6]，故虛偽自白包含在審判階段由法院，以及偵查階段由檢察官或警察所發現。

綜合上述，虛偽自白最無爭議的認定標準應為「一個人對其未作過的犯罪，承認全部的犯罪事實，因基於無法反駁之證據（Irrefutable Evidence）而被判決無罪、撤銷起訴或是釋放」。

二、美國錯誤審判與虛偽自白之研究

1932 年《Convicting the Innocents: Sixty Five Actual Errors of Criminal Justice》一書出版，詳細解析 65 個無辜者被錯誤起訴、判刑及監禁的錯誤判決，打破過去美國刑事司法系統無辜者不會被錯誤判刑的迷思，且將問題焦點轉移到為何造成錯誤的有罪判決，以及如何尋求預防之道。此書作者指出有許多原因會造成誤判，例如目擊證人指認錯誤、偽證（Perjured Testimony）、警察及檢察官的錯誤（Misconduct），開啟美國錯誤判決研究[7]，後續研究發現虛

----

[5] Leo, R. A., & Ofshe, Richard J. (1998). The consequences of false confessions: Deprivations of liberty and miscarriages of justice in the age of psychological interrogation. *Journal of Criminal Law and Criminology, 88*(2), pp. 429-496.

[6] Leo, R. A., & Ofshe, Richard J. (1998). The consequences of false confessions: Deprivations of liberty and miscarriages of justice in the age of psychological interrogation. *Journal of Criminal Law and Criminology, 88*(2), pp. 429-496.

[7] Drizin, S. A., & Leo, R. A. (2004). The problem of false confessions in the post-DNA world, *North*

僞自白亦是錯誤判決的關鍵主因之一。

1990 年代 DNA 技術長足進步，許多案件因 DNA 證據不符被證實爲錯誤判決，特別是事後審判（Post-Conviction）的案件，被告長期聲稱自己無罪，但仍判決確定入獄服刑，其中包含已執行死刑案件，最後卻依現場取得的生物跡證分析、比對而證實其清白。學者根據官方資料研究美國 1900 至 1987 年間，350 件曾判處死刑的錯誤審判案件，發現近 14%（49/350）的案件採用虛僞自白作爲主要證據[8]。1996 年學者研究 28 件因 DNA 證據而被無罪釋放案件，發現其中近 18%（5/28）的案件根據虛僞自白而被錯誤審判[9]。另有學者對 1989 年至 2003 年間美國各州無罪釋放（Exonerations）案件，進行大規模調查分析，結果發現十五年間共有 340 件無罪釋放案件，其中 144 位嫌疑人是基於 DNA 證據的排除而被無罪釋放；在這 340 件無罪釋放的案件中，有 15%（51/340）被告對自己並未實施的犯罪行爲作出虛僞自白[10]。根據美國「清白專案」（Innocence Project）統計，截至目前爲止（1989 至 2017 年），美國共計有 351 件因 DNA 證據排除而無罪釋放的案例，其中 98 件（27.9%）有罪判決的關鍵即是嫌疑人當時作了虛僞自白。

- - - - - - - - - - - - -

Carolina Law Review, 82, pp. 891-963.

[8]　Bedau, Hugo A., & Radelet, Michael L. (1987). Miscarriages of justice in potentially capital cases. *Stanford Law Review, 40*(1), pp. 21-179.

[9]　Connors, E., Lundregan, T., Miller, N., & McEwen, T. (1996). *Convicted by juries, exonerated by science: Case studies in the use of DNA evidence to establish innocence after trial* VA.: US Department of Justice.

[10]　Gross, Samuel R., Jacoby, Kristen, Matheson, Daniel J., Montgomery, Nicholas, & Patil, Sujata. (2005). Exonerations in the United States 1989 through 2003. *Journal of Criminal Law & Criminology, 95*(2), pp. 523-560.

表 9-1 美國錯誤審判研究中虛偽自白比例

研究者（年代）	樣本年代	虛偽自白數／樣本數	比例
Bedau, & Radelet（1987）	1900至1987年	49/350	14%
Connors、Lundregan、Miller, & McEwen（1996）	1979至1991年	5/28	18%
Gross、Jacoby、Matheson、Montgomery, & Patil（2005）	1989至2003年	51/340	15%
Innocence Project	1989至2017年	98/351	27.9%

資料來源：研究者整理。

　　從上述研究得知已被證明錯誤審判的案件，約有 14% 到 28% 案件的被告曾作出虛偽自白，並被作為判決的關鍵證據。應注意的是，DNA 證據雖然提供得以確定錯誤判決的客觀基礎，大多數刑事案件並沒有遺留、採集或保存生物跡證（如毛髮、血液、精液及皮屑等），以致無法在日後進行比對。因此目前所知的錯誤判決數量可能只是少數，其中作出虛偽自白而被錯誤判決的數目也仍是個未知數。

三、虛偽自白類型

　　學者根據文獻及實際案件，將虛偽自白分成 3 種類型[11]：

（一）自願虛偽自白（Voluntary False Confessions）：指在未受到偵查人員提問或壓力的情況下作出虛偽自白。

（二）強制屈從虛偽自白（Coerced-Compliant False Confessions）：指犯罪嫌疑人為逃避某些極端的詢問方式（例如身體刑求、脅迫、利誘等），即使他們意識到自己事實上並沒有犯罪，但基於立即的工具性目的（例如逃避壓力）而作出自白。嫌疑人在自白的當刻，寧願相信自白後的短期效果（例如結束詢問），勝過於自白所造成的長期效果（例如被定罪）。

---

[11] Kassin, S. M., & Wrightsman, L. (1985). Confession evidence. In S.M. Kassin, & L. Wrightsman (Eds.), *The psychology of evidence and trial procedure* (pp. 67-94). Beverly Hills: Sega Publications.

（三）強制內化虛偽自白 [12]（Coerced-Internalized False Confessions）：指犯罪嫌疑人作出虛偽自白，並且相信自己作過該犯罪行為。強制內化虛偽自白與「記憶不信任徵候群」（Memory Distrust Syndrome）有關，指一個人無法相信自己記憶，將真實與虛構記憶相互混淆，且容易受到外在指示的引導而虛構記憶。強制內化虛偽自白有兩種形式：第一，人們相信他們犯罪，但並沒有發展出有關犯罪的真實記憶；第二，人們相信他們犯罪，且發展出有關犯罪的真實記憶 [13]。至於這類虛偽自白的成因大抵有二，包括：犯罪嫌疑人的記憶在某種程度是脆弱的（Vulnerable），包含酒精或是藥物使用、疲勞、低智商或是年幼；嫌犯被某些錯誤的證據所對質，例如告知其未通過測謊、或在犯罪現場檢驗出其 DNA；在這兩個因素下，透過偵查人員類似催眠手法的高度誘導詢問，開啟了一扇虛構犯罪記憶之門 [14]。

基本上，此三類型可區分出兩個向度 [15]：自願或是強制（Voluntary vs. Coerced）：即自白是出自犯罪嫌疑人自身，或是由詢問人員強制的詢問方式所導致；屈從或是內化（Compliant vs. Internalized）：自白只是犯罪嫌疑人對詢問人員影響所作的反應，或進而相信偵查人員所提出的犯罪事實。此分類提供理解虛偽自白的重要參考架構，但仍存在某些問題，例如並非所有屈從

---

[12] 強制屈從及強制內化虛偽自白都是因為詢問過程之強制手段而導致虛偽自白，但仍有以下差別：1.屈從的虛偽自白是在工具性目的達到後即會停止，而內化的虛偽則會維持一段時間及情境；2.屈從的虛偽自白通常是某些高度強制的手段（例如身體及生理的刑求）下所產生，而內化的虛偽自白則是在較少強制的手段（例如壓力、重複、誘導的方式）下所產生，Kassin, S. M., & Wrightsman, L. (1985). Confession evidence. In S. M. Kassin, & L. Wrightsman (Eds.), *The psychology of evidence and trial procedure* (pp. 67-94). Beverly Hills: Sega Publications, p. 77.

[13] Gudjonsson, Gisli H. (2003). T*he psychology of interrogations and confessions: A handbook.* Chichester: Wiley.

[14] Kassin, S. M. (1997). The psychology of confession evidence. *American Psychologist, 52*(3), pp. 221-233.

[15] Ofshe, R. J., & Leo, R. A. (1997b). The social psychology of police interrogation: The theory and classification of true and false confessions. *Studies In Law Politics and Society, 16,* pp.189-251.

或內化的虛偽自白，都因詢問人員強制手段所致[16]，某些沒有證據證實詢問人員使用強制手段的虛偽自白案件，無法在此分類架構獲得解釋。

另有研究者進一步將上述分類發展爲 5 種類型，包括[17]：

（一）自願虛偽自白（Voluntary False Confession）：與前述自願虛偽自白相同。

（二）強制屈從虛偽自白（Coerced-Compliant False Confession）：此類型是由偵查人員直接使用強制的（超越法律所容許的界限）詢問方式，強迫、脅迫或利誘無辜犯罪嫌疑人自白所導致的結果；此與前述強制屈從虛偽自白相同。

（三）壓力屈從虛偽自白（Stress-Compliant False Confession）：此類型並非因詢問人員強制的詢問方式（詢問人員所使用的詢問方式在法律容許界限內），而是由於無辜犯罪嫌疑人無法忍受詢問情境（如孤立、拘禁在密閉空間、長時間重複詢問等）所產生的壓力，爲逃避此壓力而選擇自白。

（四）非強制說服虛偽自白（Non-Coerced-Persuaded False Confession）：此類型是由於詢問人員動搖無辜犯罪嫌疑人對其記憶的信心，以致逐漸相信自己犯罪；此與前述強制內化虛偽自白相同。

（五）強制說服虛偽自白（Coerced-Persuaded False Confession）：此類型無辜犯罪嫌疑人雖然對其記憶產生懷疑，但仍持續否認，直到詢問人員使用強制詢問手段後始相信自己犯罪而自白。

比較上述兩種分類方式，可發現差別在於：（一）5 類型將虛偽自白的原因從原有「強制」，再區分出「壓力」因素，以偵查方式是否爲法律容許界限作爲區別，但這兩者在定義上仍難以區別，例如重複詢問或是拘禁在密閉空間，在本質上仍具有強制性；（二）5 類型將詢問環境造成的心理影響納入考量，強調情境對虛偽自白所扮演的重要性。

- - - - - - - - - - - - -

[16] Gudjonsson, Gisli H. (2003). *The psychology of interrogations and confessions: A handbook.* Chichester: Wiley, p. 201.

[17] Ofshe, R. J., & Leo, R. A. (1997a). Decision to confess falsely: Rational choice and irrational action. *Denver Law Journal,* 74, pp. 979-1122; Ofshe, R. J., & Leo, R. A. (1997b). The social psychology of police interrogation: The theory and classification of true and false confessions. *Studies In Law Politics and Society, 16,* pp. 189-251; Gudjonsson, Gisli H. (2003). *The psychology of interrogations and confessions: A handbook.* Chichester: Wiley, p. 137.

第 二 節　虛偽自白成因

　　自願虛偽自白是犯罪嫌疑人主動提出，其可能的動機如尋求出名、保護真正的犯罪人或第三人，以及為了彌補過去所犯的罪過，而故意承認未作過的犯罪；或者是因精神疾病所致，無法區別現實與幻想等[18]。本文探討的焦點為詢問導致虛偽自白（Interrogation-Induced False Confessions）的成因，依相關研究可歸納出詢問情境、詢問技術、偵查偏誤及個人脆弱性等 4 個層面：

一、詢問情境

　　犯罪是發生在過去的事件，因此偵查是一種逆向過程，如同考證歷史，偵查人員只能蒐集並檢驗事後犯罪結果及資訊，釐清與重建過去犯罪事實；並且選擇與結合相關資訊成為證據，提供法官作為事實認定的基礎。證據可分為供述證據及非供述證據，供述證據是經由人的知覺、記憶、敘述等心理歷程，除此之外則屬於非供述證據。非供述證據（例如指紋、DNA、兇器等）一般是透過物理方式（例如搜索、扣押）取得，而供述證據則是透過「詢問」取得。為釐清犯罪事實及取得供述證據，偵查機關得對關係人及犯罪嫌疑人進行詢問[19]。雖然我國刑事訴訟法在用語上一概使用「詢問」，但就對象、方式及目的不同，可區分為晤談與偵查詢問兩種概念。

　　晤談是在偵查初期階段，透過非控訴性（Non-Accusatorial）及開放式（Open-Ended）提問，蒐集犯罪一般性資訊以瞭解事實，通常用於目擊者、被害人等關係人；但亦在詢問前階段，詢問犯罪嫌疑人以釐清其涉案程度（例如評估其不在場證明或否認的可信度），並透過口語或非口語的觀察，評估犯罪嫌疑人是否說謊，而判斷是否有罪。偵查詢問是在判斷犯罪嫌疑人有罪後進行，因此其主要目的並非判斷犯罪嫌疑人是否有罪或供述真偽，而是取得承認或自白，以作為檢方控訴被告之證據。犯罪嫌疑人一旦被證明有罪，後續就必須接受刑罰制裁等一連串不利於己的結果，願意坦承供述自己犯罪事實，顯然違反人類自我保護的天性。實際上，犯罪嫌疑人被詢問時立即承認有罪並不多

- - - - - - - - - - - - - - -

[18] Gudjonsson, Gisli H. (2003). *The psychology of interrogations and confessions: A handbook.* Chichester: Wiley, pp. 194-195.

[19] 參見我國刑事訴訟法第100條之2及第196條之1。

見，無論是有罪或是無辜的犯罪嫌疑人，多數在詢問初期否認[20]。因此，偵查人員透過詢問過程，突破犯罪嫌疑人抗拒，使其從否認（無論是有罪者或是無辜者，都是對自己有利）轉變爲承認或自白（通常導致對自己不利的結果），該過程涉及的不單是法律規範，更是一種高度張力下的心理對抗及互動過程。

目前世界上多數國家偵查機關，都在事先經過設計、密閉且隔離的環境下，對犯罪嫌疑人進行詢問。此一設計的主要目的，是爲誘發犯罪嫌疑人內在壓力及焦慮，打擊犯罪嫌疑人的自信，以及強化偵查人員心理優勢[21]，以達到突破犯罪嫌疑人心理抗拒之目的。一般而言，詢問情境本身存在下列 3 種壓力來源[22]：

（一）詢問實體空間環境所造成的壓力

詢問手冊建議將犯罪嫌疑人置於與外界刺激隔離、空無一物、色彩單調的狹小房間內，除去所有可讓犯罪嫌疑人分散注意力及釋放壓力的物品，直接及近距離面對犯罪嫌疑人進行詢問[23]。這種物理空間導致犯罪嫌疑人感到與社會隔離、無助且心理不適。研究顯示透過侵入或剝奪個人空間距離（Spatial Distance），會導致其作出退縮的心理反應，再加上無法逃離該情境，進而強化其內在焦慮[24]；實驗室研究也指出，當人處於某種感覺剝奪（Sensory Deprivation）（例如拘禁在安靜及黑暗的環境）或是知覺剝奪（Perceptual Deprivation）（例如處在色彩、擺設及光線單調的環境）情境中，因爲缺乏釋放內在壓力的刺激及媒介，導致其難以清晰思考與集中精神，故而容易受到外

- - - - - - - - - - - - -

[20] Gudjonsson, Gisli H. (2003). *The psychology of interrogations and confessions: A handbook.* Chichester: Wiley, p. 17.

[21] Ofshe, R. J., & Leo, R. A. (1997a). Decision to confess falsely: Rational choice and irrational action. *Denver Law Journal, 74,* pp. 979-1122.

[22] Gudjonsson, Gisli H. (2003). *The psychology of interrogations and confessions: A handbook.* Chichester: Wiley, p. 26.

[23] Inbau, F. E., Reid, J. E., Buckley, J. P., & Jayne, B. C. (2005). *Essentials of the Reid technique: Criminal interrogations and confessions.* Sudbury: Jones and Bartlett Publishers, pp. 28-33.

[24] Driver, Edwin D. (1968). Confessions and the social psychology of coercion. *Harvard law review, 82,* pp. 42-61.

來指示的影響 [25]。

（二）被拘禁及與外界隔離所造成壓力

犯罪嫌疑人強制拘捕後，被拘禁在陌生的密閉空間，身體自由受到約制，對於詢問時間長短、過程及結果充滿不確定感。此種孤立感、不確定性及缺乏控制的情境，會導致犯罪嫌疑人處在高度壓力的狀況下 [26]。

（三）對於權威服從所造成的壓力

研究指出偵查人員穿著及風格，所塑造出來的社會權威地位，會對於犯罪嫌疑人產生相當的壓力，促使其放棄法律上權利，服從偵查人員的指示（服從高權威者的社會期待）[27]。

綜合上述，詢問情境本身導致犯罪嫌疑人感受到壓力、挫折、無助、焦慮，會減低其判斷思考能力、放棄法律權利的行使，進而處於一種容易屈從的心理弱勢。

二、詢問技術

20 世紀中期前，美國偵查人員對否認的犯罪嫌疑人，是以施加身體痛苦及心理折磨的方式進行詢問，稱為「第三級策略」。第三級策略包含直接施加身體暴力（例如毆打、撞擊、掌摑等）、凌虐（例如灌水、電擊等）、不會留下傷痕的生理強制技術（例如睡眠剝奪、長時期持續詢問等）、心理脅迫技術（例如威脅加重其刑或是允諾減輕刑度）等，以取得被告承認或自白 [28]。第三級策略在當時美國偵查機關相當普遍，直到 1930 至 1940 年間，美國最高法

---

[25] Ayling, C. J. (1984). Corroborating confessions: An empirical analysis of legal safeguards against false confessions. *Wisconsin Law Review,* pp. 1121-1204.

[26] Gudjonsson, Gisli H. (2003). *The psychology of interrogations and confessions: A handbook.* Chichester: Wiley, p. 27.

[27] Driver, Edwin D. (1968). Confessions and the social psychology of coercion. *Harvard law review, 82,* pp. 42-61.

[28] Keedy, E. R. (1936). Third degree and legal interrogation of suspects. *University of Pennsylvania Law Review, 85*(8), pp.761-777; Leo, R. A. (2006). The third degree and the origins of psychological interrogation in the United States. In G. D. Lassiter (Ed.), *Interrogations, Confessions, and Entrapment* (pp. 37-81). New York: Springer.

院數個判決作出排除暴力脅迫方式所取得自白之決定[29]，迫使偵查機關改變其傳統詢問方式，發展被認為更有效、專業且細緻（Subtle）的心理對質、操弄及暗示等技術。需注意的是，這些技術在形式上雖比第三級策略顯得更具人性化，卻遊走在法律容許的邊緣[30]。

心理操弄詢問技術是針對判斷有罪的犯罪嫌疑人，透過某些社會影響技術以突破犯罪嫌疑人的抗拒，操弄其知覺及判斷，讓其從否認轉而承認或自白。其中萊德技術是目前世界上普遍使用的詢問技術[31]，其基本假設為「犯罪人因對接下來所要承擔的結果感到恐懼，所以不會自願承認犯罪」，因此偵查人員必須使用各種說服的技術（Persuasive Technique），以突破犯罪嫌疑人抵抗，並藉由淡化自白帶來後果嚴重性的認知，增強自白可能誘因，促使嫌疑人吐露實情。萊德等人提出案件偵查的三個階段[32]：第一階段是蒐集證據與詢問被害人及證人，建立對犯罪事實的瞭解並掌握相關資訊。第二階段為對犯罪嫌疑人進行非強制性（Non-Custodial）及非控訴性（Non-Accusatorial）的詢問，建議使用「行為分析詢問法」（Behaviour Analysis Interview），以評估是否有說謊的跡象。當偵查人員合理認為嫌疑人有罪的情形下，則進入第 3 個階段，對其進行控訴性的詢問，其詳細步驟說明可參考本書第四章萊德詢問模式介紹。

萊德技術因能有效取得大多數犯罪嫌疑人的自白證據，普遍受到偵查人員的喜愛。然而許多研究發現此技術會有造成虛偽自白的風險性，某些無辜者可能受到此種高度影響性及說服性的詢問技術影響，而對未作過的犯罪作出虛偽自白[33]。

- - - - - - - - - - - - -

[29] 例如Brown v Mississippi, 297 U.S. 278(1936); Ashcraft v. Tennessee, 332 U.S. 133(1994).

[30] Drizin, S. A., & Leo, R. A. (2004). The problem of false confessions in the post-DNA world, *North Carolina Law Review, 82,* pp. 891-963.

[31] 國內亦將該研究團隊的代表作Criminal Interrogation and Confession第3版翻譯出版成「刑事偵訊與自白」一書，商周出版。

[32] Inbau, F. E., Reid, J. E., Buckley, J. P., & Jayne, B. C. (2005). *Essentials of the Reid technique: Criminal interrogations and confessions.* Sudbury: Jones and Bartlett Publishers, p. 6.

[33] Kassin, Saul M. (2017). False confessions. Wiley Interdisciplinary *Reviews: Cognitive Science, 8*(6); Leo, Richard A. (2017). Police Interrogation and Suspect Confessions: Social Science, *Law and Public Policy.*

三、偵查偏誤

　　萊德技術的優點及危險性同時來自其高度說服力的本質。倘對有罪犯罪人，它可有效突破其抗拒而取得眞實的供述證據；但若對無辜者，也可能導致其被說服，而依偵查人員指示作出虛僞自白。因此，詢問人員對犯罪嫌疑人有罪判斷的正確與否爲問題的關鍵核心。Inbua 等人雖然一再強調萊德技術是針對判斷有罪的犯罪嫌疑人，然而其所謂有罪的定義並不可能已達超越合理懷疑，而是根據偵查人員判斷其有罪程度達到合理的懷疑。一般而言，偵查人員會在兩個階段作出是否有罪的判斷：詢問前的資訊蒐集階段、晤談及詢問階段；此兩階段有罪判斷錯誤及偏見，對虛僞自白形成具有重要關聯性。

（一）詢問前的資訊蒐集階段形成偵查偏誤

　　偵查是一個「假設—驗證」（Hypothesis-Testing）的過程，當偵查人員在偵查初期形成某種判斷（例如認定某人有罪），並且封閉其心智而固執其判斷，便會將注意力專注在證實其判斷的資訊（例如支持某人有罪的資訊），忽略與其假設不符合的訊息（例如犯罪嫌疑人所提出的解釋及資訊），導致更加堅定其有罪判斷[34]。偵查偏誤形成原因大致可分外在與內在兩種因素：

　　1. 外在因素：偵查人員在偵查過程中，經由不正確或未經證實的資訊，例如目擊證人的錯誤指認、不具可信度的物證等，形成錯誤的有罪判斷[35]。

　　2. 內在因素：偵查人員可能固著「先前經驗」（例如過去偵查過類似案件）及「刻板印象」（例如從犯罪嫌疑人的背景及行爲，相信其屬於某種特定犯罪類型的人），導致錯誤的有罪判斷[36]。

（二）詢問及詢問階段強化偵查偏誤

　　萊德等人建議在正式詢問前，對犯罪嫌疑人先以「行爲詢問法」進行詢

---

[34] Lilienfeld, S. O. (2008). Science and pseudoscience in law enforcement: A user-friendly primer. *Criminal Justice and Behavior, 35*(10), pp. 1215-1230.

[35] Meissner, Christian A., & Russano, Melissa B. (2003). The psychology of interrogations and false confessions: Research and recommendations. *Canadian Journal of Police & Security Services, 1*(1), pp. 53-64.

[36] Davis, D., & Follette, William C. (2002). Rethinking the probative value of evidence: Base rates, intuitive and the "Postdiction" of behavior. *Law and Human Behavior, 26*(2), pp. 133-138.

問，並綜合各種口語線索（例如有所保留或是直接反應等）、非口語線索（例如僵硬或懶散等姿勢）及態度（例如焦慮、漠不關心、謹慎等），評估是否說謊。偵查人員一般較重視非口語線索的觀察及判斷，理由之一為他們相信非口語線索，相較口語線索是不容易受到控制[37]。「在詢問過程中，偵查人員應詳細評估嫌疑人對詢問問題的行為反應；嫌疑人的身體姿勢、眼神接觸、臉部表情、用語及反應態度，皆能夠顯現出實話或謊言的徵狀」[38]，但上述觀點存在兩個根本問題。

一般而言，人類並沒有區別實話或說謊行為的能力：偵查人員普遍被認為具辨別謊言專長，但實證研究卻未支持此看法。學者針對測謊專業人員（包含偵查人員、情報員、測謊專家等）測謊能力加以檢驗，歸納出二個結果[39]：第一，在所有研究中，測謊專業人員的平均正確率（例如正確辨別謊言及實話的得分）只有55%，與一般人（如大學生及民眾）的57%，並無太大差距；第二，雖然偵查人員的判斷正確率並沒有高於一般人，但對正確區辨謊言的信心卻遠高於一般人，並且傾向作出說謊的判斷[40]。上述實證研究結果顯示，人類對實話或謊言的判斷正確率，僅略高於投擲硬幣決定的機率；正確判斷實話的正確率又高於判斷謊言[41]；專業訓練背景對於正確率的提升，亦沒有太大助益。

非口語線索並非辨別說謊的有效指標：非口語線索可區分為可見線索

- - - - - - - - - - - - - -

[37] Vrij, Aldert. (2008). Nonverbal dominance versus verbal accuracy in lie detection: A plea to change police practice. *Criminal Justice and Behavior, 35*(10), pp. 1323-1336.

[38] Vrij, Aldert. (2008). Nonverbal dominance versus verbal accuracy in lie detection: A plea to change police practice. *Criminal Justice and Behavior, 35*(10), pp. 1323-1336.

[39] Vrij, Aldert. (2004). Why professionals fail to catch liars and how they can improve. *Legal and Criminological Psychology, 9*(2), pp. 159-181.

[40] Ekman, P., & O'Sullivan, M. (1991). Who can catch a liar. *American Psychologist, 46*(9), pp. 913-920; Meissner, Christian A., & Kassin, S. M. (2006). "You're guilty, so just confession!" Cognitive and behavioral confirmation biases in the interrogation room. In G. D. Lassiter (Ed.), *Interrogations, confessions, and entrapment* (pp. 86-106). New York: Springer. Granhag; Pär Anders, Vrij, Aldert, & Verschuere, Bruno (2015). *Detecting deception: Current challenges and cognitive approaches:* John Wiley & Sons.

[41] Bond, Charles F., Jr., & DePaulo, Bella M. (2006). Accuracy of deception judgments. *Personality and Social Psychology Review, 10*(3), pp. 214-234.

（Visual Cues）（例如姿勢、微笑、眼神等）及語調線索（Vocal Cues）（例如語調、結巴等）。最常被偵查人員作為判斷說謊者的指標是眼神及姿態，說謊者被認為會避免與詢問人員眼神注視，且在詢問過程中坐立難安。儘管非口語線索時常被用於測謊的研究，但實際上它們與說謊並無絕對的關聯性。有學者對 32 個關於眼神與說謊關聯的研究進行後設分析（Meta-Analysis），發現兩者間並未具有關聯性；同時也分析 18 個關於姿態與說謊關聯的研究，亦未發現真實效果；只有在 12 個關於聲調與說謊關聯的研究中，呈現肯定結果，也就是說謊者較說實話者有較高的聲調[42]。上述研究並未發現與說謊具有關聯性的非口語線索指標。

　　雖未獲得實證支持，但偵查人員仍十分強調非口語線索在詢問過程中判斷謊言的重要性[43]，但是卻忽略偵查偏誤、說謊判斷及偵查策略三者間，具有相互影響的關係。在偵查階段形成有罪判斷後，會引導偵查人員尋找與其假設一致的資訊，忽視或扭曲與其假設不一致的資訊，誤導行為觀察的判斷，例如犯罪嫌疑人表現出某些口語或非口語線索，讓偵查人員誤信為說謊徵狀（例如坐立不安、轉移眼神接觸或肢體語言、不可信的不在場證明），而強化有罪判斷的認定。一旦偏誤之「假設—驗證」的過程形成，這些含糊不清的行為徵狀就會讓偵查人員作出有罪結論，促使偵查人員採取更加控訴性及便宜行事（Expedient）的偵查方式，增強詢問的強制及控告本質[44]。綜合來說，先入為主的有罪假設高度影響詢問時行為判斷，進而影響其詢問策略的運用，研究發現有罪判斷的偵查人員會提出較多有罪推定的問題、進行較為重複性且強制性的詢問技術、施予更多使嫌疑人自白的壓力，以及促使嫌疑人在行為上表現出更防衛，迫使作出更多被認為說謊的行為反應，因而強化偵查人員其原來的有

- - - - - - - - - - - - - -

[42] Vrij, Aldert. (2008). Nonverbal dominance versus verbal accuracy in lie detection: A plea to change police practice. *Criminal Justice and Behavior, 35*(10), pp. 1323-1336.

[43] Inbau, F. E., Reid, J. E., Buckley, J. P., & Jayne, B. C. (2004). *Criminal interrogations and confessions* (4th ed.). Sudbury: Jones and Bartlett Publishers; Navarro, Joe. (2003). A four-domain model for eetecting deception. *FBI Law Enforcement Bulletin, June,* pp. 19-24.

[44] Mortimer, A., & Shepherd, E. (1999). Frames of mind: Schemata guiding cognition and conduct in the interviewing of suspected offenders. In A. Memon, & R. Bull (Eds.), *Handbook of the psychology of interviewing* (pp. 293-315). Chichester: Wiley.

罪判斷 [45]。

四、個人脆弱性

　　犯罪嫌疑人對「詢問情境」和「詢問技術」的反應，受到個人因素所影響。學者指出某些特定詢問策略（例如提出錯誤證據、誇大或淡化等策略），與特定情境及特定個人因素（脆弱性）結合，有促使嫌疑人作出虛偽自白的風險，因此虛偽自白通常集中發生在具脆弱性的群體 [46]。脆弱性是指對於特定偵查策略及情境，容易被誘導或說服的個人因素，包含人格特質、年齡、智能、精神疾病等。

（一）人格特質（Personality Characteristics）

　　日常社會情境傾向於表現服從性（Compliance）的人，在詢問過程特別具有脆弱性。服從性包含兩個主要部分：第一，迎合他人（Eagerness to Please）和保護自尊（Protect Self-Esteem）；第二，避免與他人對質及衝突，特別是對具權威形象或地位之人 [47]。英國 Brimingham Six 的虛偽自白案件中，其中兩名被告在詢問壓力下仍然堅持自己的清白，相較於其他四名作出自白的被告，在人格測驗中屈從性及被暗示性得分相對較低 [48]。

（二）年齡

　　青少年犯罪嫌疑人，特別容易受到詢問情境、壓力及偵查人員負面回應的影響。青少年脆弱性表現在詢問過程中，較成年人更容易放棄緘默權或是律師

----

[45] Kassin, Saul M., Goldstein, Christine C., & Savitsky, Kenneth. (2003). Behavioral confirmation in the interrogation room: On the dangers of presuming guilt. *Law and Human Behavior, 27*(2), pp. 187-203.

[46] Kassin, Saul M., & Kiechel, Katherine L. (1996). The social psychology of false confessions: Compliance, internatization and confabulation. *Psychological Science, 7*(3), pp. 125-128.

[47] Kassin, Saul M., & Gudjonsson, Gisli H. (2004). The psychology of confessions: A review of the literature and issues. *Psychological Science in the Public Interest, 5*(2), pp. 33-67.

[48] Gudjonsson, G. H., & MacKeith, J. (1997). Disputed confessions and the criminal justice system. *Maudsley Discussion Paper No. 2.*

在場權等保障[49]，即使有成人親友到場的情況下[50]，也較容易自白[51]，且容易受到詢問過程影響作出虛偽自白。例如前述美國 340 件無罪釋放案件中，被告案發年齡未滿 18 歲有 33 人，其中 14 人（48%）有作出虛偽自白（當中 12-15 歲者占 69%；16-17 歲者占 25%），與成年人作出虛偽自白的比例（13%）有明顯的差異[52]。

（三）智能

　　由於智能障礙者難以理解 Miranda 警告等權利保障內容，這些字語對他們來講可能是沒有意義的；他們也可能因無法理解自白後可能的後果，不明究理地對其未作過犯罪加以自白[53]。研究顯示在 125 個虛偽自白的案件中，至少有 28 位被告（22%）確認為「心智障礙」（Mental Retardation），但此數字可能被低估，因多數被告並沒有作過智力測驗或取得其測驗分數[54]，而且司法人員也未具備判斷智能障礙的能力[55]。

- - - - - - - - - - - - - -

[49] Grisso, T. (1980). Juveniles' capacities to waive Miranda rights: An empirical analysis. *California law review, 68*, pp. 1134-1166.

[50] Oberlander, Lois B., & Goldstein, Naomi E. (2001). A review and update on the practice of evaluating "Miranda" comprehension. *Behavioral Sciences & the Law, 19*(4), pp. 453-471.

[51] Goldstein, Naomi E. Sevin, Condie, Lois Oberlander, Kalbeitzer, Rachel, Osman, Douglas, & Geier, Jessica L. (2003). Juvenile offenders' Miranda rights comprehension and self-reported likelihood of offering false confessions. *Assessment, 10*(4), pp. 359-369; Grisso, Thomas, Steinberg, Laurence, Woolard, Jennifer, Cauffman, Elizabeth, Scott, Elizabeth, Graham, Sandra, et al. (2003). Juveniles' competence to stand trial: A comparison of adolescents' and adults' capacities as trial defendants. *Law and Human Behavior, 27*(4), pp. 333-363.

[52] Gross, Samuel R., Jacoby, Kristen, Matheson, Daniel J., Montgomery, Nicholas, & Patil, Sujata. (2005). Exonerations in the United States 1989 through 2003. *Journal of Criminal Law & Criminology, 95*(2), pp. 523-560.

[53] Cloud, Morgan, Shepherd, George B., Alison Nodvin, Barkoff, & Shur, Justin V. (2002). Words without meaning: the constitution, confessions, and mentally eetarded suspects. *The University of Chicago Law Review, 69*(2), pp. 495-624.

[54] Drizin, S. A., & Leo, R. A. (2004). The problem of false confessions in the post-DNA world, *North Carolina Law Review, 82,* pp. 891-963.

[55] Gudjonsson, G. H. (1993). Confession evidence, psychological vulnerability and expert testimony.

（四）精神疾病

知覺及記憶的扭曲、判斷能力受損、焦慮、情緒困擾、自我控制缺乏等，是許多精神疾病的共同特徵，這些症狀都可能導致當事者提供錯誤的資訊，包含虛偽自白[56]。前述美國340件無罪釋放案件中，有16名被告患有精神病患，10名被告疑似患有精神病患，當中作出虛偽自白的達18人（69%）；總體而言，所有虛偽自白的被告人中，約有55%的被告年齡未滿18歲或罹患精神病患[57]。

（五）詢問時的生理及心理狀態

詢問時的生理及心理狀態，諸如藥物使用、疲勞、疼痛及飢餓等，都可能提高其詢問的被暗示性，而提出錯誤資訊，甚至虛偽自白；例如睡眠不足的人（包含詢問前睡眠不足或詢問時睡眠遭到剝奪），更易受他人指示所影響，作出非自己本意的決定，而具有高度的被暗示性[58]。

第三節 虛偽自白形成過程

一、虛偽自白形成過程

主要由6個環節串連而成，包括：
（一）由於錯誤的人證及物證或個人主觀因素，對無辜者產生有罪推定的偵查偏見。
（二）在詢問前（Pre-Interrogation）的詢問階段，觀察口語及非口語，作出偽陽性（False Positive）的有罪判斷，強化其有罪認定[59]。

Journal of Community & Applied Social Psychology, 3(2), pp. 117-129.

[56] Gudjonsson, Gisli H. (2003). *The psychology of interrogations and confessions: A handbook.* Chichester: Wiley, p. 53.

[57] Gross, Samuel R., Jacoby, Kristen, Matheson, Daniel J., Montgomery, Nicholas, & Patil, Sujata. (2005). Exonerations in the United States 1989 through 2003. *Journal of Criminal Law & Criminology, 95*(2), pp. 523-560.

[58] Blagrove, M. (1996). Effects of length of sleep deprivation on interrogative suggestibility. *Journal of Experimental Psychology: Applied, 2*(1), pp. 48-59.

[59] 此處偽陽性是指對於無辜犯罪嫌疑人，對其真實否認卻作出說謊判斷。

（三）無辜者過度自信其清白顯而易見，因此放棄在詢問過程的相關權利（如緘默權及律師在場權）。

（四）由於無辜者的否認，隨之引發高度說服性的詢問方式。

（五）某些普遍被使用的詢問技術，容易導致嫌疑人承認其沒有作過的案子。

（六）偵查人員及法官等人，並沒有辨別真實或是虛偽自白的能力[60]。

顯見虛偽自白的形成並非單一因素，是多種因素所造成，因素間甚至有相互強化建構的情形。本文彙整上述研究結果，歸納出詢問過程導致的虛偽自白形成模式，此模式特別強調因素間的連動關係，詳述如下（請參照圖9-1）：

（一）某些單位的組織文化，過度重視破案的立即性及必要性（例如針對社會矚目的案件，強調限期破案），因而容許便宜行事的詢問手段及強制詢問技術，過度依賴自白作為證據[61]。

（二）偵查人員在組織壓力及個人因素影響下，受到不正確資訊及個人主觀判斷的左右，形成偵查偏見，因而不自覺地忽略與其假設不符合的資訊，強化及扭曲解釋與其假設符合的資訊。

（三）偵查偏誤所產生的有罪判斷，導致偵查人員傾向使用更具強制及重複性的詢問技術，因而促使否認犯行的犯罪嫌疑人作出更防衛的行為表現；偵查人員從其行為表現更加確信其有罪判斷，因而再強化詢問手段的強制性。

（四）某些個人因素（脆弱性），在面對詢問情境壓力及詢問策略下，容易放棄權利（例如緘默權及律師在場權），並且受到偵查人員的影響，作出

----

[60] Kassin, Saul M. (2005). On the psychology of confessions: Does innocence put innocents at risk? *American Psychologist, 60*(3), pp. 215-228.

[61] 偵查工作具備下列特性會影響偵查思維：1.偵查工作具有潛在的時間壓力，偵查人員工作負荷十分繁重且緊迫，必須在短時間內搜尋、求證與解釋相關資訊，並作出偵查判斷；2.警察組織文化具特殊的服從規範，其決意往往會受到組織中重要他人（長官或同事）的影響；3.許多重要的判斷（例如是否移送犯罪嫌疑人）涉及偵查專業，承認判斷錯誤可能會損及其專業名聲，促使偵查人員傾向證明正確判斷，而忽略先前判斷的缺失，參見Ask, Karl, & Granhag, Pär Anders. (2005). Motivational sources of confirmation bias in criminal investigations: The need for cognitive closure. *Journal of Investigative Psychology and Offender Profiling, 2*(1), pp. 43-63.

虛偽自白。

（五）詢問過程中，偵查人員無法判斷供述的真實性，分辨究竟是真實的否認
　　　或逃避責任的否認，以及區別真實的自白或是虛構的自白。

　　圖 9-1 將虛偽自白形成視為一個動態反應過程，「偵查偏誤」是虛偽自白
形成的前提條件，並且會強化詢問手段的強制性；犯罪嫌疑人受到「詢問技
術」、「詢問情境」、「個人因素」等三者交互影響而作出虛偽自白，當犯罪
嫌疑人具較高的脆弱性，則在較低強制性的詢問技術及詢問情境壓力下，便可
能作出虛偽自白；反之，若犯罪嫌疑人個人脆弱性較低，則詢問技術的強制性
及情境壓力，對虛偽自白的形成扮演較吃重的角色。

二、虛偽自白案例檢討：吳○○住宅強盜案

（一）案情摘要

　　民國 89 年 3 月 29 日 20 時 10 分，4 名穿戴深色頭罩、口罩、手套歹徒，
持改造手槍及西瓜刀，結夥侵入位於臺北市吳○○住宅；侵入後以膠帶綑綁女
傭、屋主及保全員等人，搜刮價值共約新臺幣 130 萬元財物後逃逸；因被害者
為國內大集團，該案引來各方重視。經查訪相關地緣關係時，得知吳宅隔鄰以
電話向派出所陳訴，其子郭姓少年於 3 月 10 日逃家後，曾於 3 月 30 日 19 時返
家，收拾個人衣物及手提音響後，即匆忙離去，臨走前交代其弟不可告訴母親
等，請求警方協尋；警方因此研判涉案少年可能是基於玩樂缺錢花用，才計畫
這起搶案。根據警方調查，郭姓及簡姓少年為國中同學關係，現在都已輟學並
居住在案發地點一帶，對被害人住處一帶的環境相當熟悉；警方根據被害人家
中監視器所錄到的模糊畫面，以及清查當地可疑分子後，認為郭姓、簡姓兩人
應有直接或間接涉案關係。在 3 月 31 日帶回郭姓及簡姓少年後，經警方詢問後
自白犯下搶案，兩人供述內容一致且與財物損失的項目大致相符，並供出何姓
少年及蔡姓少年犯案，但何姓及蔡姓少年均否認犯罪。本案經 DNA 比對排除，
並在 4 月 17 日逮捕以張○○、常○○、朱○○等三人為首的強盜集團 [62]。

- - - - - - - - - - - - -

[62] 參考89年監察院糾正案，網址：www.cy.gov.tw/record/3-3-2_PDF/89_110.pdf，瀏覽日期：
2009年1月11日。

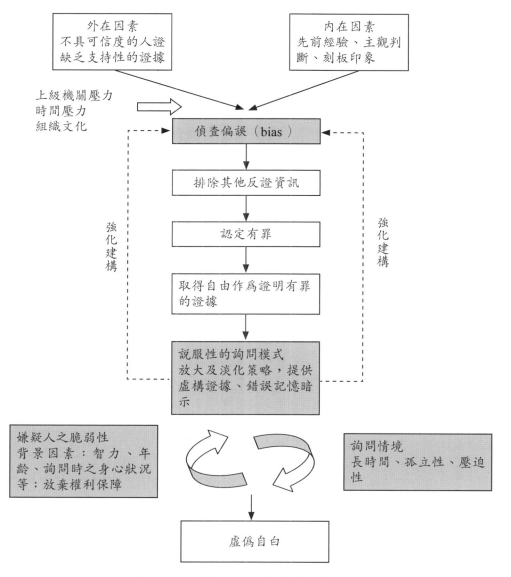

圖 9-1　虛偽自白成因及過程整合圖
資料來源：研究者整理。

（二）偵查過程概述

本案為詢問導致的虛偽自白案件，犯罪嫌疑人郭姓及簡姓少年在詢問初期否認，在經過警方詢問後作出自白，但在被裁定收容至少年觀護所又轉而否認，最後基於DNA證據排除而確定為虛偽自白，本案偵查過程整理如表9-2。

表 9-2 吳○○住宅強盜案偵查過程表

時序	說明
3月20日20時10分	案發
3月31日17時許	任意同行簡姓少年及郭姓少年至士林分局，要求兩人以書面方式寫下案發當時行蹤，並接受偵查人員口頭詢問；期間偵查人員曾打兩人耳光二下，斥責其不在場證明的不一致
3月31日18時許	通知郭姓少年母親到場
4月1日0時30分	對郭姓少年正式詢問並製作筆錄，郭姓少年自白犯案，供述強盜損失的財物，與警方製作的財物損失清冊幾乎完全相同，並供出簡姓少年、陳○偉、陳○翔共同犯案
4月1日0時30分	通知簡姓少年的叔叔到場
4月1日5時40分	對簡姓少年詢問並製作筆錄，簡姓少年承認犯案，且筆錄供述與郭姓少年的供述大致相同
4月1日5時40分	郭姓少年與簡姓少年提出陳○偉、陳○翔兩名少年之真實姓名，分別是何○○及蔡○○
4月1日7時許	將何姓少年及蔡姓少年帶回分局
4月1日10時許	申請搜索票，搜索4名少年住處，並未發現本案凶器及相關贓證物
4月1日11時許	對何姓少年及蔡姓少年詢問，兩人均否認犯案
4月1日17時許	將4名少年移送至士林地檢署，經法官訊問後裁定暫時收容至少年觀護所
4月3日、4日	檢驗現場遺留的生物跡證DNA型別，與4名少年不符
4月5日	借提詢問4名少年，4人均否認犯案
4月5日	經法院裁定將4人由家長帶回
4月11日17時	逮捕張○○、常○○、朱○○等3人為首的強盜集團，比對DNA型別相符，並查獲相關贓證物

資料來源：研究者整理。

（三）虛偽自白形成因素及過程分析

　　本案在詢問程序中諸多違反刑事訴訟法相關規定[63]，但因此部分並非本文討論範圍內；本文主要從法用心理學的面向，解釋與分析本案詢問過程中虛偽自白成因及形成過程[64]：

　　1. 偵查偏誤的形成：本案因被害人背景的特殊性及犯罪手法的嚴重性，顯為社會矚目的特殊重大刑案。案發後立即由警政署指示成立專案小組，並由刑事警察局會同支援偵辦；可以想見，當時偵查人員承受來自組織及社會大眾必須迅速破案的莫大壓力。偵辦初期，偵查人員根據郭姓少年母親協尋情資（未經查證的資訊），基於時間點巧合、地緣關係及少年輟學素行不良的印象（刻板印象），形成有罪假設，且推測與郭姓少年同處的簡姓少年，亦為本案犯罪人。

　　2. 詢問情境壓力與個人脆弱性：本案作出虛偽自白的郭姓少年及簡姓少年，在年齡及社會經驗符合脆弱性的特質。雖然其為任意同行至分局，就當時情境判斷是難以依自由意願離開分局，故形同強制被拘禁到某個孤立且陌生的情境。少年被帶至警局先被進行非正式詢問，直到進行正式詢問，已先被訊問長達 10 多小時的時間；在面對警局環境、詢問室空間設計、偵查人員權威形象、夜間及疲勞詢問等因素，即使正式詢問時家人到場（僅在詢問室外陪同），仍可認定具有高度脆弱性，容易放棄權利主張，而受到外界指示所影響。

　　3. 偵查偏誤與詢問技術的強化建構：郭姓少年及簡姓少年接受口頭詢問時，偵查人員曾要求以書面交待案發當時行蹤，兩人書寫內容出現不一致。偵查人員忽略查證其不一致的原因（例如距離案發已有 10 天之久，而導致記憶模糊；或者少年為掩飾該時段從事其他不正當行為等），而以該資訊強化渠等的有罪判斷；此有罪判斷進而促使偵查人員採取強制手段（打耳光）威嚇少年，誘發與增強其內在焦慮及壓力。正式詢問時，詢問人員持續忽略少年提出否認及解釋，重複地強調其有罪認定，郭姓及簡姓少年為逃避重複訊問壓力，

---

64 受限於案發至今已相隔10年之久，相關資料取得不易，故本文僅能就事後作片斷式的描述分析。

作出虛偽自白；隨後受到詢問人員誘導，一致作出與偵查人員所掌握的案情幾乎相同的自白。爲符合本案犯罪人數，虛構出兩個人名，在偵查人員查訪未果後，又再供出無辜的何姓少年及蔡姓少年。

4. 偵查人員無法分辨供述的眞實性：詢問過程中，偵查人員對少年所提出的否認供述，沒有進一步查證，以致無法分辨究竟是「脫罪的否認」，或者是「眞正的否認」。針對少年自白供述有關犯罪事實的內容，偵查人員亦無法分辨是「眞實的自白」，還是「受到誘導的虛構謊言」；例如自白後少年仍無法正確交待出共犯姓名、在供述凶器交待地點未有發現凶器等，也無法提供若爲眞正犯罪人，理當透露超出偵查人員已經掌握或知悉的案情細節。

後續偵查過程，偵查人員持續忽略與其有罪判斷不一致的資訊，例如：搜索未尋獲相關贓證物及犯案工具、何姓少年及蔡姓少年到案後一致否認等資訊，仍維持有罪判斷，將案件移送地檢署。本案例可印證本文提出的虛偽自白形成過程整合模式，解釋虛偽自白並非單一因素所造成，而是多個因素交互作用所造成的結果。

第四節 結 語

詢問作爲證據蒐集方法之一，從歷史經驗顯示，有時它並非發現眞實，而是建構謊言的過程。自白證據對法官自由心證影響深遠，甚至會強化其他脆弱證據的證據證明力，故當被告作出虛偽的自白，則有導致法庭事實認定錯誤，作出錯誤審判的高度風險。本文從心理學角度探究詢問階段造成虛偽自白的成因及過程，並從下述 3 個面向提出預防之建議。

一、建立預防偵查偏見的研究及預防機制

偵查偏見是造成虛偽自白及司法錯誤的重要開端，其主要是由外在因素及內在因素所導致。外在因素涉及錯誤資訊的誤導，例如目擊證人指認錯誤或錯誤情資等；本文建議應針對容易發生誤導的資訊進行相關研究，例如國外已針對目擊證人指認累積許多基礎研究，發掘不少潛藏錯誤風險的狀況和因素，並提出避免錯誤的詢問及指認方法。內在因素則是由偵查人員思維過程所導致，建議從法用心理學角度，研究偵查人員偵查案件時如何經驗、理解及思考偵查

的過程，以揭露偵查思維運作過程和提升其有效性，並且探究偵查偏誤形成因素及預防之道。此外，偵查機關除落實跡證蒐集保全外，應建立內部監控機制，從各種不同角度挑戰原有偵查假設，以避免落入偵查偏誤而誤導偵辦方向。

二、改進詢問技術及策略

　　研究虛偽自白之目的並不是消極否定詢問的必要性，而是積極發展兼顧保障人權與發現真實的詢問技術。詢問技術大致可分為兩種不同哲學思維，第一種思維是掌控（Dominant），其特徵是由偵查人員主導，採取高壓的操弄方式，以取得自白為目的，主要代表是萊德技術。另一種思維是以人性（Humanistic）為出發，其特徵是將詢問視為人際對話的互動過程，以蒐集資訊為目的，如英國 1993 年推動的 PEACE 詢問模式；詢問的核心是倫理（Ethical）及探究（Inquisitorial），與前述萊德技術形成極端對比，其主要運用對話管理技術，而非操弄或強迫性技術，將詢問目的清楚告知犯罪嫌疑人，適當給予關懷或權利，建立互信關係，並以蒐集資訊為主要目的[65]。

　　研究發現某些掌控思維取向的詢問技術，潛藏造成虛偽自白的風險；人性思維取向的詢問技術，在論理及設計兼具符合人權保障，以及防止虛偽自白目的。但詢問哲學思維背後反映長期累積的社會和組織文化，其改變必須經歷一連串的反省及推動，對偵查實務也會帶來某種程度的衝擊。例如 1993 年英國「刑事司法委員會」（Royal Commission on Criminal Justice）在警察單位推動偵查詢問，以取代傳統的偵訊；後續評估發現偵查人員使用強制性詢問的情形減少許多，但處理犯罪嫌疑人否認及緘默的能力卻也降低[66]，探究其原因為長久使用強制方式詢問，造成偵查人員失去對話與溝通的能力，以致於在沒有強

- - - - - - - - - - - - - - - -

[65] Shepherd, Eric, & Griffiths, Andy (2013). *Investigative interviewing: The conversation management approach* (2nd ed.). New York: Oxford University Press Inc; Grossman, Stephen. (2017). Effective investigative interviewing: Turning interrogations into conversations. *Nauka, bezbednost, policija, 22*(1), pp. 141-155.

[66] Baldwin, J. (1993). Police interview techniques: Establishing truth or proof? *The British Journal of Criminology 33*(3), 325-352; Williamson, Thomas M. (1993). From interrogation to investigative interviewing: Strategic trends in police questioning. *Journal of Community & Applied Social Psychology, 3*(2), pp. 89-99.

制手段的包裝下，詢問人員在詢問過程顯得缺乏自信與感到焦慮。

我國刑事訴訟法自民國 56 年規定，訊問犯罪被告及嫌疑人應出於懇切之態度，不得用強暴、脅迫、利誘、詐欺、疲勞訊問或其他不正之方法（第 98 條及第 100 條之 2）；但此規範並未對偵查機關傳統的掌控式詢問技術造成重大衝擊，以強制手段取得自白的爭議案件仍時有所聞。因此，本文建議現階段應強化詢問過程合法性的確保及監督[67]，避免使用具有導致虛偽自白風險的詢問手段（例如使用虛構的證據質疑犯罪嫌疑人、強調犯罪嫌疑人記憶錯誤等），同時確保緘默權及律師在場權等權利行使。此外，在詢問前應對犯罪嫌疑人進行脆弱性評估，對於具脆弱性者提供必要的協助，且考量其在詢問當時心理及生理狀態，包含近期使用酒精或藥物情形、身體不適症狀（例如失眠或疼痛），若遇有問題時應先暫停詢問，提供適當照護，直至恢復正常狀態後再進行詢問。長遠而言，應對於我國現有詢問技術深入研究及反思；從組織文化層次進行改革，建構一套兼顧保障人權與發現真實的詢問模式（包含法令規定、詢問情境及硬體空間設計、詢問流程及技術等）。

三、增進自白真實性的評估

即使自白取得存在諸多問題，不可諱言的，取得承認或自白對詢問而言，仍扮演非常重要的地位。然而，偵查機關長久以來只關注如何取得自白，卻忽略如何判斷犯罪嫌疑人所作的自白是否真實。透過對嫌疑人承認後描述（Post-Admission Narrative）的評估，學者提出至少有三個指標可供作判斷自白是否具真實性的參考[68]，第一，自白的內容引導偵查人員發現先前未知的證據（例如找到丟棄之武器，並且被證實為本案之凶器、找到確認為本案遭搶之贓物等）；第二，正確指出某些未見諸於媒體大眾之犯罪特徵（例如特殊殺害、綁

----

[67] 例如2008年日本國家公安委員會發布「犯罪嫌疑人適切詢問之監督規則」（被疑者取調べ適正化のための監督に関する規則），要求警察機關設立獨立於刑事偵辦單位的「詢問督導官」，可藉由詢問過程的視察、詢問報告書的閱覽等，以確認詢問的合法性。日本警察廳「警察搜查における取調べ適正化指針」，網址：https://www.npa.go.jp/bureau/criminal/sousa/torishirabe/tekiseika_shishin.pdf，瀏覽日期：2019年9月5日。

[68] Leo, R. A., & Ofshe, R. J. (1998). The consequences of false confessions: Deprivations of liberty and miscarriages of justice in the age of psychological interrogation. *Journal of Criminal Law and Criminology, 88*(2), pp. 438-440.

捆或傷害被害人的手法等）；第三，正確細述某些未見諸於媒體大眾且不易隨意被猜想的普通細節（例如被害人的案發當時的衣著、案發現場的物品擺設等），若是犯罪嫌疑人的自白內容包含上述要素，則可視爲其對於該犯罪具有眞實的體驗經驗，便可推測爲犯罪人。爲達到上述的目的，偵查人員應注意對於媒體或第三人，切忌走漏案件相關細節的訊息；在詢問過程中，避免提供嫌疑人關於案件的細節，例如關鍵性證物或是重返現場，以便能夠對於嫌疑人所知進行較爲客觀與完整的評估。

CHAPTER
10

證人詢問與指認

犯罪發生後，訪談被害人或目擊證人通常是犯罪偵查的基礎步驟，以獲得第一手的資料，初步建構出案件輪廓；後續偵查過程，詢問相關證人亦是警方取得資訊的重要來源之一[1]。被害人與證人是組成刑事司法系統的基礎要件，他們提供偵查人員資訊、情報和證據俾利將嫌疑人法辦，偵查成功與否的關鍵之一，端賴從被害人、證人以及嫌疑人所取得的資訊之品質與數量[2]。

第 一 節　證人類型與詢問基礎

一、證人類型

（一）根據能提供資訊之不同區分

由狹義觀點，被害人係指被犯罪行為侵害的對象；而證人係指看見或知道犯罪關聯資訊，而具結提供證詞者。一般而言，被害人通常是未來潛在證人，因此本章採廣義的說法，證人亦包含被害人。在警察偵查階段，根據能提供資訊之不同，區分為直接證人（Primary Witness）與間接證人（Secondary Witness）兩種類型。直接證人係對於犯罪事件或是犯罪人有直接的經驗，例如在犯罪事件即刻當下或是密接前後有觀察或聽聞到事件發生，包含目擊證人或與在場直接被害人等。間接證人則是指在犯罪事件先前或之後，擁有與犯罪相關的資訊者，例如在某個場合聽到有人在誇耀自己涉案，或者曾經看到某人持有贓物等[3]，雖然「間接」由字面上似乎表示價值較低，但實際上可能亦是案件破案關鍵的因素。

----

[1] 如我國警察偵查犯罪手冊第103點規定：「為調查犯罪情形及蒐集證據之必要，警察機關得使用通知書通知被害人、被害人之親屬、告訴人、告發人、證人或關係人到場說明。」警察詢問證人為調查犯罪情形及蒐集證據之手段之一。警察偵查犯罪手冊（2019）。內政部警政署。

[2] Association of Chief Police Officers (2005). *Practice advice on core investigative doctrine:* Association of Chief Police Officers.

[3] Brandl, S. G. (2014). *Criminal Investigation* (3rd ed.). SAGE Publications, pp. 163-164.

（二）根據動機與合作意願區分

另一種方式乃是根據動機與合作意願，區分不同證人類型：1. 具有合作意願之證人：某些證人是誠實並願意盡可能提供偵查人員重要資訊，雖然此種證人並無抗拒的問題，但他們所提供的資訊仍會受到許多如年齡、生理狀況、情緒等因素所影響，因此詢問人員在初步取得資料後，應再跟後續蒐集資料進行比對驗證；2. 無合作意願之證人：某些證人可能基於不想招惹麻煩、恐懼與執法人員接觸、不知道自己擁有一些重要資訊、厭惡警察、語言溝通等因素，故不願意主動提供資訊；偵查人員應具備迅速建立信任關係的能力，強化其合作的意願；3. 抗拒之證人：某些證人基於保護犯罪人或自己亦有涉案等因素，拒絕提供任何資訊或刻意提供虛假資料，以誤導警方偵辦，偵查人員應由其口語及非口語等行為、回答內容與已掌握事實比對，儘速研判此類證人。偵查人員應能評估證人類型，並且瞭解、克服相關的抗拒因素，此外因證人可能無意或刻意提供不正確的資訊，故訪談的基本原則就是不能盡信證人說辭，後續應再蒐集其他資訊加以檢驗[4]。

二、證人詢問基礎

證人所提供資訊範圍相當廣泛，其中具重要與潛在價值的資訊是對犯罪人的描述，若能直接指出犯罪人身分則是對犯罪偵查是具有最直接的助益。其他有用的資訊包含對於犯罪凶器、交通工具及贓物等描述。此外，對於犯罪行為的描述，除有助於偵查人員現場採證或追蹤外（如調閱監視器），亦有利建立犯罪人的犯罪手法，將案件加以連結，或由過去案件資料庫過濾出犯罪人[5]。為達前項目的，「5 個 W、1 個 H」乃是最少應涵蓋問題[6]：

（一）何人（Who）：包含證人姓名、住址、性別、年齡、職業等基本資料，證人與被害人及本案的關係等。嫌疑人的身分、誰在本次犯罪中得到某些利益等。

---

[4] Swanson, C. R., Chamelin, N. C., & Territo, L. (2003). *Criminal investigation* (8th ed.). McGraw-Hill, p. 126.

[5] Brandl, S. G. (2014). *Criminal Investigation* (3rd ed.). SAGE Publications, p. 164.

[6] Osterburg, J. W., & Ward, R. H. (2010). *Criminal investigation: A method for reconstructing the past.* Routledge, pp. 163-164.

（二）何事（What）：目擊證人看到什麼、聽到或者從其他感官（如觸覺、味覺、嗅覺）觀察到什麼、被害人與犯罪人的關係、證人與被害人的關係、證人之間的關係、在犯罪現場人的關係、有何物品被取走或破壞等。

（三）何時（When）：犯罪發生的時間、受詢問者何時知道這些資訊、最後一次看到嫌疑人與被害人在一起等。

（四）何處（Where）：犯罪發生地點、證人觀察的位置、詢問的處所等。

（五）為何（Why）：為什麼受詢問者會在現場、犯罪發生的原因（動機）、為何被害人、犯罪標的等會被選擇、為何某些特定物品會被移動、取走或破壞等。

（六）如何（How）：犯罪是如何完成、是否有預謀等。

第 二 節　目擊證人記憶錯誤相關因素

　　證人主要基於其知覺與記憶而作出供述，理論上證人會依照其實際目擊的內容而加以供述，然而事實上研究已發現許多因素會影響其供述內容。影響目擊證言的因素主要有下列分類方式：

一、Wells 分類

　　Wells 將影響目擊證言的因素分為推定變數（Estimator Variable）及系統變數（SystemVariable）兩類。推定變數指非司法制度所能控制的變項，包含事件特 、犯罪人特徵及目擊者特徵等，由於此種變數非警方所能控制，通常僅能用來作為法庭上彈劾證人證言信用性。系統變數為司法制度所能影響其正確性之變項，包含保持時距（Retention Interval）（如時間、誘導式詢問、素描圖、口卡照片等）、檢證方式（如詢問結構、指認指示語、列隊指認之安排等），由於系統變數可受司法制度控制，是研究關注焦點所在[7]。

---

[7] Wells, G. L. (1978). Applied eyewitness testimony research: System variables and estimator variables. *Journal of Personality and Social Psychology*, *36*(12), pp. 1546-1557.

二、Loftus 與 Doyle 分類

Loftus 與 Doyle 基於 Wells 研究，由記憶三個階段分類影響目擊記憶因素：資訊擷取（Acquiring Information in Memory）（編碼階段）：包含事件特性（如環境明暗、詢問的事實類型、速度與距離、事件暴力性等）及目擊者特性（如年齡、壓力、飲酒等）；資訊保存（Retaining Information in Memory）（儲存階段）：包含時間及事後訊息等；事件提取（Retrieving Events from Memory）（提取階段）：包含詢問方式、用語及技術等[8]。

前述 Wells、Loftus 與 Doyle 由影響因素的特性以及記憶階段據以分類，若從偵查的脈絡觀察，目擊者指認產生主要經過「事件」、「事件到與警方初次接觸」、「與警方接觸」、「指認」等 4 個階段[9]，摘要目擊錯誤因素如表10-1：

表 10-1　影響目擊因素摘要表[10]

階段	影響因素	說明
事件	年齡	一般而言，年老與年幼的證人記憶正確性會較低
	照明程度	目擊事件時環境的明亮度；環境前後的明暗反差適應等會影響目擊正確性
	目擊時間	目擊事件愈短，受限於大腦處理能力，導致無法知覺到重要特徵；目擊時間長短與記憶正確性具正相關
	與事件距離	超過一定距離後，對陌生人面貌知覺能力即大幅降低
	事件暴力性	事件暴力程度愈高，將妨礙目擊者的記憶與知覺能力

- - - - - - - - - - - - - -

[8]　Loftus, E. F., & Doyle, J. M.(1989). The psychology of eyewitness testimony. In D.C. Raskin (Ed.), *Psychological methods in criminal investigation and evidence* (pp. 3-46). Springer Publishing Company.

[9]　藤田政博（2013）。法と心理。法律文化社，頁64-77。

[10]　整理自Kapardis, A. (2014). *Psychology and Law: A Critical Introduction* (4th ed.). Cambridge, Cambridge University Press, pp. 22-50; Steblay, N. K. (2014). Eyewitness Memory. In B.L. Cutler, & P.A. Zapf (Eds.), *APA Handbook of Forensic Psychology* (pp. 187-224). American Psychological Association, pp. 187-224；藤田政博（2013）。法と心理。法律文化社，頁64-77。

表 10-1　影響目擊因素摘要表（續）

階段	影響因素	說明
事件	情緒與壓力	目擊者承受壓力愈大，將導致其將知覺著重於對其最有威脅事件（例如武器），對其他周邊事項知覺能力低落或減損
	創傷經驗	當目擊者經歷高度創傷事件時，可能導致其記憶產生斷裂及空白
	職業訓練	除非具相當年資經驗的警察，否則其目擊正確性與一般民眾相異不大
事件到與警方初次接觸	保持時間	由目擊到回憶經過時間，涉及記憶保持時間，時間愈長者，遺忘的細節愈多
	事後情報	事件後接觸其他目擊者、媒體報導等資訊，將可能改變記憶內容
	詢問技術	若警方使用良好之認知詢問技術，將有助目擊者正確提取更多細節
與警方接觸	事後情報	警方透露偵查相關資料，可能會影響記憶內容與指認信心
	期待	目擊者過度被警方期待或自信能指認目擊者，將促使其作出錯誤指認
	多次指認	目擊者短時間內多次指認不同嫌疑人，可能污染其記憶內容
指認	單一指認	單一指認將暗示目擊者指認對象為犯罪人；特別是將嫌疑人逮捕後，以其照片（Mugshot）讓目擊者直接指認之錯誤率更高
	列隊／陳列構成方式	真人列隊服裝等外型應相似，照片指認時攝影條件亦應接近
	列隊／陳列展示方式	同時陳列讓目擊者可能以相對比較，選擇與其記憶較像者作出指認，而非真正嫌犯
	回饋	警方對目擊證人指認結果作出正向或負向回饋時，可能會影響其記憶內容及信心

資料來源:研究者整理。

第 ③ 節　證人詢問技術

　　警方詢問證人最主要的目的，即為儘量取得充分且正確的案件相關資訊。因此，偵查人員在詢問過程應仔細考量下列細節，以評估證人的可信度（Credibility）：證人在事件當下意識是否清醒、證人是否受到酒精或毒品所影響、證人為何會出現在目擊現場、在犯罪發生當下證人正在作什麼、在案發當下是否有其他事件會干擾證人注意力等。此外，警方不應對證人提供的資訊照單全收，而透過不斷地提問與確認下列問題，以辨識生理、情緒特徵、外在影響、態度與行為因素等對於證人資訊正確性所帶來的影響：證人在本案是否已有某些特定偏誤、偏見或個人利益等情形、證人是否有任何生理與心理缺陷，影響其對事件觀察、回憶與描述、現場環境狀況（如天氣、光線、可見度等）、證人是否具有被信賴名聲等[11]、證人在案發後，是否由警方、其他證人或媒體等處得到案件相關訊息，其內容及頻率為何。

　　除此之外，警方詢問亦是能否取得充分且正確案件相關資訊的主要關鍵因素之一。如前所述，證人的記憶並非如同錄影機，如實地記錄與呈現所見所聞，其具建構性並受諸多因素所干擾。1970 年代以來，Laftus 等學者研究發現「詢問提問言語」（遣詞用字效果）（Influence of the Wording）與「提供錯誤的訊息」（事後資訊效果）（Post-event Information）等，皆影響目擊者回憶正確性，開啟以自由敘述為主以避免誘導詢問技術的發展[12]。1980 年代中期美國心理學家 Ed Geiselman 及 Ron Fisher 提出「認知詢問法」，該技術根基於「記憶痕跡多重理論」（Multicomponent Theory of the Memory Trace）[13] 及「編碼特

---

[11] Swanson, C. R., Chamelin, N. C., & Territo, L. (2003). *Criminal investigation* (8th ed.). McGraw-Hill, p. 130.

[12] 仲真紀子（2013）。科学の証拠にもとづく取調べの高度化。法と心理，第12卷第1期，頁27-32。

[13] 「記憶痕跡多重理論」指一個人對某事件的回憶，可經由許多不同的提取路徑而產生。Memon, A., & Higham, P. A. (1999). A review of the cognitive interview. *Psychology, Crime & Law, 5*(1-2), pp. 177-196; Bower, G. (1967). A multicomponent theory of the memory trace. In W.S. Kenneth, & S. Janet Taylor (Eds.), *Psychology of Learning and Motivation* (vol. 1, pp. 229-325). Academic Press.

定原則」(Encoding Specificity Principle, ESP) [14] 等重要記憶理論；不同於傳統詢問以「開場」、「進行」與「結束」等 3 部分為基調，該技術由 4 個增強記憶部分組成：

一、認知詢問法（Cogntive interview）

（一）重建情境（Reconstruct the Circumstances）

　　根據編碼特定原則，任何與目擊事件編碼相近的環境面向，皆能被視為某種情境線索 [15]，當詢問時所處脈絡與目擊當時脈絡愈相近時，即能提供愈多的情境線索，協助證人回想更多目擊內容與細節（To-Be-Remembered Event, TBR）。詢問人能藉由讓證人回想案發當時環境的某個影像或印象（例如當時穿著什麼衣服）；並請他們回想在當下的情緒反應與感覺（例如生氣、驚恐等），以及陳述當時的任何情況（例如氣味、溫度、雜音等），協助證人在心理重新建構出目擊當時的實體（外在）與個人（內在）等脈絡特徵，進而增化其記憶 [16]。此種心理建構方式比回到實際現場的更具效果，因目擊現場會有所改變，甚至提供負面之線索 [17]。

（二）完整陳述的指引（The Report Everything Instruction）

　　人們對事件的記憶程度橫跨籠統（General）到詳盡（Detail）等知覺層次，受詢問人會由哪個層次作出陳述，受到過去被詢問經驗、假設的溝通規則、預

---

[14] 「編碼特定原則」指若提取時的內外在情境和編碼的情境愈相近，有助提取更多記憶。Tulving, E. (1982). Synergistic ecphory in recall and recognition. *Canadian Journal of Psychology, 36*, pp. 130-147。

[15] Memon, A., & Bull, R. (1991). The cognitive interview: Its origins, empirical support, evaluation, and practical implications. *Journal of Community & Applied Social Psychology, 1*(4), pp. 291-307, p. 298.

[16] Milne, R. J. (1997). *Application and analysis of the cognitive interview.* University of Portsmouth Doctoral Dissertation. p. 36; Memon, A., & Higham, P. A. (1999). A review of the cognitive interview. *Psychology, Crime & Law, 5*(1-2), pp. 177-196; Memon, A., & Bull, R. (1991). The cognitive interview: Its origins, empirical support, evaluation and practical implications. *Journal of Community & Applied Social Psychology, 1*(4), pp. 291-307.

[17] 郭若萱、林燦璋（2011）。對目擊證人使用認知詢問法之分析。警學叢刊，第41卷第6期，頁97-113、103。

想詢問人已掌握事件程度等影響。許多證人在面對警方詢問時,感到不自在或威脅感,並認為警方對問題已掌握相當資訊且知道答案,為避免浪費警方時間,往往會自動省略其認為不重要,或顯而易見的部分;有些證人甚至相信自己知道哪些資訊對偵查有價值,故只陳述此部分的證言。若未能適當地指引,證人可能會篩選過濾,並在籠統層次進行回憶與供述。「完整陳述的指引」鼓勵證人不要作任何編輯,即使其認為該資訊不重要或者零碎,都要盡可能完整地陳述。該指引可降低證人篩選陳述資訊的門檻,提供更多片斷資訊;依據編碼特定原則,這些片斷資訊亦可作為情境線索,進一步再引導出更多的記憶內容;此外,警方亦可透過不同證人提供片斷資訊,拼湊出對於事件較為完整的圖像[18]。

(三)透過不同時間順序回憶(Recall in a Variety of Temporal Orders)

研究發現記憶具建構性,當人們被要求回憶某事件時,其回憶內容會受到其先前知識(Former Knowledge)、預期心態(Expectation)與腳本運用(Application of Scripts)(例如對飛車搶劫案件的典型印象)等諸多因素所影響。在自由回想時,一般人通常會依照事件發生時序,運用其對該事件的先前知識與即存腳本進行回憶與陳述,有時甚至只提取與其既存腳本相符,而忽略其他不相符的資訊,導致不完整、甚至不正確的記憶。此技術主要是立基在記憶痕跡多重理論,在原路徑無法提取的資訊,經由其他路徑可能即可獲得[19]。詢問人請證人由不同時間順序回憶(例如從最近的事件開始回溯回想),可打破詢問人即定框架,進而提供超出腳本的額外資訊;這些額外資訊可能包含某些特定的行為資訊(例如口語及行為動作等),具連結其他連續犯罪的偵查價值[20]。

----

[18] Memon, A., & Higham, P. A. (1999). A review of the cognitive interview. *Psychology, Crime & Law, 5*(1-2), pp. 177-196.

[19] 如Geiselman & Callot (1990). Reverse versus forward recall of script-based texts. *Applied Cognitive Psychology, 4*(2), pp. 141-144。研究即發現更換順序回想所得資訊,多於依相同順序重複回想兩次所得到的資訊。

[20] Milne, R., & Bull, R. (1999). Investigative interviewing: Psychology and practice. Chichester: Willey, p. 36; Milne, R. J. (1997). *Application and analysis of the cognitive interview.* University of Portsmouth Doctoral Dissertation. p. 41.

（四）轉換視角技術（Change Perspectives Technique）

一般人傾向以自己爲觀察者的角度描述事件。轉換視角技術則是請證人想像自己是在場的其他第三者或是被害人，再由他們的視角來描述事件[21]，該理論基礎主要爲「記憶痕跡多重理論」，其假設當證人站在不同視角描述事件，則會經由不同提取路徑，故能回憶出更多額外資訊。在認知訪談法的 4 項技術當中，轉換視角技術存在最多爭議，研究者認爲要求證人由他人視角描述，可能有暗示其虛構內容的危險性存在[22]；在運用認知詢問法初期，英國警方甚至移除此技術；但亦有實證研究結果否定前述假設[23]。事實上，Fisher 與 Geiselman 在其專書亦指出「請受詢問人從他人的視角描述事件的指示，有可能誤解爲有虛構某些內容的暗示」，其關鍵在於詢問人使用此技術時，是否明確告知證人只要陳述其眞實目擊內容[24]。

二、改良版認知詢問法（Enhance Cognitive Interview）

前述原始版認知詢問法是基於實驗室研究結果發展而來，但在眞實警方詢問中，證人往往較實驗室的受試者更加焦慮、欠缺溝通技能、並對其在詢問應扮演的角色感到困惑；故警方應具備更佳的溝通與人際互動技巧，以克服前項限制。Fisher 等人分析 11 個警方詢問目擊者錄音帶發現，傳統警方標準詢問方式（Standard Police Interview）[25] 存在時常打斷目擊者陳述、詢問過多簡短回答問題（Short-analysis Question）及提問順序不適當等問題，而這些問題皆會

----

[21] 例如對銀行搶案的目擊證人，請他想像「若是在櫃檯後方的行員，看到的是發生什麼事？」 Memon, A., & Bull, R. (1991). The cognitive interview: Its origins, empirical support, evaluation and practical implications. *Journal of Community & Applied Social Psychology, 1*(4), pp. 291-307, p. 293。

[22] Memon, A., & Higham, P. A. (1999). A review of the cognitive interview. *Psychology, Crime & Law, 5*(1-2), pp. 177-196.

[23] Boon, J., & Noon, E. (1994). Changing perspectives in cognitive interviewing. *Psychology, Crime & Law, 1*(1), pp. 59-69.

[24] Fisher, R. P., & Geiselman, R. E. (1992). *Memory-enhancing techniques for investigative interviewing: The cognitive interview.* Thomas Publisher, p. 111.

[25] 警方標準詢問方式（Standard Police Interview）主要係爲5W（what, where, why, when and how）詢問法。

提高證人焦慮與降低注意力，並阻礙對事件完整記憶的提取[26]。基此，Fisher再引進溝通心理學理論與技術，提出「改良版認知詢問法」（Enhance Cognitive Interview, ECI）[27]，前述原始版認知詢問法僅著重於記憶提取部分，改良版認知詢問法則包含7個步驟的詢問架構[28]，涵蓋整個詢問過程[29]：

（一）步驟一：開場並建立個人化的信任關係（Greet and Personalize the Interview, Establish Rapport）

開場時，詢問人以姓名介紹自己與稱呼對方，藉以個人化（Personalize）此詢問關係。詢問人應視受詢問人為具個別需求的主體，並將自己呈現為具識別性的人（Identifiable Person）。在初期詢問人可先透過先談論他自己，展現開放與試圖建立個人關係的態度，拉近彼此關係。個人化詢問關係的意義在於讓受詢問人感受到，詢問人是有意義地與其互動，而非僅將其視為回答條列題目的客體，而此種感受正是建立信任關係的關鍵。為降低證人的焦慮，詢問人初期應以中性問題與開放式問題為主，以建立受詢問人的正向情緒，並作為後續對話型態的模型；同時應儘量避免用制式語句（Generic Phrases）（例如你目前是否結婚、有無子女等），過多制式問題將使受詢問人認為他只是眾多受訪者中的一位，不利於個人化詢問關係建立。

建立信任關係的另一要素為同理心，詢問人應由受詢問人的觀點理解其所處情境；甚至在詢問初期讓其宣洩對事件的感受與情緒。詢問人亦應積極聆聽

---

[26] Fisher, R. P., Geiselman, R. E., & Raymond, D. S. (1987). Critical analysis of police interview techniques. *Journal of Police Science and Administration 15*(3), pp. 177-185.

[27] Fisher, R. P., & Geiselman, R. E. (1992). *Memory-enhancing techniques for investigative interviewing: The cognitive interview.* Thomas Publisher.

[28] Fisher與Geiselman在其1992年出版《偵查訪談記憶增強技術》（*Memory-enhancing techniques for investigative interviewing*）一書提出改良版認知訪談法，並未明確指出此7個步驟，此係Milne與Bull在其1999年出版《認知訪談法：心理學與實踐》（*Investigative interviewing: Psychology and practice*）一書，結合前書與英國、德國實驗室訓練手冊等提出。

[29] Milne, R., & Bull, R. (1999). *Investigative interviewing: Psychology and practice.* Willey, pp. 40-47; Milne, R. J. (1997). *Application and analysis of the cognitive interview.* University of Portsmouth Doctoral Dissertation; Memon, A. (2006). Cognitive interview. In O. Hargie (Ed.), *The handbook of communication skills* (pp. 531-550). Routledge.

（Active Listening），避免僅被動地等待回答，或只關注在自己想要及與假設相符的資訊。在詢問互動過程，雙方非口語行為會彼此相互影響而朝向趨同，詢問人應透過說話語調、速度與姿態，營造出輕鬆的氛圍；同時當證人停頓或沉默時，詢問人亦應耐心等待，因為斷然打斷可能干擾其記憶搜尋與提取，且會暗示證人只能在有限時間完成詢問，導致其後續慣性作出簡短答案。詢問人亦應避免表現出誘導的行為反應，例如對某個回答作出「很好、那就對了」等正向鼓勵回應，將使證人認為此即是詢問人想要的答案類型，亦或對某些回答作出驚訝表情，可能讓證人認為該回答是錯誤等。

（二）步驟二：介紹詢問目的（Interview Aims）、焦點檢索（Focused Retrieval）、移轉控制（Transfer of Control）

詢問人應明確介紹詢問目的，降低證人的恐懼與不確定感。詳盡（Detail）層次的回憶需具備高度專注力，因此詢問人應儘量營造促使證人專心的環境與氛圍，包含儘量避免分散其注意力、不要催促其回答等[30]。Fisher 與 Geiselman 指出人們主要透過「概念式意像編碼」（Conceptual Image Codes）（將意像以概念或字典定義等方式編碼）與「圖像式編碼」（Pictorial Codes）（直接以意像儲存於腦內）等二種編碼方式，意像（Image）在記憶編碼、儲存與提取皆扮演重要角色。因此，詢問人可儘量引導證人，集中注意力於其內在心理意像（Internal Mental Images）[31]。

一般而言，受詢問人會傾向期待詢問人（特別是對具有權威形象）控制整個詢問進行，但在認知詢問法中，詢問人角色不是主導者，而是促進證人回憶的協助者。畢竟證人才是實際經歷事件與保有相關資訊，並在詢問過程中運用心智能力，由記憶提取資訊與敘述的主角，因此應將控制權移轉至證人，讓其掌握資訊提供之流動（Flow）[32]。證人所知遠較詢問人來得多，因此

[30] Gudjonsson, G. (1992). *The psychology of interrogations, confessions and testimony*. Wiley, p. 173.

[31] Memon, A. (2006). Cognitive interview. In O. Hargie (Ed.), *The handbook of communication skills* (pp. 531-550). Routledge, p. 536.

[32] 例如在詢問人首次與受詢問人開始對談時，受詢問人已經專心於回憶某個特徵（例如車牌號碼）或片斷（例如某個對話），並且想要趁記憶猶新時告訴詢問人，此時應讓受詢問人繼續陳述而不要打斷。Milne, B., Shaw, G., & Bull, R. (2008). Investigative interviewing: The role of

有效的詢問應由受詢問人所知來引導，而非基於偵查需求所主導[33]。然而，詢問人對哪些面向具偵查重要性較爲瞭解，因此可透過架構問題、有策略地運用開放與封閉式問題，以及明確提醒證人應儘量回憶各個細節，引導證人提供此面向的資訊[34]。

（三）步驟三：開啓自由陳述（Initiating a Free Report）

與原始版「重建情境」相近，該步驟重點爲心理情境重建（Mentally Reinstate the Context）。此階段詢問人應以和緩、從容的語調，慢慢引導證人在心理形成目擊意象（Image），必要時可請其閤上雙眼或觀看全黑屏幕。心理情境重建亦可透過替代情境的引導，例如當證人無法記起目擊當時情境，但記得曾在某個場合告知他人目擊內容，則可由該場合情境重建著手。在成功重建心理情境之後，詢問人再以開放式問題（Open-ended Question），讓受詢問人不受打斷地自由陳述。自由陳述作爲洞悉目擊者心理重現的途徑，作爲下一步問題規劃的參考，因此建議詢問人可簡要摘要筆記[35]。

心理情境重建與受詢問人焦慮程度，具有某種相互關係。當證人重新陳述目擊記憶時，同時亦會喚起當時情緒，故心理情境重建過程將強化焦慮程度。換言之，心理重建就如同雙面刃，一方面情緒強化能增強回憶，另一方面，回想所引發的焦慮卻可能對回憶產生負面效果，甚至讓證人形成長期潛在的負面影響。因此，詢問人應向證人說明情緒波動是正常反應，讓其能在理性層次，開放地談論其感受[36]。

（四）步驟四：提問（Questioning）

在取得受詢問人的自由供述後，詢問人開始提問以取得更詳細資訊。

- - - - - - - - - - - - - - -

research. In *Applying psychology to criminal justice* (pp. 65-80). John Wiley & Sons Ltd, p. 70。

[33] Fisher, R. P., & Geiselman, R. E. (1992). Memory-enhancing techniques for investigative interviewing: The cognitive interview. Thomas Publisher, p. 117.

[34] Milne, R. J. (1997). *Application and analysis of the cognitive interview.* University of Portsmouth Doctoral Dissertation. pp. 53-54.

[35] Milne, R. J. (1997). *Application and analysis of the cognitive interview.* University of Portsmouth Doctoral Dissertation. p. 54.

[36] Milne, R. J. (1997). Application and analysis of the cognitive interview. University of Portsmouth Doctoral Dissertation. p. 55.

在此之前，詢問人應再重申「完整陳述的指引」（The Report Everything Instruction），並強調能對提問回答不知道。Fisher 與 Geiselman 提出「證人兼容提問」（Witness Compatible Questioning）概念，因每個人皆有其儲存目擊事件記憶的獨特方式，詢問人提出問題的主題與順序，應與證人認知目擊事件架構相符，始能獲得最大量的記憶[37]。詢問人提問問題應與證人先前自由陳述內容相關，提問時機亦應貼近其記憶檢索的結構，而非執著於已設定的問題清單，例如當證人正在回憶與敘述犯罪人穿著何種衣物時，詢問人不要突然插問犯罪人正在作何種行為等[38]。

詢問人應讓證人將注意力集中在其心理意像（Mental Image），如同前述「心理情境重建」（Mentally Reinstate the Context）技術，此步驟則進一步協助證人聚焦在某些細節或特徵，再以該特徵為基礎持續引導證人搜尋更多細節，例如「你提到一位犯罪人，請你試著在腦海看到他的影像，你是否已經清楚地看到他了嗎？現在請您說出他穿著什麼衣服，外表看起來如何？他說了什麼話？請盡可能告訴我關於這個人所有的細節」[39]。過程中詢問人應將語調放慢，並適度運用暫停與沉默[40]。針對各意像，詢問人應先由開放式問題提問，再以封閉式問題釐清細節，避免造成誤導[41]。

（五）步驟五：多元與廣泛檢索（Varied / Extensive Retrieval）

研究發現當證人愈努力記起某特定事件，則回憶回容將更完整[42]；詢問人應鼓勵受詢問人盡可能嘗試回想，即使不確定能否再回憶出其他細節。若僅要求證人以相同檢索方式回憶，無法引導出更多額外資訊，詢問人應透過前述「不同時間順序回憶」（Recall in a Variety of Temporal Orders）與「轉換視

---

[37] Fisher, R. P., & Geiselman, R. E. (1992). *Memory-enhancing techniques for investigative interviewing: The cognitive interview.* Thomas Publisher, pp. 117-131.

[38] Milne, R., & Bull, R. (1999). *Investigative interviewing: Psychology and practice.* Willey, p. 45.

[39] Milne, R., & Bull, R. (1999). *Investigative interviewing: Psychology and practice.* Willey, p. 45.

[40] Memon, A. (2006). Cognitive interview. In O. Hargie (Ed.), *The handbook of communication skills* (pp. 531-550). Routledge, p. 536.

[41] Milne, R., & Bull, R. (1999). *Investigative interviewing: Psychology and practice.* Willey, p. 45.

[42] Yuille, J. C., Davies, G., Gibling, F., Marxsen, D., & Porter, S. (1994). Eyewitness memory of police trainees for realistic role plays. *Journal of Applied Psychology, 79*(6), pp. 931-936.

角技術」（Change Perspectives Technique）等技術，引導證人運用不同檢索策略，但須留意不要讓證人誤解此舉是因不相信其所言爲眞。

　　一般而言，證人皆會聚焦其眼睛所見，而忽略其他感官內容，詢問人亦可引導證人經由不同感官的檢索途徑（例如：聽覺、觸覺、嗅覺等），將可能獲得更多被忽略的重要資訊。有時亦建議使用現場描繪圖，其不僅可強化事件的脈絡情境，亦可協助詢問人與證人釐清現場人、物的相關位置[43]。

（六）步驟六：摘要（Summary）

　　詢問人就證人對目擊事件的描述，應再以證人的語言摘要覆述乙次；此舉除讓其再次確認其回憶及詢問人理解是否正確外，亦有助後續檢索。詢問人應提醒證人若想到新的資訊，隨時能夠提出。此階段是詢問人將陳述轉化爲供述（Statement）的過程[44]，現場若有其他詢問人，應協助留意是否有遺漏任何重點或內容[45]。

（七）步驟七：結束（Closure）

　　在最後階段，詢問人應盡力讓證人對詢問留下正面印象（Positive Frame of Mind），尤其對某些具強緒情緒之證人。詢問人應漸次將話題轉回至建立關係階段討論的中性話題，同時對證人合作與努力表達謝意，並詢問證人是否有任何問題。詢問結束後，證人往往仍會持續想起該事件，進一步提取出具有價值的資訊，因此詢問人應留下聯絡電話等方式，以便延續詢問週期（Functional Life）。ECI 建議此階段始著手蒐集證人詳細個人資料，而並非在詢問初期，理由係此種簡短問答形式將不利關係建立，亦對後續詢問產生負面影響[46]。

- - - - - - - - - - - - - - -

[43] Milne, R., & Bull, R. (1999). *Investigative interviewing: Psychology and practice.* Willey, p. 46.

[44] Milne, R., & Bull, R. (1999). *Investigative interviewing: Psychology and practice.* Willey, p. 46.

[45] Milne, B. (2004). The enhanced cognitive interview: A step-by-step guide. Retrieved 3.15, 2013, from www.law.arizona.edu/.

[46] Milne, R., & Bull, R. (1999). Investigative interviewing: Psychology and practice. Willey, p. 46.

第四節 結 語

　　犯罪偵查是刑事司法系統追訴犯罪起點，擔負蒐集保全相關事證、調查犯罪事實、連結嫌疑人，以及提出證據協助起訴等主要職責。犯罪一旦發生，即成過去的「歷史事件」，事實已無法重演，偵查就如同考證歷史，只能透過犯罪遺留的結果及痕跡，拼湊、貼近及認定犯罪事實。犯罪痕跡與結果主要遺留在物理世界（例如實體的指紋、血液等及電磁紀錄的網址、封包等）及人的記憶（包含犯罪人、被害人及目擊證人記憶等）[47]。證人詢問為犯罪偵查最重要的基礎之一，偵查人員除應瞭解證人詢問相關的法定要件外，如拒絕證言權、證人保護、證人轉換為嫌疑人[48]等，更應瞭解記憶、詢問等相關知識，具備專業、中立與客觀的詢問技巧，以取得正確與充分的案件相關資訊，提升偵查的效率與專業性。

---

[47] 施志鴻（2010）。警訊過程虛偽自白形成之研究。中央警察大學犯罪防治研究所博士論文，頁95。

[48] 關於拒絕證言權、證人保護及證人轉換為嫌疑人等相關規定，請分別參照：內政部警政署（2019）。警察偵查犯罪手冊第104、105、106點。

CHAPTER

11

國內警察詢問現況與展望

在警察犯罪偵查過程中（包括犯罪發生、調查蒐證、傳喚緝捕嫌疑人、移送法辦、起訴定罪等 5 個階段）[1]，嫌疑人詢問是調查蒐證、傳喚緝捕嫌疑人、移送法辦等階段重要的一項工作。但因各國的刑訴訟法律與文化差異，對於偵查詢問的目的與方式亦有區別：目前主要的偵查詢問模式有美國萊德、英國 PEACE 兩組。萊德模式被廣泛的使用於美國、加拿大，詢問被概念化成否認的瓦解，否認則被設想等同於說謊，透過 9 個步驟同時操弄嫌疑人對自白知覺的後果，與說謊造成的焦慮限縮，經由嫌疑人考慮的結果，影響其對選項的覺知，這項技術可能是高度有效，然而它引起了欺騙、誘導等問題，且會讓嫌疑人去對未作的罪行進行自白；PEACE 模式則被廣泛使用於英國、澳洲，PEACE 是 5 個階段詢問結構的縮寫：計畫與準備（Planning and Preparation）、開場與說明（Engage and Explain）、描述（Account）、結束（Closure）、評估（Evaluation），也是偵查人員在詢問嫌疑人、證人及被害人的標準過程，其採用一種公平對待、合乎道德及同理瞭解的溝通方法，並運用開放式問題去激勵嫌疑人取得敘述性報告，以改革對嫌疑人的高壓質問方式[2]。

國內詢問現況相當貼近美國的萊德模式[3]；因此，概可推論在詢問過程中使用「質問」、「勸服」等瓦解抗拒技巧較多，但也並非完全是以取得自白為目的，主要是為發現犯罪事實真相，以發現線索、追查物證、發掘共犯與確定案情，進而決定證據之價值、明瞭事情的原委，並辨別罪責的輕重[4]。

有關國內警察詢問現況之研究，近期較重要的有李維凱（2009 年）、盧宜辰（2012 年）兩篇，其中李維凱針對 13 名刑事警察進行深度訪談，從偵查

---

[1] 侯友宜、廖有祿、李文章（2010）。犯罪偵查理論之初探。警學叢刊，第40卷第5期，頁17-18。

[2] Tong, S., Bryant, R. P., &Horvath, M. A. H. (2009). *Understanding Criminal Investigation. Wiley,* pp. 115-133.

[3] 劉章遠（2010）。詢問與筆錄製作要領。載於莊忠進、呂明都、劉章遠、王連成等合著，犯罪偵查學。臺灣警察專科學校，頁233；盧宜辰（2012）。國內刑事警察警詢現況之研究。中央警察大學刑事警察研究碩士論文，頁186；何招凡（2014）。偵訊與移送實務。內政部警政署刑事警察局，頁2。

[4] 林燦璋、林信雄（2009）。偵查管理—以重大刑案為例。五南圖書出版公司，頁207。

詢問法制、執行、人員與技巧、環境與設備等面向進行研究，發現如下：（一）法制面：問錄分離難以落實、移送時限 16 小時不足等；（二）執行面：普遍不瞭解偵查詢問標準化 SOP 模式、認爲偵查詢問前晤談（Interview）階段不可或缺等；（三）人員與技術方面：適當的詢問人員，應具有中等略偏外向之性格、未認同設置專責詢問人員，認爲應對所有詢問人員施予專業偵查詢問技術之訓練、認同偵查詢問與偵破刑案具有高度相關性；（四）環境與設備面：偵詢室數量不足、偵詢室設備使用不便、偵詢室環境不佳、偵詢室離辦公室太遠以致使用率低、自行購置設備而造成錄製影音品質不一[5]。另盧宜辰則針對 523 名刑事警察進行問卷調查，與上述李維凱研究除了資料蒐集方法不同外，在範圍上則縮小並專注於偵查詢問技術、環境之研究，包括警詢行爲、技術、環境、話題等面向，研究發現經常使用警詢現況如下：（一）警詢行爲：在初進入偵詢室時會隨手攜帶偵查卷宗、藉由警詢來得到有幫助的資訊、警詢時讓嫌疑人戴著戒具；（二）警詢技術：先讓嫌疑人自由陳述犯案過程再就細節提問、指出前後矛盾、在承認犯案後，重新提問讓其交代完整過程、取得信任、保持眼神接觸、詢問是爲了給嫌疑人澄清的機會、針對不回應的問題，改變問法持續發問；（三）警詢環境：燈光明亮的場所、不受干擾的場所、直接與嫌疑人面對面進行詢問；（四）警詢話題：繼續犯案將導致的後果、持續否認的不利後果；同時也發現國內警詢工作存有缺乏本土化的警詢理論和模式、未能提供良好的警詢環境、缺乏完善的教育訓練等[6]。

　　以下先對國內警察犯罪偵查之詢問法制規範、執行流程、詢問技巧、環境設備等實務現況作說明；最後，則針對國內司法改革國是會議 2017 年 8 月 12 日「總結會議」，有關「精進警詢程序」議題決議，內政部警政署所提出的對策作進一步說明。展望未來，如能落實推動執行，相信對於警察詢問長期缺乏系統化理論模式及完整訓練的老問題，將有所改善與精進。

---

[5] 李維凱（2009）。我國刑事警察執行偵訊之研究。中央警察大學刑事警察研究所碩士論文，頁135-149。
[6] 盧宜辰（2012）。國內刑事警察警詢現況之研究。中央警察大學刑事警察研究所碩士論文，頁186-188。

第 一 節　法制規範

現行法制主要規範於刑事訴訟法第九章被告之訊問（警察詢問嫌疑人準用之）；警察偵查犯罪手冊亦有作細部規範，相關重要規定如下：

一、詢問犯罪嫌疑人之權利告知義務（刑事訴訟法第 95 條）

詢問時應先告知犯罪嫌疑及所犯所有罪名、得保持緘默、得選任辯護人、得請求調查有利之證據等 4 項權利；同時規範無辯護人之嫌疑人表示已選任辯護人時，應即停止詢問。進而延伸，刑事訴訟法第 34 條也規範辯護人與拘捕中嫌疑人接見或互通書信，不得限制之，但檢察官遇有急迫情形且具正當理由時，得暫緩之，並指定即時得為接見之時間及場所，惟該指定不得妨害犯罪嫌疑人之正當防禦，以及辯護人依第 245 條第 2 項前段規定之在場與陳述意見權利，這明確說明了嫌疑人詢問前第一次接見不得予以暫緩與辯護人在場的重要權利。其中辯護人在場與陳述意見權利，在實務運作上仍有相當疑義，常發生辯護律師被警察要求在偵詢室外，透過螢幕觀看詢問實況，律師到場功能即是在瞭解當事人有無被刑求[7]；分析我國最高法院有關辯護人在場相關判決認知歸納，亦著重於防止嫌疑人遭受非法取供，保護人身自由為主[8]，但往往已限制被告律師在場與陳述意見之權利。

二、全程連續錄音（刑事訴訟法第 100 條之 1）

詢問犯罪嫌疑人時，應全程連續錄音；必要時，並應全程連續錄影。主要目的除了擔保警察執法（詢問）的公正性外，嫌疑人自白任意性之認定，亦需由自白時的錄音證明，以供法院作為證據能力審酌認定。惟欲使錄音錄影紀錄能夠呈堂供作認定犯罪事實之依據，則必須確保所記錄影音資料之正確性。因此，筆錄內所載之被告陳述與錄音或錄影之內容不符者，除有急迫情況且經記明筆錄情形外，其不符之部分，不得作為證據。

7　林裕順（2008）。論偵訊中辯護人之在場權。法學新論，第2期，頁1-20。

8　熊依翎（2009）。保障刑事人權，從實質有效的辯護開始—律師看刑事人權受不當侵害訪談系列之四。司法改革雜誌，第70期，頁69-74。

三、禁止夜間詢問（刑事訴訟法第 100 條之 3）

　　詢問犯罪嫌疑人，不得於夜間行之，其立法理由在於夜間乃休息時間，爲尊重人權及保障程序之合法性，並避免疲勞訊問；但如經受詢問人明示同意者、於夜間經拘提或逮捕到場而查驗其人有無錯誤者、經檢察官或法官許可者、有急迫之情形者，則不在此限。由此可知，其積極作用在於「尊重人權及保障程序之合法性」，消極作用則在於「避免疲勞訊問」，但亦有但書規定，以兼顧實際狀況[9]。

四、問錄分離（刑事訴訟法第 43 條之 1）

　　司法警察對犯罪嫌疑人製作詢問筆錄時，應由執行詢問以外之人爲之；但因情況急迫或事實上之原因不能爲之，而有全程錄音或錄影者，不在此限。以往警察人員所製作之詢問筆錄，通常爲詢問人兼筆錄製作人，2003 年刑事訴訟法修正後，警察人員以一人詢問同時製作筆錄之作業方式，除非在「情況急迫或事實上之原因不能爲之，而有全程錄音或錄影者，不在此限」之情形外，均不得爲之。

五、其他規定

　　如嫌疑人隔離分別詢問與對質（刑事訴訟法第 97 條）；詢問嫌疑人應出以懇切之態度，不得用強暴、脅迫、利誘、詐欺、疲勞訊問或其他不正之方法（刑事訴訟法第 98 條）等。

　　現行刑事訴訟法歷經多次修正，著重於人權的保障，而且益加嚴謹，警察人員自不能爲了追求刑事司法的實質正義，而忽略了程序正義；在偵詢室所爲的詢問作爲也必須合乎法律規定，遵守國家法律所賦予的權限，才能使蒐證的資料具有證據能力，在法庭上具有證明犯罪的價值，完成追訴犯罪的目的。

第 二 節　執行程序

　　警察詢問犯罪嫌疑人程序主要是依據內政部警政署 2017 年所修正「詢問

9　法院公報（1997）。第86卷第52期，頁89。

犯罪嫌疑人作業程序」執行（如圖 11-1）[10]：

一、流程一：準備錄音、錄影

　　準備錄音、錄影事宜及設定犯罪嫌疑人及辯護人之位置；詢問前應對全盤案情先行熟悉，對受詢問人身分之查證、個性習癖、生活環境等亦應作充分之瞭解。

二、流程二：犯罪嫌疑人到場

　　應注意將犯罪嫌疑人、被害人隔離偵詢，並避免不相干人士的干擾。

三、流程三：開始詢問（原則上應問錄分離）並全程錄音

　　詢問被告或犯罪嫌疑人時，應全程連續錄音，必要時應全程連續錄影，並不得使用強暴、脅迫、詐欺、疲勞詢問或其他不正之方法。

四、流程四：人別詢問

　　應先詢問其姓名、年齡、出生地、職業、住所、居所，以查驗其人有無錯誤。

五、流程五：向犯罪嫌疑人宣讀刑事訴訟法第 95 條之應告知事項，並留意同法第 31 條第 5 項之適用

　　包括犯罪嫌疑及所犯所有罪名（告知後，認為應變更者，應再告知）、得保持緘默（無須違背自己之意思而為陳述）、得選任辯護人（如為低收入戶、中低收入戶、原住民或其他依法令得請求法律扶助者，得請求之）、得請求調查有利之證據等 4 項權利，並記明於筆錄或付與權利告知書；另犯罪嫌疑人經認定為因精神障礙或其他心智缺陷無法為完全之陳述或具原住民身分者，於偵查中未經選任辯護人，應通知依法設立之法律扶助機構指派律師到場為其辯護。

六、流程六：夜間詢問犯罪嫌疑人應經其同意，並載明於筆錄

　　夜間詢問犯罪嫌疑人時，除有刑事訴訟法第 100 條之 3 第 1 項第 2 款至第 4 款之情形外（於夜間經拘提或逮捕到場而查驗其人有無錯誤者、經檢察官

---

10 內政部警政署（2017）。詢問犯罪嫌疑人作業程序。內政部警政署，頁1-3。

或法官許可者、有急迫之情形者），應經受詢問人同意，並載明於筆錄；其不同意者，則僅完成初步的人別詢問及涉案事由之詢問即可，並予當事人簽認，俟日間再行詢問。

七、流程七：詢問完畢交犯罪嫌疑人閱覽筆錄確認無訛後簽名、蓋章或捺印

詢問時應依警察偵查犯罪手冊（2019）第119點、第120點要領為之[11]，

- - - - - - - - - - - - - -

[11] 第119點：詢問時應針對犯罪嫌疑人所犯罪名之構成要件事實逐一敘明，並與所調查之證據、相關聯事證及可參考之事實等相呼應。但與犯罪經過不相關之事項，應避免於筆錄中記載。

第120點：實施詢問，應採問答方式，除依規定詢問其是否選任辯護人（律師）並記載於調查筆錄外，當場製作之調查筆錄，要點如下：

㈠姓名：以國民身分證記載者為準，並應記載國民身分證統一號碼、化名、別名、筆名、綽號，同時注意身分證之真偽。如欄內不敷記載，應另以問答寫明。

㈡年齡：應記載其出生年月日。尤對7歲、12歲、14歲、16歲、18歲、20歲、80歲之年齡（按周年計算非依曆年計算），更應慎重記載。

㈢職業：除記載其職業及稱謂外，必要時應詢明記載其所負職責，不得僅記工、商、公等。

㈣住址：應記載其現住地之街、路、巷、弄名稱、門牌號碼及聯絡電話，如戶籍地與現住地不同時，應分別記載。軍人應記明其駐地及信箱號碼。

㈤教育程度：應記載其最高學歷、學校名稱、畢業或肄業。

㈥家庭狀況：應記載其家庭人數、稱謂、生活、經濟狀況以及與案情有關之親屬等。

㈦刑案資料：應記載其曾受有罪判決確定之判決時間、判決法院、刑罰種類及執行情形，得另以電腦查詢後列印附卷。

㈧犯意：係指犯罪之原因、目的、動機、精神狀態、故意或過失等。包括刑法上之正當防衛、緊急避難或激於義憤之主觀意識等。

㈨關於人的部分：包括正犯（直接正犯、間接正犯、共同正犯）、共犯（如教唆犯、幫助犯）及與犯罪行為有關之人。

㈩關於時的部分：應詳記預備、實施、發現、報案、被害人死亡時間與在犯罪發生時間內涉嫌人行蹤等，儘量詳細記載。

㈠關於地的部分：係指犯罪起、止、經過及其他有關之處所、區域。

㈡關於事的部分：係指犯罪全部經過及犯罪方式、方法、與被害人之關係、違反義務之程度等。

對受詢問人有利、不利事項均應記載；筆錄不得竄改、挖補或留空行，遇有增刪更改，應由製作人及受詢問人在其上蓋章或捺指印，其刪除處應留存原字跡，並應於眉欄處記明更改字數；筆錄繕妥後應交受詢問人閱覽或向其朗讀，並詢問其有無錯誤及補充意見；受詢問人請求記載增刪、變更者，應將其陳述附記於筆錄；受詢問人拒絕回答或拒絕在筆錄上簽名、蓋章或捺指印時，不得強制為之，但應將其拒絕原因或理由記載於筆錄上，仍可發生筆錄之效力。

八、流程八：有合法原因未能行刑事訴訟法第 43 條之 1 問錄分離規定者，於簽名欄後敘明理由

犯罪嫌疑人詢問筆錄之製作，應由行詢問以外之人為之，但因情況急迫或事實上之原因不能為之，而有全程錄音或錄影者，不在此限；遇有情況急迫或事實上之原因不能行問錄分離時，應於筆錄簽名欄後敘明具體事由，毋需詢問受詢問人是否同意。

由上述內政部警政署「詢問犯罪嫌疑人作業程序」分析，雖訂有多個流程，但主要仍可區分為三個階段：準備階段、執行階段、結果處置階段，且均依據刑事訴訟法與警察偵查犯罪手冊規定而來，兼有法律規範與實際執行的標準作業程序，是為警察人員詢問犯罪嫌疑人重要參考。此外，國內一些研究也常提及「晤談」對偵查詢問過程取得自白的重要性 [12]，但在國內詢問相關法制規範及流程卻未提及。一般認為，晤談是製作詢問筆錄前的談話，在形式上通常沒有任何文書紀錄或錄影錄音規定，且不受形式拘束，始能與嫌疑人輕鬆自在的對談（或聊天）、建立彼此良好互動關係，進而獲得嫌疑人的信任，以利後續詢問時取得調查犯罪事實所需要的資訊。但實務運作上，詢問人員可能不

(十三)關於物的部分：係指犯罪交通工具、贓物、證物、違禁物等。

(十四)受詢問人之意見及犯罪後之表示。

(十五)詢問所供是否實在。

(十六)辯護人陳述之意見：如其有因刑事訴訟法第245條第2項但書受限制或禁止在場之事實或有足以影響偵查秩序之不當行為者，亦應記載之。

12 莊忠進（2008）。影響詢問自白因素初探。2008年中央警察大學刑事警察實務與學術研討會論文集，頁28；李維凱（2009）。我國刑事警察執行偵訊之研究。中央警察大學刑事警察研究所碩士論文，頁140；廖訓誠（2010）。警察偵訊過程影響因素之研究——以陌生人間性侵害案件為例。中央警察大學犯罪防治研究所博士論文，頁133。

是那麼明確區分出晤談的存在，往往詢問時不可能一坐下就直接進入主題，可能在逮捕解送或詢問前的準備過程中，便不經意地或有目的的與嫌疑人交談，從家庭、工作、經濟狀況等到對案件的看法等，也能從中觀察判斷出嫌疑人的人格特質，並建立彼此間的友好關係。

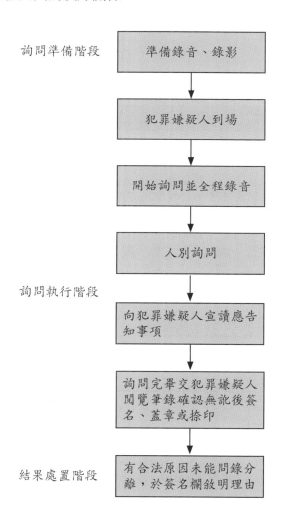

圖 11-1　內政部警政署 2017 年所修正「詢問犯罪嫌疑人作業程序」

資料來源：研究者整理。

第 ③ 節　詢問技巧

　　國內警察詢問工作因缺乏完整訓練及系統化方式，員警詢問技巧多透過前輩承傳與經驗累積而來，所以很難歸納出特定的技術；但相關的技巧或方法，則有多位實務工作者依據其經驗發展而成[13]，下表11-1所列為各種警察詢問技巧的彙整。

表 11-1　國內警察偵查詢問技巧整理 [14]

詢問技巧	使用內容	適用對象
心理說服	運用智慧，以說理方式，使受詢問人信服，而自願供述事實	不願據實陳述或拒不陳述者
心理同情	以同情接納、安慰勸慰，使受詢問人認為警察能體諒其苦衷，而願將犯罪事實坦白說出	初犯、少年犯、女性犯、過失犯或情節堪憫的嫌疑人等
心理感動	布置感動情境，以感性表達方式，使受詢問人因同情被害人（或家屬）處境，而軟化抗拒	初犯、女性犯、過失犯等
心理疏導	打通心理障礙，因勢利導（分解責任，降低罪惡感）	愛面子、自尊心強、內向、自私或膽小（無擔當）者
心理離間	針對共犯，隔離訊問，運用資料、表達（說話、肢體動作、表情等）技巧，分化感情，而各個擊破	共犯同時到案者

----

13 陳宗廷（1998）。偵訊理論與實務。中央警察大學，頁70-102；何明洲（2002）。偵訊實務與筆錄製作。內政部警政署刑事警察局，頁16-20；王乾榮（2002）。犯罪偵查。臺灣警察專科學校，頁138-140；何明洲（2004）。犯罪偵查實務。中央警察大學，頁260-265；警察百科全書（七）。刑事警察（2000），正中書局，頁82-83；廖訓誠（2010）。警察偵訊過程影響因素之研究—以陌生人間性侵害案件為例。中央警察大學犯罪防治研究所博士論文，頁38-40。

14 本表參考廖訓誠論文內容繪製而成。廖訓誠（2010）。警察偵訊過程影響因素之研究—以陌生人間性侵害案件為例。中央警察大學犯罪防治研究所博士論文，頁38-40。

表 11-1　國內警察偵查詢問技巧整理（續）

詢問技巧	使用內容	適用對象
利害選擇	以分析利害關係及後果嚴重性，以加強壓力；另預留餘地，促其權衡輕重，配合偵查	自私、畏罪、心存僥倖者
情緒激勵	藉適當刺激以促發受詢問人「英雄感」、「好漢」性格，而慷慨說出實情	好漢型人物
突擊詢問	藉人類本能反應，出其不意、把握機勢，一語突破	案發後心神未定者或尚無心理準備、不及準備者
情緒詢問	巧用虛實、適時引用旁證（或情況證據），動搖其心理及情緒，使以為已被掌握確切事證而作出供述	顯可懷疑為嫌疑人或知情，而尚無直接證據者
直接詢問	開門見山方式，直接詢問主題	案情輕微或案情已明確者
迂迴詢問	不直接詢問主題，先閒話家常，拉攏關係，降低心防，再逐漸從外圍至核心，使自陷矛盾，最後供出實情	狡詐、心防較強者
相互對質	當嫌疑人與其他嫌疑人、證人、被害人的陳述互有出入或推諉時，使其交互質問，藉觀察嫌疑人的反應、表情、態度和動作，以判斷其供述的真實性	嫌疑人與共犯的對質、嫌疑人與證人的對質、嫌疑人與被害人的對質等
綜合詢問	綜合運用多種詢問經驗與技巧，掌握被詢問人心理、性格及情緒，以言語、態度、表情及談話技巧，加以說服、感動、曉諭或駁倒	均適用

　　上述詢問的技巧或方法，大多是針對不同類型人格、共犯等作適用分類，並無針對不同的案件類型，作系統化的運用分析，且這些技巧或方法，多是來自個人經驗上的體會，欠缺實證研究或理論上的支持。而近期盧宜辰針對國內刑事警察警詢現況的研究中，分別從警詢行為、技巧、環境、話題等面向進行分析，研究發現國內警詢現況與萊德技術大致符合，但與萊德技術中部分重要的技巧與綱領，仍存在部分差異之處；另就國內警詢現況與國外相關實證研究比較，發現國內外刑警在警詢中有共同偏好的警詢技巧，但仍有部分不同[15]。

---

[15] 盧宜辰（2012）。國內刑事警察警詢現況之研究。中央警察大學刑事警察研究所碩士論文，

有關該研究所發現的警詢現況整理如下，或可觀察出目前國內警察詢問的實際概況（表 11-2）：

表 11-2　國內刑事警察詢問現況整理 [16]

研究面向	經常使用	偶爾使用	不常使用
警詢行為	在初進入偵詢室時，會隨手攜帶偵查卷宗、藉由警詢來得到有幫助的資訊、警詢時讓嫌疑人戴著戒具	在蒐集資料上展現專業能力、藉由警詢來讓嫌疑人坦承、進入偵詢室時先請嫌疑人坐下	主動向嫌疑人自我介紹、主動和嫌疑人握手、詢問嫌疑人時走來走去、進行警詢時會配帶槍械、自我介紹時告訴對方我的全名
警詢技巧	自由陳述犯案過程再就細節提問、指出陳述的前後矛盾、承認犯案後，重新提問讓其交代完整過程、取得信任、保持眼神接觸、詢問是為了給其澄清的機會、針對不回應的問題改變問法以持續發問	展示與犯罪現場有關的照片、採用黑白臉策略、營造出握有涉案罪證的印象、避免讓嫌疑人在警詢過程中與親友聯繫、嫌疑人否認時強調已經罪證確鑿、用已掌握的證據對質、用嫌疑人慣用的語言詢問	用假的事證對質、對不配合的嫌疑人大聲咆哮、打斷嫌疑人的否認、對不配合的嫌疑人表現出不耐煩
警詢環境	燈光明亮的場所、不受干擾的場所、直接與嫌疑人面對面進行警詢	四面環境單調的場所、沒有噪音干擾的場所	無
警詢話題	繼續犯案將導致的後果、持續否認的不利後果	讓嫌疑人坦承與犯罪的關聯性、以曾經說謊的情況反駁	找理由誇讚嫌疑人、被害人也應對犯罪的發生負起部分責任

- - - - - - - - - - - - - -

頁186。

[16] 引自：盧宜辰（2012）。國內刑事警察警詢現況之研究。中央警察大學刑事警察研究所碩士論文，頁169。

第 四 節　環境設備

　　國內以往警察機關鮮少設置偵詢室，2003年起因受監察院檢討指示，內政部警政署於同年訂頒「警察機關偵詢室管理使用規定」[17]，各警察機關才陸續設置，但因礙於地方政府經費，目前各警察機關除中央刑事單位及地方刑警大隊、分局偵查隊完成外，各分駐（派出）所仍有少部分未設置。另為符合刑事訴訟法錄音錄影及偵查不公開等規定，對於偵詢室所應具備設施亦有所規範，包括錄音錄影設備、桌椅（採面對面方式進行詢問）、監視錄影設備及指認設施（含單面透視玻璃、遮蔽簾幕等）；而未設置偵詢室單位，則應選擇隱密、安靜空間為之，並備簡易錄音錄影設備，實施錄音錄影。此與近期盧宜辰針對國內刑事警察警詢現況的研究中相符（參見表11-2國內刑事警察警詢現況整理之警詢環境研究面向）。由此可知，偵查詢問的環境除了考慮隱密性，在沒有人打擾的情況下進行詢問，以減少外來的干擾外，亦必須符合刑事訴訟法錄音錄影、偵查不公開等規定。此外，國內另一項研究也發現[18]：偵詢室環境空間應以5至6坪為宜；傢俱擺設以詢問人員與嫌疑人應隔詢問桌面對面而坐，保持舒適安全距離；顏色以藍色系為宜（藍色會創造冷靜、溫和、平靜的氣氛）；防止噪音干擾；溫度以舒服狀態較佳；光線以日光燈照明等，是設置偵詢室最佳環境方式。

　　惟實際上，國內偵詢室設置之硬體環境設備，除經費不足外，原有老舊廳舍重新隔間增設，環境也不盡理想（空間太小、錄音錄影設備簡陋），未來應以朝向每個外勤單位要有設置偵詢室及具備相關設施為目標。

---

[17] 內政部警政署2002年4月19日警署刑偵字第0910007951號函頒「警察機關偵詢室管理使用規定」。

[18] 徐國楨（2000）。詢問人員、被詢問人員與律師對偵訊室環境知覺之研究。中正大學犯罪防治研究所碩士論文，頁43-44。

第 (五) 節 結 語

　　回顧國內警察偵查詢問工作，長期存在著缺乏系統化理論模式及完整訓練的待解問題，近來因司法改革國是會議於 2017 年 8 月 12 日「總結會議」，有關「精進警詢程序」議題決議，而有重大變化。以下針對司法改革國是會議決議，以及內政部警政署所提出的對策與推動期程作進一步的說明 [19]。

一、司法改革國是會議召開

　　蔡英文總統在 2016 年 5 月 20 日的就職演說宣示，將會結合社會的力量，積極推動司法改革，讓司法能夠回應人民的需求，重新贏回人民的信賴。2016 年 11 月 21 日，總統府設置非法律人過半的「司法改革國是會議籌備委員會」，司法改革國是會議正式啟動，經過 2 個月的「意見徵集」、40 場的「分組會議」、2017 年 8 月 12 日的「總結會議」，歷時 10 個月的司法改革國是會議落幕。

二、有關「精進警詢程序」議題決議

　　其中第一分組：保護被害人與弱勢者的司法，案號 1-2 減低冤案發生與強化救濟機制，關於警詢程序部分，為減少錯誤裁判與落實無罪推定原則，應從錯誤中學習，避免針對性追究個人責任，而更應專注於理解導致錯誤裁判的系統性或組織性的因素，建議採用已知能夠減少錯誤裁判可能性的最適當作法。決議內容如下：（一）應重新檢視現行警詢（嫌疑人及證人）技術與程序，以確保「被發現會增加錯誤自白可能性的方法」不再援用，並納入有實證基礎的詢問技術與程序。包括：應該設計可以減少此種偏誤並確保警察確實考量無罪可能性的檢核表、應重新檢討現行警詢訓練流程與操作方法；（二）落實警詢全程錄音、影之規定，減少錯誤自白的可能性。

---

[19] 司法院、行政院司法改革進度追蹤資訊平台，網址：https://judicialreform.gov.tw/Resolutions，瀏覽日期：2019年3月16日。

三、內政部警政署評估與對策

（一）增修行政作業程序

　　針對內政部警政署訂頒之「警察偵查犯罪手冊」，（2019）第 110 點，增修錄音、錄影之開始至結束規定，落實刑事訴訟法第 100 條之 1 錄音錄影規定；修正「詢問犯罪嫌疑人作業程序」，增修警詢應採用正當詢問態度，避免以有罪推定立場詢問，提供員警正確之筆錄製作程序及方式；修正「警察機關通知法律扶助機構指派律師到場辯護應行注意事項」及「警察機關通知法律扶助機構指派律師到場辯護作業程序」，強化弱勢犯罪嫌疑人法律扶助，針對精神障礙或心智缺陷以及原住民身分者，落實法律扶助規定；針對詢問犯罪嫌疑人時，應注意程序及較易疏漏事項，條列方式建構移送案件檢核表，以表格勾列、便利同仁複式檢核。

（二）強化教育訓練課程

　　警詢制度的改革與建立應從養成教育奠基，並朝在職與進階教育延伸推廣，現階段為落實刑事訴訟法法定程序之規定，內政部警政署於 2017 年 11 月及 2018 年 3 月辦理兩期全國刑事人員講習班，以及 2018 年 4 月中央警察大學警佐班期間，特別針對筆錄製作、強制辯護規定、移送作業及提審應注意事項等加強教育及宣導，以減少詢問與自白之偏誤。

　　內政部並於 2018 年 10 月 29 日召開警察教育訓練課程諮詢會，決議將此模式納入警大、警專訓練課程（表 11-3）；相關教材業於 2019 年 1 月 16 日函請中央警察大學、臺灣警察專科學校二校依循，將視教學狀況滾動式研議修正。

（三）結合實證與研究，建構本土化警詢模型

　　分析實證基礎之判例與國外經驗，蒐集國內近年法院判決提及偵查詢問筆錄涉有違失案例，借鏡先進國家警詢制度及經驗，搭配本土文化以及相關法制，採滾動式機制、研議建構未來國內警察詢問參考模式。內政部警政署業於 2018 年歷經 4 次研商會議，召開 3 次研商會議，邀集提案委員及精研各國警詢模式之學者與各司法警察機關共同討論警詢技術模型，業已完成「我國精進警詢改進模式」（參見表 11-4、11-5），相關程序著重於落實無罪推定原則、採用避免造成虛偽自白的詢問技術，並落實弱勢者之司法保障。

表 11-3　警詢技術實務課程大綱

項次	課程主題	課程大綱	內容	時數
一	序論	警詢技術模型之目的及法律效果	1.警詢為偵查程序中發現真實之重要方法，司法改革國是會議決議，為減少錯誤裁判與落實無罪推定原則，應重新檢視現行警詢技術與程序。 2.警詢筆錄為檢察官、法官研判案情、形成心證，進而起訴或論罪科刑之重要依據，當以正確之方法與技術詢問，方能落實無罪推定原則，確保筆錄具有證據能力。	2
二	準備階段	1.硬體準備：警詢場所及位置安排之影響 2.軟體準備：受詢問人背景資料分析 3.筆錄計畫：依各受詢問人不同擬訂不同筆錄計畫	1.警詢場所：偵詢室及其他偵詢地點會影響受詢問人注意力及氣氛營造，詢問人、受詢問人或其他人員之座位亦會造成受詢問人心理不同感受。 2.筆錄前準備：全盤瞭解案情（偵查報告、調閱資料）及各種細節，如現場勘查、初步調查、現場訪談（目擊者、鄰居、證人）、檢視證物。 3.受詢問人背景資料：依據不同之受詢問人背景資料（身分、人數、案件類型、抗拒與否等），初擬詢問策略。 4.安排人員：應視犯罪嫌疑人人數，於全盤瞭解案情及各受詢問人背景資料，安排適當詢問順序及詢問人員。 5.筆錄計畫：依據前述掌握之資訊，擬訂筆錄例稿（使用空白筆錄擬訂大綱）。	2
三	建立關係	與受詢問人建立關係之技巧以提升警詢效果	1.外在形象：言談、穿著、氣質皆會影響與受詢問人之觀感（正式服裝提供專業形象，輕便服裝可塑造親近感）。 2.經過充分瞭解受詢問人背景資料及個性，可創造話題建立良好互動關係（投其所好，同鄉、相同興趣等共同話題）。 3.評估受詢問人之態度，培養良好問答關係，以利後續警詢進行（抗拒與否可能取決於受詢問人當下心情，使受詢問人願意配合詢問而非迎合）。	2

表 11-3　警詢技術實務課程大綱（續）

項次	課程主題	課程大綱	內容	時數
四	詢問階段	1.開放式詢問類型及注意事項 2.提問以釐清細節 3.提問以比對事證	1.以中立態度就詢問主題以開放式問題方式提問，讓受詢問人未被打斷地就案件自由陳述，並允許受詢問人有停頓或回憶情形（例句：請詳述有關某某案之詳細過程、請詳述○年○月○日發生之詳細過程）。 2.詢問者應專心聆聽受詢問者陳述，透過提問方式釐清並鼓勵其就相關問題提供更多細節（例句：詳細時間？是否還有其他人在現場？是否有何人作何事？）。 3.詢問過程中，詢問者應比對受詢者供述與已知偵查事證，並分析不一致處與矛盾處，並擬定其他進一步詢問之主題（依據監視器畫面，當時你有在現場或不在現場；依據被害人指認或依據通聯紀錄等資料，要求受詢問人解釋）。 4.如受詢問人堅持沒有涉案，應請其詳細說明案發當時行蹤以及相關事證，以利後續偵查（請提出不在場證明）。 5.詢問人初步承認犯行後，鼓勵並發揮耐心使其交待細節，以建構犯罪過程與細節（詳細建構人事時地物及構成要件）。 6.檢視受詢問人揭露犯罪細節，是否與調查事證、現場跡證或其他共犯供述相符，或有尚未揭露於媒體之案件細節，必要時應據此查獲相關犯案證據，檢視與強化自白之真實性。 7.為避免證據遭湮滅或勾串證人，於詢問時如有辯護人在場記錄，則應避免詢問證據不足或不確定之問題。	
五	探究澄清	1.出示證據之時機 2.挑戰陳述之時機及注意事項 3.查證之方式	1.出示證據之時機：查證受詢問人之陳述、反駁受詢問人、使受詢問人降低說謊之欲望（依據警方調查的證據與你所述都不符，說謊是沒有幫助的）。 2.詢問者應避免過早出示所有掌握證據，讓受詢問者知悉警方掌握事證，必要時應保留部分證據以檢驗其供述。	2

表 11-3　警詢技術實務課程大綱（續）

項次	課程主題	課程大綱	內容	時數
五	探究澄清		3.就先前矛盾與不一致之處，詢問者透過展示證據，指出其在詢問過程隱瞞事項，反駁其供述的可信度，並建立與犯罪之關聯。	
六	自白階段	1.建構犯罪細節 2.查證犯罪細節	1.受詢問人初步承認犯行後，鼓勵並發揮耐心使其交待細節，以建構犯罪過程與細節（詳細建構人事時地物及構成要件）。 2.檢視受詢問人揭露犯罪細節，是否與調查事證、現場跡證或其他共犯供述相符，或有尚未揭露於媒體之案件細節，必要時應據此查獲相關犯案證據，檢視與強化自白之真實性。	
七	評估階段	1.評估詢問內容 2.擴大偵查 3.檢討個人表現	1.詢問所取得的資訊是否足夠與符合事實（指認不明確、記憶模糊、隱瞞部分事實等）。 2.依據詢問結果取得資訊進一步偵查（擴大調查被指認人、通知其他證人或犯嫌）。 3.針對受詢問人提示或要求調查之證據，應再調查確認，以符合無罪推定原則。 4.可參考檢察官與法院對於類似案件之認事用法，以增進詢問品質。 5.檢討詢問過程，詢問人的個人表現以及改進空間（檢討詢問大綱、問題設計、問題順序、溝通技巧）。	2
八	操作訓練	1.準備與計畫練習 2.訪談練習 3.開放式詢問練習 4.挑戰練習 5.自白階段取得犯罪細節及構成要件練習 6.檢討與評估	1.建構數個虛擬案件及受詢問人（竊盜案、毒品案、詐欺案、傷害案、單獨犯案或多人犯案、證據充足與證據缺乏等案件），並視課程時數選擇模擬操作案件。 2.訓練自現有資訊中擬訂筆錄計畫。 3.分組操作訪談、詢問、挑戰，模擬各種情境： (1)配合調查之受詢問人。 (2)中間受詢問人。 (3)矢口否認之受詢問人。	6

表 11-3　警詢技術實務課程大綱（續）

項次	課程主題	課程大綱	內容	時數
八	操作訓練		(4)說謊之受詢問人。 (5)堅稱無罪之受詢問人。 4.受詢問人自白後，訓練於筆錄中詳實記載犯罪細節及法律構成要件。 5.實務操作後之分組檢討。	

表 11-4　警詢改進模式（犯罪嫌疑人）

技術	初擬警詢模型（犯罪嫌疑人）
程序大綱	一、準備與計畫 二、詢問階段 三、自白與查證 四、檢討與評估
詢問程序	一、準備與計畫 　㈠硬體準備 　　1.警詢場所之安排。 　　2.錄音（影）設備之準備與檢視。 　　3.受詢問人、辯護人、通譯、陪偵人員及輔佐人位置之安排。 　　4.安全維護與戒具使用評估。 　㈡軟體準備 　　1.案情內容：詢問者應充分瞭解案件內容，包含案發時間地點、被害狀況、現場情形、偵查過程、逮捕情況、共犯間關係等，必要時詢問者應親至案發地點勘察。 　　2.法律規定：各種犯罪類型對於相關法律一般規定及特別規定之適用。 　　3.犯罪構成要件：瞭解涉及的相關罪名以及其構成要件等。 　　4.證物資料：檢視搜索扣押物、偵辦過程所得資料或其他可供警詢之資料。 　　5.受詢問人背景資料：前次警詢經驗、性格、生活狀況、職業、前科、社會背景、教育程度、家庭狀況等。 　　6.筆錄計畫：擬定詢問主題與重點、程序及運用技巧等。 　　7.安全措施：戒護警力之配置，執行人身搜索及其他防護措施，防止受詢問人脫逃、自殺、施暴、破壞贓證物等。 　㈢筆錄前訪談 　　1.詢問者應透過言談、正式穿著等方式，形塑專業、公正及具有知識之形象。 　　2.詢問者應主動自我介紹、介紹詢問環境、目的與後續程序，與受詢問人建立信任互動關係，以利後續警詢進行。

表 11-4　警詢改進模式（犯罪嫌疑人）（續）

技術	初擬警詢模型（犯罪嫌疑人）

詢問程序	3.主動關心受詢問人需求、尊重其個人感受、詢問其想要如何被稱呼等。
	4.若受詢問人過度緊張、焦慮反應時，可先適度疏導。
	5.解釋詢問原因、待證事項以及相關法律權利等。
	6.評估受詢問人理解及表達能力（特別針對未成年人、智能不足、原住民及不語我國語言人士等）、配合程度、面對警詢人員之態度。
	7.評估通譯、辯護人或強制辯護等必要與安排。
	二、詢問階段
	㈠確認人別及告知權利
	㈡開放式詢問
	  1.以中立態度就詢問主題以開放式問題方式提問，讓受詢問人未被打斷地就案件自由陳述，並允許受詢問人有停頓或回憶情形。
	  2.詢問者應專心聆聽受詢問者陳述，透過提問方式釐清並鼓勵其就相關問題提供更多細節。
	  3.詢問過程中，詢問者應比對受詢問者供述與已知偵查事證，並分析不一致處與矛盾處，並擬定其他進一步詢問之主題。
	  4.如受詢問人堅持沒有涉案，應請其詳細說明案發當時行蹤以及相關事證，以利後續偵查。
	㈢探究澄清
	  1.在受詢問者所有待詢問主題已充分陳述後，詢問者適時出示部分與其陳述矛盾之事證，請其解釋且陳述細節。
	  2.詢問者應評估其陳述是否具有合理性與一貫性，就矛盾或不一致處，再進一步請其解釋說明，並且擬定後續待查證事項。
	  3.若詢問者解釋具有合理性，必要時應進一步加以查證。
	㈣證據挑戰與對質
	  1.詢問者應避免過早出示所有掌握證據，讓受詢問者知悉警方掌握事證，必要時應保留部分證據以檢驗其供述。
	  2.就先前矛盾與不一致之處，詢問者透過展示證據，指出其在詢問過程隱瞞事項，反駁其供述的可信度，並建立與犯罪之關聯。
	  3.對於受詢問人遭遇情境予以安撫並減少其羞恥感，說明就自白者法律相關減輕規定，使其願意說出真相或自白。
	三、自白與查證
	㈠受詢問人初步承認犯行後，鼓勵並發揮耐心使其交待細節，以建構犯罪過程與細節。
	㈡檢視受詢問人揭露犯罪細節，是否與調查事證、現場跡證或其他共犯供述相符，或有尚未揭露於媒體之案件細節，必要時應據此查獲相關犯案證據，檢視與強化自白之真實性。
	四、檢討與評估
	㈠詢問所取得的資訊是否足夠與符合事實。

表 11-4　警詢改進模式（犯罪嫌疑人）（續）

技術	初擬警詢模型（犯罪嫌疑人）
詢問程序	(二)依據詢問結果取得資訊進一步偵查。 (三)針對受詢問人提示或要求調查之證據，應再調查確認。 (四)檢討詢問過程，詢問人的個人表現以及改進空間。
技術重點	參考英國PEACE警詢模型、美國萊德技術等詢問程序，避免使用影響自白真實性之詢問技術，並以客觀角度詢問犯罪嫌疑人，落實無罪推定原則，避免因警詢人員產生之心證影響筆錄內容。
優點	一、減少因錯誤自白導致之冤獄案件及後續國家賠償及偵查人員刑事責任。 二、透過自我評估發現改善空間，以學習進步。 三、融合多國模式優點，詢問技術較富彈性。
缺點	一、詢問時將花費較多時間，現行犯經逮捕後僅有16小時之時間可使用。 二、需藉由多次詢問查證以發現真實。 三、緘默權若未適度限縮，恐難以詢問。
後續規劃	一、初步完成之草案，需與各警察機關研商討論可行性。 二、搭配我國現行養成教育、在職訓練與進階受訓等階段，融入實務運作發現問題，以滾動式修正，使教育訓練能與實務運作接軌。

表 11-5　警詢改進模式（證人）

技術	初擬警詢模型（證人）
程序大綱	一、準備與計畫 二、建立關係 三、詢問階段 四、查證 五、結束 六、檢討與評估
詢問程序	一、準備與計畫 　(一)硬體準備 　　1.警詢場所之安排。 　　2.受詢問人位置之安排。 　　3.在場人（通譯、陪偵人員或輔佐人）位置之安排。 　(二)軟體準備 　　1.案情內容：詢問者應充分瞭解案件內容，包含案發時間地點、被害狀況、現場情形、偵查過程、逮捕情況、共犯間關係等，必要時詢問者應親至案發地點勘察。

表 11-5 警詢改進模式（證人）（續）

技術	初擬警詢模型（證人）
詢問程序	2.法律規定：各種犯罪類型對於相關法律一般規定及特別規定之適用。 3.犯罪構成要件：瞭解涉及的相關罪名以及其構成要件等。 4.證物資料：檢視搜索扣押物、偵辦過程所得資料或其他可供警詢之資料。 5.受詢問人背景資料：先前警詢經驗、性格、生活狀況、職業、前科、社會背景、教育程度、家庭狀況等。 6.筆錄計畫：擬定詢問主題與重點、程序及運用技巧等。 二、建立關係 　(一)詢問者應透過言談、正式穿著等方式，形塑專業、公正及具有知識之形象。 　(二)詢問者應主動自我介紹、介紹詢問環境、目的與後續程序，與受詢問人建立信任互動關係，以利後續警詢進行。 　(三)主動關心受詢問人需求、尊重其個人感受、詢問其想要如何被稱呼等。 　(四)若受詢問人過度緊張、焦慮反應時，應先給予安撫與協助。 　(五)解釋詢問原因、待證事項以及相關法律權利（如得拒絕證言）及不得為不實之證言等。 　(六)評估受詢問人理解及表達能力（特別針對未成年人、智能不足、原住民及不諳我國語言人士等）、配合程度、面對警詢人員之態度。 　(七)評估是否需要通譯、輔佐人等安排。 　(八)告知受詢問人對於不理解的問題可以提出，不確定答案的問題亦可回答不知道，並要求其一定要照實回答。 　(九)提醒在場人勿干擾警詢進行、透過肢體或言語影響受詢問人回答內容，以避免影響筆錄真實性。 三、詢問階段 　(一)開放式詢問 　　1.以中立態度就詢問主題以開放式問題方式提問，讓受詢問人未被打斷地就案件自由陳述，並允許受詢問人有停頓或回憶情形。 　　2.詢問者應專心聆聽受詢問者陳述，透過提問方式釐清並鼓勵其就相關問題提供更多細節。 　　3.詢問過程中，詢問者應比對受詢者供述與已知偵查事證，並分析不一致處與矛盾處，並擬定其他進一步詢問之主題。 　(二)具體性提問 　　1.於開放式回答後，利用具體指示性問句使受詢問人集中注意於相關細節（人、事、時、地、物），一問一答之記錄方式應於開放式提問後，以利受詢問人完整陳述。

表 11-5　警詢改進模式（證人）（續）

技術	初擬警詢模型（證人）
詢問程序	2.儘量由受詢問人自行陳述構成要件之事實，避免過早介入提問，以提高筆錄眞實性。 四、查證 　詢問者應將受詢問人供述與已知細節比對，評估其眞實性；並評估其陳述是否具有合理性與一貫性，就矛盾或不一致處，再進一步請其解釋說明，並且擬定後續待查證事項。 五、結束 　(一)摘要詢問過程的重點，確認雙方瞭解一致。 　(二)確認受詢問人是否已提供所有其願意提供的資訊。 　(三)告知其未來可能進行的程序（如至檢察署具結、後續要出庭……等）。 　(四)邀請受詢問人若記起任何與案件相關的資訊可再予告知，並留下聯繫管道。 六、檢討與評估 　(一)詢問所取得的資訊是否足夠與符合事實。 　(二)依據詢問結果取得資訊進一步偵查。 　(三)檢討問過程，詢問人的個人表現以及改進空間。 　(四)針對受詢問人提示之證據，應再調查確認。
技術重點	參考PEACE警詢模型、NICHD等詢問程序，避免使用暗示性、誤導性、封閉性等問句，影響證人之記憶及敘述，並將詢問技巧聚焦於建立關係階段，以利取得充分並具可信度之敘述。
優點	一、減少因錯誤指證導致之冤獄案件及後續國家賠償及偵查人員刑事責任。 二、透過自我評估發現改善空間，以學習進步。 三、融合多國模式優點，詢問技術較富彈性。
缺點	一、詢問時將花費較多時間。 二、需藉由多次詢問查證以發現眞實。
後續規劃	一、初步完成之草案，需與各警察機關研商討論可行性。 二、搭配我國現行養成教育、在職訓練與進階受訓等階段，融入實務運作發現問題，以滾動式修正，使教育訓練能與實務運作接軌。

四、產生之效益及影響

（一）更完善警詢標準作業程序（SOP）

　爲確保「錯誤自白可能性」的減少，修訂警詢相關作業規定與程序（犯罪

偵查手冊、訊問犯嫌作業程序、辯護人到場作業程序），俾實務員警詢問有所依循，並藉由複式稽核機制，強化審核功能。

（二）落實弱勢當事人司法扶助

強化弱勢身分被告之法律扶助，使其能第一時間獲得法律諮詢，辯護人之在場、陳述意見，亦可確保詢問過程之任意性及不正方法之避免。

（三）推動本土化之警詢模型與提升機制

藉由參考歐美等先進國家技術，分析長年實務操作之經驗，融合各國技術優點，採用有效且富有彈性的詢問程序，司法警察亦能透過自我評估發現改善空間，以學習進步，提升整體警詢品質，進而減少錯誤自白的發生。

第三篇

性犯罪嫌疑人詢問研究

CHAPTER

12

美國聯邦調查局的性侵害
犯嫌偵查詢問研究

　　美國聯邦調查局於 1976 年設立行爲科學組（Behavior Science Unit），啓動連續殺人魔（Serial Murders）的著名研究計畫，由 FBI 探員與大學心理系教授組成研究團隊，親赴監獄訪談了 30 多位連續殺人犯（每位至少涉及三起以上的性侵害殺人案），詢問內容包括：成長背景、心理特質、作案過程、犯罪手法、肢解和棄屍等問題；所得研究成果彙整成《Sexual Homicide: Patterns and Motives》[1]和《Crime Classification Manual》[2]兩本書，隨之掀起世界許多國家發展犯罪剖繪（Criminal Profiling）此一偵查輔助技術的熱潮。

　　在「犯罪分類手冊」一書中，性侵害分類是整合 Groth[3]、Knight 與 Prentky 等人的分類法，以權力（Power）、憤怒（Anger）和性（Sex）爲要素，將性侵害犯罪嫌疑人區分爲：權力再確認（Power Reassurance）、權力獨斷（Power Assertive）、憤怒報復（Anger Retaliation）及憤怒興奮（Anger Excitation）等四大類，內容涵蓋：各次類（及子類）的定義、特性、被害人、現場指標、行爲跡證（Behavior Evidence）、物證發現、搜索及偵查詢問建議等，目標是作爲偵辦類似案件與詢問嫌疑人的參考依據。

　　本章開始先介紹這 4 類性侵害嫌疑人的心理動力、背景特質和性攻擊意涵，其次彙整各類性侵害嫌疑人的肢體（Physical）、口語（Verbal）和性

---

[1] Ressler, Robert K., Burgess, Ann G. & Douglas, John E. (1988). *Sexual Homicide: Pattern and Motive,* The Free Press。此書是犯罪剖繪研究最早且最有系統的代表作，中譯本：李璞良譯，異常快樂殺人心理—解讀性犯罪，臺灣先智出版。

[2] 這本犯罪分類手冊主要針對命案（Homicide）、縱火（Arson）、性侵害（Sexual Assault）等三種暴力犯罪類別作出偵查與分類建議：參見Douglas, John E., Burgess, Ann W., Burgess, Allen G., & Ressler, Robert K. (1992). *Crime Classification Manual: A Standard System for Investigating and Classifying Violent Crimes,* John Wiley & Sons.

[3] Groth於1966年至1967年間針對全美500名監獄性侵害受刑人進行系統性研究，1977年在美國精神醫學期刊發表一篇有關於強制性交者研究文章——「強制性交：權力、憤怒與性慾」（Rape: Power, Angerand Sexuality），提出「性犯罪類型學」（Taxonomic on Sexual Crimes Model），其影響日後性犯罪的分類，廣為學術與實務界使用：其分法是以動機為分類，性侵害 單只是純粹的性犯罪而已，每個性犯罪的背後動機可能各有不同，包括權力、憤怒、性，且具有暴力本質。參見Groth, A. N., & Birnbaum, H. J. (1979). Men Who Rape: The Psychology of The Offender. Plenum Press：許春金（2010）。犯罪學。三民書局，頁501-503。

（Sexual）行為，接著引介 FBI 探員所分別建議的偵查詢問技巧，最後摘述 FBI 於本世紀初系統化檢對這套偵查詢問技巧後，提出的五大偵查詢問原則建議。

第 一 節　性侵害犯嫌的分類 [4]

一、權力再確認型（又稱補償型）

在 4 種性侵害犯嫌類型中，此型較不具暴力及攻擊性，也是最沒有社交能力者，深受低度自我肯定所困擾，且背景異於尋常，可能有異常的性偏差行為，如異裝或雜交、暴露、窺淫、戀物癖或過度手淫等。這類犯罪人性侵害的基本目的，是為了提升自我的地位，以性為主要目的，並覺得本身是個失敗者，藉著控制與侵害他人，以暫時確認自身的重要性。

這類性侵害犯嫌的行為，性犯罪是性幻想的一種表達。通常僅使用足夠的力量去控制被害人；會考慮到被害人的感覺，通常不會刻意傷害對方。他認為被害人喜歡與他進行性行為；甚至要求被害人對他說猥褻的話，但自己很少會用不敬的言語與被害人交談。也可能禮貌地叫被害人自行脫除衣物，只暴露出供性侵害所需的身體部分；傾向徒步選擇年紀相仿和同種族的被害人，地點通常是在居家附近，或與他工作地點相近的地方。犯案時間通常是在午夜到凌晨 5 點，性侵害犯嫌犯案間隔約 7 到 15 天；性侵害之初雖使用些微暴力，但當繼續攻擊時，暴力程度可能會增加。若有必要則會從被害人家裡選擇凶器；也可能從被害人家中收集紀念品。此類性侵害犯嫌是所描述 4 種性侵害犯嫌中，唯一可能事後會再度與被害人接觸，也可能自認被害人喜歡他的性侵害，因而答應再回來找對方；可能有陽萎等性障礙，甚至寫日記，記下被害人姓名和性侵害過程。

---

[4] Holmes, R. M., & Holmes, S. T. (2009). *Profiling violent crimes: Investigative tool* (4th ed.). Sage Publications, pp.153-166；林燦璋、廖有祿、郭若萱（2004）。陌生人間性侵害案件偵查的行為跡證剖析。中央警察大學學報，第41期，頁379-402。

二、權力獨斷型（又稱剝削型）

　　這類性侵害行為是企圖表達男子氣概和個人支配慾，自認為侵害是男人對女人的優勢權力；性侵害不只是性的舉動，更是掠奪的衝動行為。在性侵害中所展現的攻擊，是意圖驅使被害人依從；並不關心對方的感受或處境，被害人必須按照其指使去配合。常在單身酒吧尋覓獵物，性侵害是混合口語和肢體暴力；若遭反抗，會威嚇被害人，而後為所欲為。

　　此型性侵害犯嫌會針對特定類別的被害人，施以多重攻擊，而被害人通常是與其同年紀的族群。不但與被害人進行陰道性交，也進行肛交，然後抽出之後，要求含吸其性器。也許有射精障礙，會強迫被害人與其口交，激起生理興奮以遂行性侵害。性是他表達掠奪的一種衝動行為，犯案的間隔通常是 20 至 25 天；這類犯嫌常感覺到性侵害的需求，他的攻擊是企圖強迫被害人依從，當持續性侵害時攻擊會增強。可能攜帶凶器到現場，顯示犯案有預先計畫的；他不會對被害人隱藏其身分，因此帶面具、躲在暗處或矇眼睛是不需要的；亦無意圖要再接觸被害人，在侵害之後不會道歉，也不會收集紀念品或寫下日記。

三、憤怒報復型（又稱憤怒或替代型）

　　不像權力再確認型，此類犯罪人傷害婦女有其偏激目的；意圖性侵害所有異性，以報復生平在女人手中，所遭受真實或想像的不公平對待。犯罪人似乎對性侵害有不能控制的衝動，而性侵害行為的發生，傾向在與妻子、母親，或生活中一些重要女性的衝突事件之後，進而以性侵害行為來洩恨。

　　此型性侵害犯嫌傾向性侵害住家附近的異性；攻擊方式是突然急襲，性侵害主要是表達憤怒，且蓄意傷害對方。過程中顯露的攻擊，依序從口頭攻擊到身體的傷害，甚至是殺害；會對被害人說出很多褻瀆詞句，常扯裂被害人衣物，並隨手取用凶器傷害被害人，其中包括拳頭和腳。這類性侵害犯嫌把達成性滿足與表達憤怒加以連結；使用褻瀆言詞目的是：提高自身性興奮、灌輸恐懼給被害人。自己覺得需要以各種方式表達生氣和憤怒，例如先與被害人肛交，然後立刻強迫對方進行口交，之後射精在被害人臉上，進一步羞辱對方。傾向尋覓同年紀或稍長的女性；性侵害過後，不會再試著接觸同一被害人。

四、憤怒興奮型（又稱虐待型）

在 4 種性侵害類型中，此型是最危險的性侵害類別，其性侵害行為是出於性侵略的幻想；主要目的是對被害人施加生理和心理痛楚。這類犯罪人多數有反社會人格，具攻擊性，尤其是在追求個人滿足而受到批評或阻礙時；他在侵略和性滿足間有著密切關聯，亦即將攻擊和暴力加以性愛化。其性侵害行為的攻擊成分不單是控制，且意圖傷害對方；若這類犯罪人沒有被逮捕而繼續犯案，可能最後會殺害被害人。

犯嫌小心選擇被害人，確定沒有被人看見，且盡可能採行各種防備措施，來阻礙犯罪的偵查和逮捕。通常將被害人帶到他能掌控行動的地方，即舒適區（Comfort Zone）。這類型性侵害犯嫌在犯罪中，使用塞口、水管綁帶、手銬及其他裝備，與其說是控制對方，不如說是對被害人灌輸恐懼。他也可能將被害人的眼睛矇住，主要在加深被害人的害怕程度。可能用極度褻瀆和貶低的話，詳細告訴被害人他將要對她作些什麼。攻擊被害人時，可能以另一個名字稱呼對方，或許是他太太或母親的名字。虐待型性侵害犯嫌的行動是很儀式化的，期盼每件性侵害案都必須依照計畫，使自身歷經那般他所相信必要的感覺。可能要被害人對他說些話來激發他，且可能堅持以口交作為性交的前奏。或許有射精的障礙；也會從持續犯案中，學到潛近被害人的更有效方法。這類性侵害犯嫌平常會喝些酒，也可能吸食毒品。他對自己的犯行毫無悔意，持續犯罪且暴行加劇直到被捕。

上述 4 種類型性侵害犯罪嫌疑人在心理動力、背景特徵及攻擊意涵的比較，詳如下表所示：

表 12-1　4 類性侵害犯嫌的特性比較 [5]

項目	權力再確認型 （補償型）	權力獨斷型 （剝削型）	憤怒報復型 （憤怒型）	憤怒興奮型 （虐待型）
心理動力	性侵是消解其男子氣概的懷疑，而去犯案	性侵是其氣魄、控制、優越的一種表現	性侵是其對婦女敵意與憤怒的一種表現	在折磨被害人中尋求愉悅、驚顫、興奮

---

[5] 表內背景特質、攻擊意涵、行為特徵等，引自：郭若萱（2003）。性侵害犯罪偵查資料庫之分析研究。中央警察大學刑事警察研究所碩士論文，頁19-21。

表 12-1 四類性侵害犯嫌的特性比較（續）

項目	權力再確認型 （補償型）	權力獨斷型 （剝削型）	憤怒報復型 （憤怒型）	憤怒興奮型 （虐待型）
背景特徵	1.單身 2.與父母同住 3.無性伴侶 4.不擅運動 5.沉默、被動 6.孤僻 7.從事勞動職業 8.流連成人書店 9.喜愛偷窺 10.暴露癖 11.異性裝扮 12.戀物癖	1.成長於單親家庭 2.住過寄養家庭 3.童年受到肢體虐待 4.高中輟學 5.多次婚姻 6.關注外表 7.單身酒吧常客 8.陽剛性的職業 9.有家庭問題 10.財產犯罪前科 11.愛運動 12.因不光榮事蹟而退伍	1.父母離異 2.國中教育程度 3.已婚 4.多數曾被肢體虐待 5.具社交能力 6.憎恨女性 7.被收養過 8.不會攻擊妻子 9.擅長運動 10.常去酒吧 11.喜歡肢體接觸的運動 12.動作取向的職業	1.成長於單親家庭 2.父母離異 3.住過寄養家庭 4.童年曾受肢體虐待 5.成長於性偏差的家庭 6.出自中產階級的家庭 7.一些有大專教育程度 8.已婚 9.無逮捕前科 10.年齡30-39歲 11.強迫性人格 12.從事白領工作
攻擊意涵	1.藉由控制被害人來滿足所欠缺的男性氣概 2.對其與女人共處的社交能力缺乏信心 3.常出現於陌生侵害案	1.自認是男人中的男人認為此舉是他應有的權力 2.侵害女子以展現其權力和支配權	1.憤怒報復是關鍵因素 2.因挫折而對女人報復 3.將性侵害當作是一種懲罰手段	期待從被害人受傷害所反應的痛苦、恐懼和順從中得到性喚起和性滿足

第 二 節　性侵害犯嫌的行為跡證

　　行為跡證，係指任何可作為提示或代表歹徒個人犯行的行為科學證據；其範疇不僅涵蓋肢體行為和性行為，尚包括口語行為。而行為跡證分析，是針對

犯罪證據、被害情形及現場特徵等資料詳加剖析的演繹過程，俾以探求這三者在犯罪行為意涵上的聚合點（Behavioral Convergences）[6]；整套行為跡證分析的基本步驟有三，依序是[7]：一、從被害人的案情陳述得知歹徒的犯罪行為；二、剖析犯罪行為以確認歹徒攻擊行為的基本動機；三、由犯案動機來推定歹徒的背景特徵及人格特質。

　　在第一個步驟中，訪談被害人是最重要的，因為僅有被害人可以提供完成犯罪分析的必要資訊，所以警方與被害人間的互動就格外重要。晤談者在與被害人晤談時，也要保持客觀的立場，因為在晤談時，將會面臨被害人、犯罪者、晤談者的觀點立場。如果辦案人員可以作到客觀、詳實，那麼關於性侵害犯嫌的背景輪廓就會逐漸成形。這組針對被害人系統化訪談，專門蒐集犯罪行為特徵的 13 項詢問題目，詳細敘述於後[8]：

一、犯嫌採何種方式接近被害人

　　當歹徒準備接近並制服被害人時，通常會傾向於選擇自己比較得心應手的方法，而此正好透露出關於歹徒個人的某些重要訊息：

（一）誘騙法（Con）

　　採取誘騙法的犯嫌，會以藉口（Subterfuge）、詭計（Trick）或詐術（Ruse）來接近被害人，其目的是要取得被害人的信任，接著擄獲（Capture）她；一旦犯嫌取得對被害人的控制之後，對於被害人的態度就會突然轉變，這種轉變可能是對被害人內在敵意（Inner Hostility）的反應。使用誘騙法的犯嫌對於自己和異性的互動能力很有自信，相信其本人不會讓對方感到害怕。

（二）閃擊法（Blitz）

　　使用閃擊法的歹徒，是透過突然傷人的暴力（Injurious Force）來制服被

---

[6] Turvey, Brent E. (2003). *Criminal profiling: An introduction to behavior evidence analysis* (2nd ed.) CA: Academic Press, p. 678.

[7] Hazelwood, Robert R. & Burgess, Ann (eds.) (2009). *Practical aspect of rape investigation: A multidisciplinary approach,* CRC Press, p. 83.

[8] 原作者計提出14個詢問性侵害被害人的相關問項，本文摘錄其中與行為跡證密切關聯的前13題，參考自：Hazelwood, Robert R. & Burgess, Ann (eds.) (2009). *Practical aspect of rape investigation: A multidisciplinary approach,* CRC Press, pp. 84-91.

害人，不讓對方有反擊或溝通的機會；通常犯嫌會使用塞口、矇眼、綑綁、拳頭、鈍器、迷藥、勒殺等方式攻擊被害人。採行此法透露出犯嫌對異性存有敵意，因此在與女性的互動關係中是自私、複雜、短暫的。

（三）突襲法（Surprise）

歹徒是趁被害人熟睡或藉機埋伏（躲在汽車後座、牆後、樹叢中），通常會採口頭威脅或亮出武器來制服被害人。而使用此法顯示出：1. 被害人是在案發前就已被選定，而選定的過程可能是基於長期對被害人的監視；2. 犯罪者沒有足夠的信心採取誘騙法，也不想使用暴力閃擊被害人。

二、犯嫌如何維持對被害人的控制

關於歹徒以何種方式維持對被害人的控制，主要是取決於性侵害的動機；常見的控制的方法有現身、出言威脅、亮出凶器、使用肢體暴力等 4 種：

（一）現身（Mere Presence）

有時不須出言或費力，只要歹徒身影在現場一出現，就足以讓被害人感到恐懼而受制服；不過，這對警方來說是很不可思議的，因為他們通常是基於自己的觀點（認為被害人應該會怎麼作），來判斷被害人的反應，而不是基於被害人特質或犯罪當時情境、恐懼程度等因素。

（二）口語威脅（Verbal Threat）或亮出凶器（Display of a Weapon）

攻擊的動機通常會在言語的威脅中顯現出端倪，應盡可能將這些威脅的內容逐字描述出來，並記錄這些威脅內容是否有被實現。此外，許多性侵害犯嫌會亮出武器來取得或維持對被害人的控制，辦案人員不僅要確認性侵害犯嫌是否持有凶器，也要注意是在什麼時間點上亮出該凶器的。

（三）肢體暴力（Use of Physical Force）

在性侵害案件中，肢體暴力的使用及其總量，是加害動機的關鍵決定因素；辦案人員應該測定暴力使用的總量，以及歹徒在暴力使用前、中、後的態度。

三、犯嫌所使出的肢體暴力程度為何

對於肢體暴力的描述應求精確，一般可分成四等級；但有時被害人因擔心警察會不相信，故而誇大暴力程度，也可能是受害之後無法區辨性侵害與身體傷害：

（一）輕度暴力（Minimal Force）

此一層級的暴力程度輕微，目的在威嚇被害人，有時甚至未能使用暴力徒可能掌摑被害人，但未重複施暴，過程中也鮮少出現辱罵言詞（Non-Profane）。

（二）中度暴力（Moderate Force）

當使用中等暴力時，即便被害人沒有抵抗，犯嫌仍會重複毆打被害人；在整個攻擊過程中，歹徒會使用辱罵等類似言語。

（三）過度暴力（Excessive Force）

遭受此一層級的暴力攻擊，被害人所受的傷害可能會達到住院程度；犯嫌所用的言詞是用辱罵、帶有貶低口吻的語氣。

（四）殘忍暴力（Brutal Force）

被害人遭致極度的肢體暴力（包含折磨），可能致死或需長期療養；犯嫌的言詞中充滿著憤怒與敵意。

四、被害人的抵抗情形為何

通常被害人在被命令去作某件事時，會有順從或抵抗的反應；抵抗是被害人所採取任何用來防止、延緩、降低攻擊效果的行動。辦案人員通常只注意到被害人的口語、肢體抵抗，忽略了同等重要的「消極抵抗」：

（一）消極抵抗（Passive Resistance）

消極抵抗是發生在當被害人沒有言語及肢體抵抗，亦未遵循犯嫌的指示時。消極抵抗在審判程序中常被忽略，檢察官應設法讓法官及陪審團瞭解關於消極抵抗的概念（被害人單純地未遵循犯嫌的指示）。

（二）言詞抗拒（Verbal Resistance）

尖叫、抗辯、拒絕等皆屬之，或是與攻擊者協商、企圖勸說，但不含哭泣。

（三）肢體反抗（Physical Resistance）

這類包括：打、踢、抓、逃跑等；警方不應假定任何類型的抵抗都有發生，而當沒有證據顯示有抵抗時，需依個人特質判定被害人是否為消極抵抗或作出他種反應。

五、犯嫌對於被害人的抵抗有何回應

性侵害對被害人產生莫大壓力，同時亦對犯嫌造成壓力（害怕被認出或逮捕、害怕被傷害或嘲笑、害怕被害人成功抵抗等）；當性侵害犯嫌面對被害人的抵抗時，通常會有以下反應：

（一）停止動作（Cease Demand）

在面臨被害人的抵抗時，性侵害犯嫌未必會改以暴力屈服對方，而是放棄原先的要求，改實行另一階段的攻擊。

（二）妥協／協商（Compromise/Negotiate）

有時犯嫌會妥協，接受被害人建議的替代行為，譬如原先想要進行肛交，但因被害人反抗，改從陰道實施性侵害。

（三）逃離（Flee）

有時歹徒會因被害人的抵抗而罷手離去；此舉的可能原因，是不想以暴力違背被害人的意願，或是沒有預料到被害人會抵抗等。

（四）威脅（Threaten）

有些歹徒會想透過口語或肢體威脅，再重新獲得被害人的屈從；如果此刻被害人不理會其威脅而持續抵抗，瞭解犯嫌接下來的反應就顯得格外重要。

（五）暴力（Force）

最後一種反應就是暴力相向；此時警方應測定暴力程度及其持續時間。

六、犯嫌有無出現性功能障礙

警方在詢問過程中，被害人通常不會自動提供這類資訊，因為她們認為這並不重要而輕忽，或對被強迫作出的不雅配合動作而感到尷尬。性功能障礙計有：

（一）陽痿（Erectile Insufficiency）

這是在性交時根本無法勃起或未能持續勃起。陌生人間性侵害案件中，此類較常見。

（二）提前射精（Premature Ejaculation）

提前射精是在進入（Penetration）陰道之前、後，就立即射精。

（三）延遲射精（Retarded Ejaculation）

與提前射精相反，延遲射精是指射精困難或失敗而未能獲得性滿足。

（四）情況性射精（Conditional Ejaculation）

這類性功能障礙是一開始無法勃起或持續勃起，只能在被害人刺激（口交、手淫、穢言）等特定情況（條件）發生後，才會射精。

七、侵害過程中性行為的型態及順序為何

因為基於羞恥與經歷了嚴重創傷，被害人非常不願意答覆這類問題。辦案人員可藉由專業與憐憫的態度來取得被害人的合作，其中陰道侵入、口交、肛交最常被問及，至於親吻、愛撫、戀物、窺淫、綑綁、暴露，或以外物、手指侵入陰道、肛門等異常行為卻常被忽略掉，其實這些都是深入瞭解歹徒的重要佐證。

八、犯嫌曾對被害人說過什麼話

通常性侵害犯嫌透過肢體或言詞暴力，以取得對被害人的控制和支配；若能從受害一方得知歹徒犯案當時的言詞活動（Verbal Activity）和內容，以及說話時的方式（音調、態度），將有助於推測歹徒的社會背景和個人特質。其中，當犯嫌言談中使用讚美、禮貌、關心、歉意等話語，或是與被害人論及其個人生活，此舉顯現犯嫌意欲取得對方性同意的幻想（Fantasy of Consent）；而貶低、辱罵、威脅、咒罵等言詞，則透露出犯嫌內心的憤恨，並想藉由性去處罰、貶低對方。

九、被害人是否有被迫說過任何話

儘管性行為是基於生理功能，但性的激起與滿足則是受控於性心理（Psychosexual），而性能力也是受控於心理，人類感覺也是性行為中不可或缺的部分。至於聽覺更是一項很重要的性感覺（Sexual Sense），在性行為中對性伴侶所說的任何言語，都足以影響性能力；當性侵害犯嫌強迫被害人說出特定字語來增強其性能力時，警方應記下這些，藉此瞭解歹徒的動機及其性幻想。

十、過程中犯嫌的態度有任何突然的轉變

性侵害案件發生時，不僅使被害人遭受極大壓力，對犯嫌同樣也造成不少

壓力；而歹徒面對壓力的態度改變，可能反應在言語、身體、性行為上，此即行為跡證的探究重點。若被害人能夠注意到此一轉變，承辦員警應囑咐被害人，回憶在犯嫌態度轉變之前，甚至是性侵害完成後，有什麼突發事跡；而促成態度轉變的原因，包括：犯嫌的性功能障礙、外在的干擾、被害人的抵抗、被害人未發出恐懼、嘲笑或輕視等回應。

十一、犯嫌是否有採取防止被逮捕的措施

這問題主要在探求性侵害犯嫌犯案經驗的多寡，推判歹徒是位新手或老手的基準，在於防範措施的細密程度：

（一）新手（Novice）

新手對於刑事科學技術進展不甚瞭解，通常所採行用以防止被指認的預防措施不多且較粗糙，譬如穿戴面罩、手套、改變聲調、蒙住被害人的眼睛，沒有警覺到警方仍可經由頭髮、纖維證據、DNA 鑑驗等展開偵查。

（二）老手（Experienced）

相較於上述的預防措施，經驗老到的性侵害犯嫌，可能在犯案前就已策劃好逃離路線、在侵入或離開時切斷被害人的電話線、命令被害人沖洗身體、自行攜帶綑綁及塞口物、在攻擊過程中戴上外科手套、強迫被害人清洗任何他觸碰或沾有精液的器物等。

十二、犯嫌有無帶走被害人的任何物品

性侵害的被害人大多同時會發生物品遭竊的情事；這些被歹徒取走的東西可分為：

（一）證據的（Evidentiary）

性侵害犯嫌拿走可能被作為證據的物品，這或許是基於過去的經驗，或是曾因類似案件被捕的教訓。

（二）值錢的（Valuable）

犯嫌會拿走什麼樣值錢的物品，取決於他的年紀和成熟度。

（三）個人的（Personal）

歹徒所重視的不是這些物品本身的價值，而是這些物品可供其重溫犯案過程，特別是與被害人的互動情形。包括：被害人的照片、內衣褲、證件，甚至

是價值不高的珠寶。性侵害案中失竊的物品，一般分為戰利品（Trophy）或紀念品（Souvenir）兩類，可經由性侵害犯嫌的肢體、口語、性行為加以判定：若是咒罵的、敵意的、肢體暴力的性侵害犯嫌，通常拿走物品作為戰利品；而拿走紀念品的性侵害犯嫌，通常是「權力再確認型」，他們言詞上會向被害人保證不動粗，行動上也很少使用肢體暴力。若歹徒事後將竊走的物品歸還被害人，就「戰利品犯罪者」而言，歸還物品代表恫嚇、威脅對方；至於「紀念品犯罪者」，則是企圖向被害人示好。

十三、被害人是否有被歹徒事先鎖定

　　有些性侵害犯嫌會在犯案前就先行鎖定被害人；而偵查員應確定被害人在遇害前，是否有接到或經驗過：沒有表明身分的電話、莫名其妙的紙條、住家或汽車被破壞、陌生人徘徊屋外、住家被窺探、被跟蹤或注視等不尋常現象。

　　關於美國聯邦調查局所研究的這 4 類性侵害犯嫌，其作案時的接近方式（Method of Approach）、攻擊方法（Method of Attack）、口語行為、性行為、肢體行為、犯罪手法（M.O.）、簽名行為（Signature Behavior）等詳加區辨，並彙整於表 12-2：

表 12-2　4 類性侵害犯嫌的行為跡證比較 [9]

	權力再確認型	權力獨斷型	憤怒報復型	憤怒興奮型
接近方法	突襲	誘騙／突襲	閃擊／突襲	誘騙
攻擊方式	口語威脅／凶器	口語威脅／肢體暴力／凶器	極度暴力／凶器／炸藥	突襲／肢體暴力／凶器／炸藥
口語行為	1.較不傷害被害人 2.讚美被害人 3.要求情感回饋 4.自我貶低 5.關心被害人 6.自身感到抱歉 7.探詢性習性 8.性能力再確認	1.表現獨斷性 2.會下達性指令 3.表現初期的愉悅 4.表現男子氣概 5.大量使用猥褻語 6.貶低/羞辱被害人 7.具體指出性行為 8.口語威脅	1.口語自私 2.不妥協 3.因某事件或想像事件而責備被害人 4.憤怒、敵意口語	1.取得被害人信任 2.慫恿被害人離開舒適區 3.命令被害人要尊稱他 4攻擊時問被害人感受 5.貶低/羞辱被害人

9　林燦璋、廖有錄、郭若萱（2004）。陌生人間性侵害案件偵查的行為跡證剖析。中央警察大學學報，第41期，頁392-393。

表 12-2　4 類性侵害犯嫌的行為跡證比較（續）

	權力再確認型	權力獨斷型	憤怒報復型	憤怒興奮型
性行為	1.進行前戲 2.讓被害人參與性行為 3.會讓被害人協商 4.不強迫被害人遵行某些性要求	1.隨心所欲 2.缺乏前戲 3.反覆侵害 4.折磨／虐待被害人 5.拉扯／捏／咬 6.目標在擄獲／征服／宰制被害人 7.被害人是滿足性幻想的道具	1.性自私 2.性是暴力之延伸 3.無前戲 4.迫使被害人屈從羞辱／貶低行為（如口交）	1.蒐集色情書刊 2.從被害人的痛苦反應得到興奮 3.事先排演 4.細綁被害人 5.性折磨被害人 6.肛交後口交 7.在被害人身上射精 8.性自私 9.留下紀錄作為後續幻想之用 10.紀念品／戰利品
肢體行為	1.較不肢體傷被害人 2.最小的暴力威脅 3.以威脅或武器取得被害人合作	1.撕裂被害人衣物 2.施加懲戒性暴力 3.隨被害人抵抗程度而使用適度到極度暴力 4.選擇便利、安全的地點犯案	1.撕裂被害人衣物 2.穿著特定服裝 3.極度暴力	1.長時間極度暴力 2.傷害被害人 3.針對具有性意義的身體部位展開攻擊 4.隨憤怒而增加暴力程度
犯罪手法	1.選擇在舒適地區犯案 2.事先鎖定多個目標 3.監視被害人 4.深夜或凌晨犯案 5.挑單身或有幼兒之被害人 6.攻擊時間短 7.可能因被害人抵抗而停止性攻擊	1.被害人是事先選擇或機會性的 2.依照可得性／易接近性／易受傷性選擇被害人 3.侵害地點視被害人而定 4.使用武器或高度暴力制壓被害人 5.被害人行動受制	1.暴力隨情緒作反應 2.鎖定特定族群 3.犯案時地不定 4.視時機使用武器 5.認識被害人／被害人具備某些象徵	1.假扮權威身分 2.犯行精密計畫 3.有條理地執行 4.選擇情感易受傷／會被警方質疑／低自尊／無侵略性的被害人 5.選擇可完全控制的地點 6.殺害被害人以防指認

表 12-2 4 類性侵害犯嫌的行為跡證比較（續）

	權力再確認型	權力獨斷型	憤怒報復型	憤怒興奮型
簽名行為	1.攻擊前、後窺淫 2.拿走被害人私人物品 3.記錄性侵過程 4.打騷擾電話 5.可能事後接觸被害人	無	1.先攻擊，後有延伸行為 2.攻擊直到情感發洩為止 3.現場呈現諸多憤怒的跡證	1.可能攜帶性侵害工具箱 2.性侵過程歷時頗長 3.善於交際 4.挑選陌生人犯案

　　過去警方處理性侵害犯罪偵查的意向，是希望直接由被害人口中得到嫌疑人的身分，鮮少想要從被害人口中得到關於嫌疑人行為方面的資訊。性侵害犯嫌多半具有多種類型的前科，也具有極相似的犯罪手法，如能針對嫌疑人犯案前、中、後的行為，與其之前的犯罪手法相連結，對於嫌疑人身分的過濾必有幫助。故未來警方在偵辦性侵害案件時，除了詢問被害人關於犯嫌是誰之外，也有必要將部分重心放在犯嫌的行為相關跡證上，藉以釐清並鞏固事證。

　　性侵害犯嫌加害行為的獨特性，就如同其指紋及 DNA 一樣，都是獨一無二的；偵查人員若能善用這些獨特性，將有助於縮小偵查的範圍、鎖定歹徒的身分。在連續型的陌生人間性侵害案件中，針對性侵害犯嫌作案的犯罪手法和簽名行為，藉由「相較和對比」（Compare & Contrast）行為分析法，抽離出其中的獨特性，這套程序就稱為案件連結（Case Linkage）分析。性侵害犯嫌的犯罪手法，是為了確保他行動成功、便利他脫身與保護他身分的行為，簽名行為則是提高他心理滿足程度的行為；有時這兩者不容易區辨，譬如：歹徒侵入住宅的方法都屬於犯罪手法，但他在街上或被害人床上，如何接近被害人，則可能是犯罪手法或簽名行為 [10]。凡是超乎性侵害的行為，都應是警方注意的焦點，藉以判定是否屬同一人所為，例如：過度控制被害人的綑綁方式、多餘的口頭威脅、辱罵或身體傷害等特徵；從初次犯案到不斷連續作案中，性侵害犯嫌的犯罪儀式雖會進化，但心理上的強迫力仍持續作用，故其簽名行為仍會

---

10 許薔薔、陳慧雯合譯（2001）。人魔檔案—性侵害犯罪實錄。時報文化出版公司，頁240-241。

維持相同形式 [11]。

第 (三) 節　性侵害犯嫌的偵查詢問技巧

　　有效的詢問技巧必須是依據性犯罪嫌疑人的類型及特質，量身制定一套合適的詢問計畫，以發展出更深入、細微的詢問技巧；而不是用一套技巧來詢問所有性犯罪嫌疑人。以下是前 FBI 探員 Hazelwood 與 Burgess 等人，依據權力再確認、權力獨斷、憤怒報復及憤怒興奮等 4 類型性侵害嫌疑人的特質，所發展出來的偵查詢問技巧，並舉例說明 [12]：

一、權力再確認型（Power Reassurance）

　　這類性侵犯多數是連續犯，他們通常會透過監視來鎖定被害人，且在熟悉的環境中犯案，建議避免詢問關於案發地點周遭環境的問題；這類嫌疑人的犯案動機是為了肯定自己的男子氣概，他們沒有什麼能力或特質，侵害女性多是為了彌補所欠缺的男子氣概，以及和女性發生性關係的需求。此外，人格缺損問題經常困擾著這些人，對自己與女性相處的社交能力缺乏信心，因此詢問人若一再強調嫌疑人這方面的缺點，可能會造成反效果；也因為這些人的人格特質使然，在警方的詢問過程中，為了擺脫焦慮和壓力，最容易承認自己未犯下的案件而形成虛偽自白，所以除非握有強而有力的證據，否則必須比平常更為謹慎（參見表 12-3）。

---

[11] Keppel, Robert D. (2000). Investigation of the serial offender: linking cases through modus operandi and signature In Schlesinger, Louis B. *Serial Offenders: Current Thought, Recent Findings (ed)*, CRC Press, p.132.

[12] Hazelwood, R. R., & Burgess, A. W. (2009). *Practical aspects of rape investigation: A multidisciplinary approach*. CRC Press, pp. 131-136.

表 12-3　權力再確認型嫌疑人的偵查詢問技巧 [13]

嫌疑人特質	詢問技巧	範例及說明
低自尊；不確定自己像個男子漢；對犯行感到羞恥	若嫌疑人自尊心不足時應與其建立關係以利互動，調整詢問步調	開始詢問時以「先生」來稱呼，先問嫌疑人姓什麼；舉出他曾經作過的好事，有時需誇張一些
無意造成被害人肢體傷害	讀心術、淡化罪行	知道嫌疑人已儘量避免傷害被害人，藉此建立嫌疑人的自尊
不認為性侵害是種傷害，這點是最有利於詢問人員的嫌疑人特質	讀心術、淡化罪行	嘉許嫌疑人無意傷害被害人；誇他控制被害人的方式，且未作出更大傷害；但向嫌疑人強調遲早會有惡化情況，失控傷害或殺害被害人
攜帶刀械視作是控制的工具	淡化罪行、讀心術、歸咎他人	重述嫌疑人寧可放棄也不使用刀械的想法；即便使用刀械也是為了防衛被害人的反擊
有計畫犯案、事前監視	建立嫌疑人的自信	可能不善於社交，但不要就此認為他的心智有問題
人際互動不佳	建立默契，以放鬆、友善、緩慢展開詢問；多疑，不要期待會多話	多花時間來討論嫌疑人的日常生活情況、如何打發時間、認識哪些人等；當進入到詢問主題時，使用婉轉說詞，例如「上星期二發生了什麼事情？」、避開「性侵」字眼
性無能	淡化罪行	避開任何性功能障礙、需要手淫等問題
充滿性幻想的生活、預先選定被害人	合理化犯行、淡化罪行、讀心術	在嫌疑人否認之後，與他論及大部分與他同樣處境的人，也會作出同樣的事；因個人特質影響，他們會被特定類型女性所吸引，而期待發生親密關係
選擇甫成年的女性或年齡相仿的被害人	合理化犯行、淡化罪行、讀心術	淡化攻擊事件，表示一切發生已超乎預想；合理化他從未傷害老年人或幼童；若被害人什麼都沒作的話，應不至於會被攻擊；結合嫌疑人其他行為以淡化其罪行
不粗魯	灑種子、讀心術、淡化罪行	嫌疑人對待被害人就像是對待妻子或女友般溫柔

- - - - - - - - - - - - - - -

13 整理自：Hazelwood, R. R., & Burgess, A. W. (2009). *Practical Aspects of Rape Investigation: A Multidisciplinary Approach.* CRC Press, pp. 132-133.

表 12-3　權力再確認型嫌疑人的偵查詢問技巧（續）

嫌疑人特質	詢問技巧	範例及說明
低暴力程度、不罵粗話	歸咎他人、黑白臉	使用暴力不是嫌疑人平常的行事風格
不對被害人動粗	歸咎他人、黑白臉	只當被害人有激動反應時，才會施加壓力
正常性交	歸咎他人、黑白臉	嫌疑人甚至會採取被害人喜歡的性行為以取悅對方
意圖取悅被害人	歸咎他人、黑白臉	詢問人看清事實並瞭解到嫌疑人努力討好被害人；有可能會答應被害人請求而停止犯行（與被害人協商）
使用少量暴力	讀心術、淡化罪行、歸咎他人	根據過去的經驗，只要被害人不攻擊嫌疑人，通常儘量不傷害被害人
幻想是合意的性接觸	淡化罪行、歸咎他人、讀心術	這類被害人是嫌疑人平常想像要要交往的對象；幻想被害人真的喜歡上自己，過程中也沒有任何實質反抗，甚至會自己脫掉衣服
	殺手鐧（Closers）、物證、DNA、監視錄影資料	若在詢問初期就提示相關證據，可能會導致這類嫌疑人拒絕繼續合作，更不願意討論其他案件，故應將這類「直接」技巧留作最後手段之用

二、權力獨斷型

　　自認為是男人中的男人，侵害女性是在展現支配權；這類嫌疑人是最有可能因涉及性侵害而接受警方的詢問，會以口語暴力、肢體暴力及性暴力等方式對待被害人。與權力再確認型不同的是，他們不會懷疑自己的男子氣概，對自己的性能力頗有信心，相信身為男性有權可以這麼作且衝動行事，可能對初次見面或陌生的女性進行侵害。常發生在約會或認識人間的性侵害，詢問人一開始的目標就是要讓嫌疑人坦承確實與被害人有性接觸，其餘則可藉由扯破衣服和身體傷害等證據來證實侵害行為（參見表 12-4）。

表 12-4 權力獨斷型嫌疑人的偵查詢問技巧[14]

嫌疑人特質	詢問技巧	範例及說明
對自己有高度評價（自視甚高）	巧妙控制詢問過程；直接讓嫌疑人從特定角度進行詢問；嫌疑人自認為比詢問人聰明；不要預設詢問結束時間	若抓到嫌疑人說謊，不要一開始就反問他為何說謊；蒐集所有謊言和矛盾，然後一併詢問為何說謊和矛盾所在，這樣嫌疑人就會感到警方握有他的犯罪證據
自認享有其他男性所不同的差別待遇	讓嫌疑人對詢問人的能力和權威留下深刻印象	當嫌疑人到現場時，先確定他已到場，再帶進偵詢室之前，先讓他在外面等幾分鐘；一旦開始展開詢問，故意打斷詢問進展，讓整個過程有點延遲；另一位詢問人用嫌疑人聽得到的音量讚賞詢問人
自認男性有權作這樣的事情	淡化罪行、歸咎被害人	讓嫌疑人知道，警方現正受理另一名女性的報案
視女性為低劣、玩物	歸咎他人、淡化罪行、讀心術、吹捧嫌疑人、灑種子、黑白臉	鼓勵嫌疑人淡化自己在整個事件的錯誤分量；不是嫌疑人的錯，因為她喝太多而失控
衝動行事	淡化罪行	嫌疑人聰明到會與這樣的情境保持距離；當她催促或鼓舞他時，他無法想像她要怎麼處理接下來的情況
自認此舉是他應有的權力	淡化罪行、歸咎他人、讀心術	指出另有一個偵查小隊正在檢視被害人供述的錯誤或說謊部分；她主動同意發生性關係，但後來又改變心意；男人一時無法隨意啟動和中止性驅力
男人中的男人	合理化犯行	對於一位主動又有暗示性的女性，嫌疑人所為和一般真正男人沒有兩樣
肢體暴力	歸咎他人	責怪傷害是被害人攻擊他的自我防衛；如果她能夠把自己控制好，就什麼事都不會發生；若非嫌疑人控制得宜，情況可能會更糟

---

[14] 整理自：Hazelwood, R. R., & Burgess, A. W. (2009). *Practical Aspects of Rape Investigation: A Multidisciplinary Approach. CRC Press,* pp. 135-136.

三、憤怒報復型

由於現實或想像的錯誤觀念，這類嫌疑人對女性感到憤怒而想要報復，因此將侵害視為是一種懲罰與貶低她們的手段；憤怒報復型脾氣暴躁，可能有不少前科，攻擊行為是衝動造成的，通常是在情緒失控下發生的。他們可能在任何時間、任何地點，隨機選擇被害人，只要是女性就可能成為宣洩憤怒的標的；詢問人主要的詢問技巧是淡化罪行，順勢將挫折或壓力等責任歸咎於異性，藉此舒緩其情緒，並找出共通的話題，然後漸漸專注在眼前的攻擊事件（參見表 12-5）。

表 12-5　憤怒報復型嫌疑人的偵查詢問技巧 [15]

嫌疑人特質	詢問技巧	範例及說明
對異性具負面敵意，想要懲罰和貶低對方	淡化罪行、歸咎他人；可從周邊親友獲悉他對異性不滿的間接證據	可從異性很容易找到工作的原因，只是因為她們是女性；如果嫌疑人可接受這樣的說法，詢問人可解釋，對嫌疑人來說最好的處理方式是讓他談談他對被害女性的看法；結合淡化罪行的技巧；侵害被害人，都是被害人本身因素所造成
性攻擊行為是衝動造成，犯案少有計畫	合理化犯行、歸咎他人	都是被害人本身因素所造成，才導致嫌疑人情緒失控，因而發生攻擊行為
性侵害目的不單純是性，主要是表達憤怒	淡化罪行、讀心術	這類嫌疑人常因犯他案而被捕，詢問策略應單純聚焦在與本次性侵事件的被害人身上即可；給嫌疑人託辭，原本不是要性侵被害人，只想給個教訓而已；告訴嫌疑人關於被害人被重傷或殺害的可怕情事，藉此解讀嫌疑人的心理
強迫被害人作羞辱的性動作（口交、肛交）	淡化罪行	提及任何對異性的負面、憤怒等看法，以便於採取淡化的詢問技巧
被害人對其有特殊意義	讀心術	藉由告訴嫌疑人，關於被害人被重傷或殺害的可怕情事來解讀嫌疑人的心理

----

15 整理自：Douglas, J. E., Burgess, A. W., Burgess, A. G., & Ressler, R. K. (2006). *Crime Classification Manual: A Standard System for Investigating and Classifying Violent Crimes* (2nd ed.). John Wiley & Sons Inc, pp. 325-333.

表 12-5 憤怒報復型嫌疑人的偵查詢問技巧（續）

嫌疑人特質	詢問技巧	範例及說明
社交不成熟	建立嫌疑人的自信；以放鬆、友善、緩慢的步調展開詢問	多花時間討論嫌疑人的日常生活、如何打發時間、認識哪些人等；當進入到詢問主題時，使用婉轉說詞，例如「上星期二發生了什麼事情？」，應避開「性侵」字眼

四、憤怒興奮型

此即是所謂的性虐待型，期待從被害人受傷害所反應的痛苦、恐懼和順從中，得到性喚起和性滿足。這型通常是屬於比較自戀的人，自認為比警察聰明；通常已準備好接受警方的詢問，受詢問時會強調自身權利的保障，也會利用詢問內容來推敲警方所掌握的證據強度。若應詢的嫌疑人可能涉及多案，應從證據較為明確的案件下手；除了要瞭解案情細節，詢問人也要營造出自己是位高階專業人士的態勢。有時嫌疑人的自戀讓他無法接受別人的批評，詢問人可巧妙抨擊犯案的部分過程，例如「房間裡被害人攻擊你時，為何無法控制？」（參見表 12-6）。

表 12-6 憤怒興奮型嫌疑人的偵查詢問技巧 [16]

嫌疑人特質	詢問技巧	範例及說明
自認比詢問人聰明	對其聰明才智表示尊重；使其對詢問人的能力和權威具深刻印象；巧妙控制詢問過程；不要預設詢問應結束的時間；不要提供任何資訊給嫌疑人；讀心術	應突顯詢問人本身是位高階專業人員，這樣才足以凌駕與操弄嫌疑人的優越感；若發現嫌疑人說謊，不要馬上質疑或反問，待蒐集所有謊言和矛盾後，再一併提問，這樣會讓嫌疑人覺得警方已掌握他的犯案事證；即使嫌疑人涉犯多起案件，建議將詢問焦點放在證據最充足的案件上；讓嫌疑人覺得詢問人瞭解他

---

[16] 整理自：Douglas, J. E., Burgess, A. W., Burgess, A. G., & Ressler, R. K. (2006). *Crime Classification Manual: A Standard System for Investigating and Classifying Violent Crimes* (2nd ed.). John Wiley & Sons Inc, pp. 334-337.

表 12-6　憤怒興奮型嫌疑人的偵查詢問技巧（續）

嫌疑人特質	詢問技巧	範例及說明
不切實際地誇大其成功經驗，是典型自負與傲慢（自戀）	對其聰明才智表示尊重；讓他對詢問人的能力和權威具深刻的印象；巧妙地批評部分的犯罪過程	應突顯詢問人本身是位高階專業人員，如此才足以凌駕與操弄嫌疑人的優越感；詢問時穿著西裝或警察制服是很重要的，將有助於控制整個詢問過程；嫌疑人的自戀會讓他無法接受他人的批評，詢問人可巧妙地批評部分的犯罪過程，例如「被害人說，在案發過程中她一直打你，你為何無法控制對方？」
具反社會人格	對其聰明表示尊重；詢問人應有豐富經驗，因這類性格者頗具挑戰性，要讓他對詢問人的能力和權威留有深刻印象	詢問人可從尊重及學習或好奇的角度，來探測嫌疑人是如何作案的；這些嫌疑人有高於平均水準的智商，可能試圖欺騙詢問人與操控詢問過程；嫌疑人對批評相當敏感，如果詢問人嘗試與其辯論，可能會破壞溝通和詢問的進展
以施加在被害人的痛苦和恐懼來引發性興奮；長時間暴力傷害與辱罵被害人	歸咎他人、淡化罪行、讀心術、灑種子、黑白臉	可行的詢問方法是以重複詢問中所獲得的資料，要求他與案情作分析，就好像他是偵查人員
經過縝密計畫；已作好應詢準備	讀心術；讓他對詢問人的能力和權威留下印象；科學證據的使用	

第 ③ 節　挑戰與回應

　　美國聯邦調查局於 2002 年彙整各界針對這套偵查詢問技巧的各種批判，進行系統化的檢討，先將這些批判歸納為五大類，並研擬相對應的詢問原則。呼籲只要善用所建議的詢問原則，包括簡單且適當的方式和技術調整，定能顯著改進各界對警察詢問的批評；同時也可以修正嫌疑人詢問流程，讓自白更有可能被法庭所採納，依循這些原則將有利於辨識犯罪嫌疑人並取得合法的自白

供詞。以下分述這五類挑戰的內容及其相對應的詢問原則 [17]：

一、解讀嫌疑人的行為（Reading the Suspect's Behavior）

在偵查詢問過程中，警方往往會憑藉著嫌疑人的口語和非口語等行為的觀察結果，作為研判對方是否誠實陳述的依據，並進一步採取強烈質問方式要求吐露實情。此為過去偵查詢問最遭詬病的一點，警方過度依賴直覺與現場解讀口語和非口語的特徵，這方法既不科學也不可靠，甚至可能導致有限的警力資源集中在錯誤的嫌疑人身上，反而讓真正的罪犯逃脫。

回應此一挑戰的最佳詢問原則是「**依據事實**」（Follow the Facts）。的確有些案件缺乏明顯事證可供追查，偵查人員只能依靠過往經驗，有時難免會加入「直覺本能」，但務必要以事實為偵查詢問的依據；如果直覺和臆測與所知事實不符，偵查人員當然要依據事實去查辦，唯有事前客觀且周全的調查蒐證，方能排除無辜者並鎖定真正犯案的嫌疑人。

二、辨識個人的脆弱性（Identifying Personal Vulnerabilities）

包括年輕、低智商、心智障礙、心理缺陷、剛經歷傷慟、語言障礙、正在戒酒或戒毒癮、文盲、疲勞、社會孤立，或對刑事司法系統缺乏經驗等特徵的嫌疑人，在接受偵查詢問時，特別容易受到警察詢問技巧的暗示或誘導，甚至是逼供。

「**瞭解嫌疑人**」（Know the Suspect）是最佳的回應原則。偵查詢問展開前，先花時間計畫與準備是順利達成目標的必備功課；偵查人員也可在正式詢問展開前，先行和緩閒聊日常生活情形，以獲取嫌疑人平時常用的口語和非口語反應標準資訊，並從嫌疑人身上蒐集到有關教育和語言能力、生活狀況，藉此檢視嫌疑人生活各個面向，並密切清查所有資訊來源。

在使用詢問技巧時，應避免誘導或暗示，因應嫌疑人的脆弱性而調整方法，並要有充分而完整的紀錄。且詢問人員應使用具體的詞彙，以確定嫌疑人在某特定的語言程度上是否能瞭解問題，或者詢問人員的專用術語是否需要加

---

[17] Douglas, J. E., Burgess, A. W., Burgess, A. G., & Ressler, R. K. (2013). *Crime classification manual: A standard system for investigating and classifying violent crimes* (3rd ed). John Wiley & Sons Inc, pp. 516-525.

以說明。如果嫌疑人有其慣用的溝通習性或語言，亦應記錄，以證明沒有對嫌疑人施壓或利用其脆弱性。

三、受到污染的供詞（Contaminating Confessions）

詢問過程中出示犯罪現場或調查照片，無意中可能會讓單純想要逃避警察詢問壓力或是具脆弱特質的嫌疑人，受到「教導」（Educated）而配合警方去按圖說故事，結果可想而知，嫌疑人提供了偵查所要的供詞（劇情），但這些供詞並非是真實可靠的。

「保留證據」（Preserve the Evidence）是避免誤導的重要原則。為避免影響嫌疑人後續的認罪及無端洩露調查資訊，偵查人員應該使用開放式問題來詢問調查，如此可避免誘導或讓嫌疑人得到警方所掌握的資訊，例如運用「請描述……」、「告訴我……」及「請說明如何……」等問句為開頭。開放式問題的特點將有助於偵查人員，因為任何謊言都可能影響到嫌疑人之後的辯詞。

偵查人員在聽取開放式問題的回答時，不應加上任何形式的判斷、回應或予以打斷。讓嫌疑人在不受中斷的情況下敘述完整的事件，以達到詢問的基本目的：獲取資訊。以開放式問題作為詢問的開始，亦不會對詢問流程造成不良影響；因為偵查人員並未透露嫌疑人犯罪細節或調查內容，也因此得以保留證據。進行開放式問題的敘述回答後，熟練的偵查人員會以其他開放式問題繼續探查，再提出直接的封閉性問題。

在嫌疑人認罪前出示犯罪現場照片或犯罪細節等證據，效果似乎有限，其主要用於驗證供詞，很少有嫌疑人會因此舉而感到震驚而認罪，反倒是會有所警覺。

四、創造虛假的事實（Creating False Reality）

使用詢問技術會限制嫌疑人思考，並考量替代選項，因而讓嫌疑人創造出虛假的事實。有些人認為，故意向嫌疑人展示不利證據或對比的選項，一旦嫌疑人接受範圍較小或罪責較輕的選項，就會被利益左右，而提出虛偽的供詞，例如為了降低刑責改而將預謀殺人描述為意外事故。

回應此一挑戰的最佳詢問原則是「調整道德責任」（Adjust Moral Responsibility）。有經驗的偵查人員對於自白供詞應有以下的瞭解：包括（一）罪行是不會輕易招認的；（二）完全招供源自於小的認罪；（三）有罪的嫌疑人通常不

會全盤供出；（四）大多數嫌疑人會知道自己的暴力行為是錯誤的，並不會因而感到自豪；（五）有罪的嫌疑人會省略加重刑責及遭受譴責的細節；（六）通常嫌疑人自白認罪是因為情勢對自己有利。

　　機敏的偵查人員會使用合理化、投射（歸責他人）、淡化技巧來消除獲取供詞的阻礙；這些心理技巧讓偵查人員能確認有罪的嫌疑人，並提供嫌疑人保全面子的機會，使他們更容易自白。因此，就一件命案而言，大可不必追問與深究犯嫌殺人究竟是蓄意或一時激憤所致，之後的實驗室化驗結果便會呈現最可能的真相，詢問嫌疑人只不過是整個偵查過程中的一部分。

五、承諾脅迫的最終利益（Promising Coercive End-of-line Benefits）

　　偵查人員在明確且充分瞭解自白的最終利益時，常會採取一些具有強制性的策略，開始明顯地強行逼供，例如以「保持沉默將招致更大的懲罰，而認罪則能從輕量刑」等說法進行恫嚇，在一些特殊情況下，此舉甚至會導致無辜者錯誤承認自己沒有犯下的罪行。

　　理論研究與實務運用皆已證實，使用脅迫、強制等技巧的效用，還不如使用合理化、投射（歸責他人）、淡化等心理技巧；嫌疑人選擇自白與否的決意過程，會受其生活經驗、對刑事司法系統的熟悉度，以及合理化、投射、淡化等心理過程所影響；當嫌疑人選擇自願提供案情的相關說明，通常是自認為此舉會讓自身處於較為有利的位置，亦即嫌疑人為了獲取有利的立場必須先承認自己有罪。因此「**以心理學抗衡脅迫**」（Use Psychology versus Coercion）才是最佳的應對原則。

第（四）節　結　語

　　在此必須再度強調的是，每位嫌疑人都有權維護其「**個人尊嚴**」（Personal Dignity）和自我價值，許多被定罪的罪犯都曾表示，當面對到尊重並認可其個人價值的偵查人員，即便是在不利於己的情況下，也願意作出自白，故詢問時設法維護嫌疑人的尊嚴並為其保留情面的作為，一方面是個人的專業展現，另一方面也是機關專業價值（Professional Values）的彰顯，必將有助於提高自白認罪的可能性。

性犯罪嫌疑人詢問互動

　　相較於其他犯罪類型的嫌疑人，性犯罪嫌疑人在性侵害過程中通常少有物證去證實案件的發生，被指控的嫌疑人也會積極抗辯與否認犯罪。因此，性犯罪嫌疑人的詢問應該採以一種有效、妥當的互動下進行，藉以取得對方的自白，並瞭解到相關的犯罪過程和細節。

第 ① 節　詢問步驟

　　針對性犯罪嫌疑人的詢問步驟，Read 等人研究顯示性犯罪嫌疑人的偵查詢問有：建立融洽氣氛、導入關注議題、引出案情細節、釐清疑點或不一致、結束等 5 個階段，分別敘述如下[1]：

一、建立融洽氣氛（Establishing Rapport）

　　融洽氣氛將會使得雙方的溝通更加暢通，在整個偵查詢問過程中，與嫌疑人建立並維持融洽氣氛，不但有助於取得正確而詳盡的細節，也有利於克服敏感或尷尬所帶來的對話障礙。偵查人員在詢問性犯罪嫌疑人時，經常遭遇的溝通障礙大致有三：第一層是與情感、文化或動機相關的障礙，其中羞恥感及害怕被揭發是最常遇到的障礙。在融洽的氣氛下進行詢問，一方面傳達詢問人的真誠，另一方面也讓嫌疑人感受到被尊重和支持，有助於化解羞於啟齒等障礙。第二層是與言語和認知相關的限制，不少研究顯示性犯罪嫌疑人的認知和言語能力普遍不佳，在被隔離詢問的高壓下，容易誤解與受到暗示而作出不可信的回應；除了適切使用詢問技巧外，減少這類障礙不利影響的可靠方式，就是將受詢問的嫌疑人當作是有價值且勝任的通風報信者，在融洽氣氛下鼓勵開口多加透露訊息，以利於後續導入關注的主題。最後一層障礙是關於過程欠缺清晰度（Lack of Clarity Regarding Process Issues），包括詢問的功能及詢問人的角色若無法在融洽氣氛下正確傳達給嫌疑人，警方就有可能會接收到自證己罪的錯誤訊息（虛偽自白）。此外，融洽氣氛也有助於在詢問展開之際，先讓

---

[1] Read, J. M., Powell, M. B., Kebbell, M. R., & Milne, R. (2009). Investigative interviewing of suspected sex offenders: A review of what constitutes best practice. *International Journal of Police Science and Management, 11*(4), pp. 442-459.

嫌疑人瞭解警方會保障其權益並盡到保密之責，更會受到公平對待，同時也會降低因情緒和言語障礙所帶來的不利影響。

二、導入關注主題（Introducing the Topic of Concern）

隨著融洽關係建立之後，如何導入關注的主題則成為重要階段，特別是當性犯罪嫌疑人否認犯案時。在這階段若是沒有作好充分準備，可能會遭致因憤怒或不信任的對立，或者有過度誘導之嫌；若是透露過多案情訊息，也會增強否認或攻擊性，因為嫌疑人會察覺詢問人對於案發經過已有強烈定見。當前研究文獻很少討論如何順利向一位性犯罪嫌嫌疑人提出關注的主題；惟在他們多少已經知悉受詢問的涉案理由下，不妨嘗試採用開放式（Open-ended）而沒有引導（Non-leading）的問句，在不事先假設有任何不法情事發生的情況下，請他們說出對於整個事件的個人版本，或者請他們描述與被害人的關係。使用開放式問句比封閉式（Close-ended）問句更讓嫌疑人覺得較不具威脅性，也可降低過早掀開特定細節的風險，因而招致強烈抗拒和否認。

三、引出敘說細節（Eliciting Narrative Detail）

在導入關注的主題之後，接著就是鼓勵嫌疑人針對事件或情況展開敘述性說明，在不催促或不打斷的情況下，讓嫌疑人有機會以自己的步調說出發生何事。在這階段想要引出有效的敘說內容，詢問人需運用開放式問句導引與鼓勵嫌疑人的進一步描述，必要時配合簡單的點頭或「嗯」、「喔」等非口語表達，讓嫌疑人覺得詢問人是有興趣聽他講話的聆聽者；當敘說告一段落後，應給嫌疑人機會再對細節作補充，或對其有興趣的部分加以描述。這種敘述性的說明方式有三種好處：首先，自由敘說讓嫌疑人覺得有受到公平對待，有利融洽氣氛的營造；其次，與短暫而侷限性的問句比較，自由敘說能得到較正確且深入的細節；最後，開放式問句能讓嫌疑人有較充裕的時間進行回憶，也有助於降低認知或言語障礙所造成的負面衝擊。但為避免嫌疑人脫離主題，例如兒童性侵害嫌疑人，可能會將話題轉到個人的特殊情感和關係上，而性侵害嫌疑人可能會轉移焦點而批評被害人說詞的正確性，碰到這種情形時，最好是敘說焦點由特定人轉到發生何事（例如「告訴我發生了何事？」、「然後發生了什麼？」）；若是有不夠清楚的部分，詢問人可引導並溫和鼓勵嫌疑人敘說（例如「告訴我更多關於這部分的訊息」）；當嫌疑人回答說「不記得」或「不知道」，為了維持融洽氣氛，詢問人應將焦點轉移到事件相關的另外議題，過些

時候才回來重新再問一遍。詢問人在這階段的角色，不是要主導嫌疑人提供特定訊息，更不是要去挑戰嫌疑人的任何說詞，主要是照著嫌疑人的敘說去溫和探查案件細節。

四、釐清疑點或不一致（Clarification/Specific Question）

在上一階段的詢問中，嫌疑人說明有遺漏或不一致的部分，仍有必要採用封閉式的問句來取得嫌疑人的補充或釐清；但這種問話方式會提升所得訊息的錯誤機率，因此採用封閉式問句時，必須遵照以下原則：第一，使用的語句必須簡單，提問的問句需明確而清楚，讓嫌疑人有時間一次回答一個問題；第二，問法必須沒有引導或暗示性；第三，問法容許嫌疑人彈性回答發生何事，或者是能夠詳盡回應問題；第四，偵查詢問目的是在蒐集情資，因此證詞取得必須符合相關法律規定。總之，截至目前為止的研究多建議，為了減低嫌疑人抗拒與增強取得證詞的合法性，採取人性、同情詢問方式來蒐集資訊是必要的；經確認的有用證據應該等到嫌疑人敘說完成，疑點也被問過之後才提示出來會較有效。

五、結束（Closure）

確保適切結束詢問的重要性是不容忽視的，這將影響未來若要再度詢問嫌疑人時的繼續合作意願。在此一最後階段，應請嫌疑人確認所提供的摘錄重點是正確無誤的，若有未被察覺的誤解應予以更正，若有補充意見就請一併提供；嫌疑人也應有機會詢問有關物證（如指紋、DNA）相關的疑問，同時也應被告知後續可能的程序，並留下雙方聯絡方式，以備將來有新訊息可再聯繫與提供。

關於上述五個步驟的內容，簡要彙整如下表所示：

表 13-1　性犯罪嫌疑人詢問步驟研究彙整

研究者 （年代）	詢問階段	說明
Read等人 （2009）	建立融洽氣氛	融洽氣氛將會使得雙方的溝通更加暢通，在整個偵查詢問過程中，與嫌疑人建立並維持融洽氣氛，不但有助於取得正確而詳盡的細節，也有利於克服敏感或尷尬所帶來的對話障礙
	導入關注主題	如何去提出關注主題，採用直接、不要假設任何關注主題的先前任何資訊是真實的；此外採用開放式而沒有引導的問句，在不事先假設有任何不法情事發生的情況下，讓嫌疑人說出對於整個事件的個人版本
	引出案情細節	在不催促或不打斷的情況下，讓嫌疑人以自己的步調說出發生何事，詢問人需要運用開放式問句引導與鼓勵嫌疑人進一步描述，不是要主導嫌疑人提供特定訊息，更不是要去挑戰嫌疑人的任何說詞，主要是照著嫌疑人敘說去溫和探查細節
	釐清疑點或不一致	嫌疑人說明有遺漏或矛盾的部分，要採用封閉式的問句來取得補充或釐清，為了減低嫌疑人抗拒與增強取得證詞的合法性，採取人性、同情詢問方式來蒐集資訊是必要的
	結束	在此階段，應請嫌疑人確認所提供的筆錄是正確無誤，若有未被察覺的誤解或補充資料應予以更正；嫌疑人也應有機會詢問相關證據的疑問，同時也應被告知後續可能的程序，並留下聯絡方式，以備將來有新訊息可再聯繫與提供

資料來源：研究者整理。

第 二 節　性犯罪嫌疑人詢問風格

一、Kebbel 等人研究發現

　　對於性犯罪嫌疑人應該採取強勢或是運用柔性的問話風格，才能促使嫌疑人自白的可能性，Kebbel 等人研究指出，詢問性犯罪嫌疑人時，採取訴諸於道德、發揮同理心、降低支配等策略，也就是採取人道的詢問風格，將有助於

提升性犯罪嫌疑人的自白可能性[2]。

二、Holmberg 與 Christianson 研究發現

　　此外，Holmberg 與 Christianson 調查瑞典殺人犯與性侵害犯的受刑人，發現警方詢問時兩種常出現的問話因素：「強勢」（詢問人員表現出沒耐心、攻擊性、粗暴唐突）、「人道」（詢問人員表現出友善、尊重、親切、同理對待嫌疑人），結果「強勢」的詢問方式通常造成嫌疑人的否認，而「人道」的詢問方式則促使嫌疑人坦承[3]。

三、廖訓誠研究發現

　　詢問過程間由於案件的證據程度不同，除了針對案件因素會發展出個別的詢問策略外，詢問人會採取何種策略來詢問，則又與詢問人的溝通風格有關，根據詢問人的溝通風格，將互動關係型態分為「瞭解－同理模式」與「分析－規勸模式」；其中「瞭解－同理模式」，兩造是建立在瞭解與同理之信賴關係上，不僅讓嫌疑人覺得詢問人瞭解他的生活狀況、身家背景；詢問人也能以體諒、包容的態度，為嫌疑人設想處境，主動提出協助建議，這種感情投契關係，通常會使嫌疑人說出尚未查明清楚的案情[4]。此種詢問溝通的風格，也相當類似於 Pearse 與 Gudjonsson 所發現的「感性風格」及 Holmberg 與 Christianson 所發現的「人道風格」。

---

[2]　Kebbel, M., Hurren, E., & Mazerolle, P. (2006). An investigation into the effective and ethical interviewing of suspected sex offenders, Final Report. *Criminology Research Council, 12,* pp. 3-4.

[3]　Holmberg, U., & Christianson, S. A. (2002). Murderers' and sexual offenders' experiences of police interviews and their inclination to admit or deny crimes. *Behavioral Sciences & the Law, 20*, pp. 31-45.

[4]　廖訓誠（2010）。警察偵訊過程影響因素之研究—以陌生人間性侵害案件為例。中央警察大學犯罪防治研究所博士論文，頁132。

表 13-2　性犯罪嫌疑人詢問風格研究彙整

研究者 （年代）	詢問風格	說明
Kebbel等人 （2006）	強勢風格	表現出沒耐心、不公平和不尊重等方式
	人道風格	採取訴諸於道德、發揮同理心、降低支配
Holmberg, & Christianson （2006）	強勢風格	詢問人員在詢問過程中表現出沒耐心、具攻擊性、粗暴唐突
	人道風格	詢問人員在詢問過程表現出友善氣氛、尊重他人、親切對待
廖訓誠 （2010）	瞭解—同理模式	能以體諒、包容的態度，主動為嫌疑人設想目前的處境
	分析—規勸模式	以長者或客觀第三人的立場，分析利弊得失

資料來源：研究者整理。

第 三 節　性犯罪嫌疑人詢問技巧

一、Read 與 Powell 研究發現

　　Read 與 Powell 透過深度訪談 16 位警察、學者、律師、檢察官，針對性犯罪嫌疑人的詢問技巧或策略進行研究，研究發現要取得性侵害或兒童性侵害嫌疑人證據或犯罪事實，詢問人員要遵循 4 個主要架構性建議[5]：

（一）讓嫌疑人說明被指控的罪行

　　性犯罪嫌疑人所詢問資料，要能夠適用於法庭作為呈堂證供，則必須給與嫌疑人說明被指控罪行的機會；意即，詢問人必須以一種公平與坦白的方式呈現出指控，並且要求嫌疑人針對所指控的事項提出詳盡說明，通常詢問人員似乎聚焦於取得自白，忽略了進一步取得證據或詳細犯罪細節資料的機會。讓

5　Read, J. M., & Powell, M. B. (2011). Investigative interviewing of child sex offender suspects: Strategies to assist the application of a narrative framework. *Journal of Investigative Psychology and Offender Profiling, 8*(2), pp. 163-177.

嫌疑人有充分機會去說明被指控的事項，不只需要以開放式的詢問方式（例如：「告訴我有關某事」，來取代詢問的封閉性或其他特定問題），也要透過詢問前的準備來判斷所要釐清的重點；通常使用封閉性詢問方式，可能會引起否認，所以必須要使嫌疑人說明或敘述整個案情後，才能針對不清楚或矛盾之處，以封閉性的問題方式來加以詢問。

（二）將陳述主控權轉移給嫌疑人

　　所謂將控制轉移給嫌疑人，並非意指嫌疑人控制詢問的方向或內容，而是讓嫌疑人可以自由地以其所選擇的方式、節奏、在沒有脅迫的情況下而去答覆問題，尤其是對於情緒脆弱或智能不足的嫌疑人，更加重要。並可透過下列4種技巧來加以運用：

1. 詢問人在詢問開始時要讓嫌疑人敘述案情的架構，之後再激勵嫌疑人說出更詳盡細節，而特定問題則留待稍後的詢問過程再來進行。

2. 當嫌疑人的敘述偏離主題，或是不願意針對指控罪行作出反應時，詢問人應該即時提醒。

3. 當嫌疑人所敘述案情情節不連貫或事實資料（如電話號碼、人別、背景資料等）遺忘時，如果時間允許可分為二次或多次詢問，這將有助益於嫌疑人的記憶。

4. 相對於證人詢問，嫌疑人需要在詢問過程中呈現（導入）證據，以便讓嫌疑人澄清或挑戰嫌疑人，且盡可能在引出嫌疑人對案情敘述與待澄清問題均已詢問過後，再予提出。

（三）克服情緒性障礙

　　性犯罪嫌疑人相較於一般犯罪嫌疑人更具有獨特的挑戰性，例如性犯罪嫌疑人會有高度否認或隱藏犯罪細節的可能性，原因除了性犯罪是非常嚴重的罪行外，要在詢問中討論到相關侵害凌虐犯罪細節，對嫌疑人而言是很難堪的事。因此，在一開始接觸時（甚至是在詢問開始前）就要與嫌疑人建立出友好關係，友好關係包括採取一種公平合理的方式來對待嫌疑人，並表示出尊重，也需要保持雙眼注視嫌疑人、具備一種開放或無威脅性的肢體語言、顯現出專家姿態、坦率關注嫌疑人的反應及避免加以審判方式的口氣。此外，在詢問過程中，應該避免使用一些法律專用術語（例如：陰道、手指侵入、性交），盡量使用一些比較中性或感性的語詞（例如：愛、友誼、愛慕、觸摸），以免刺

激嫌疑人對犯罪的羞恥感。

（四）聚焦於嫌疑人與被害人的關係

　　通常兒童性侵害案件，嫌疑人與被害兒童多具有一種特殊連結或關係。因此，在這些案件中，詢問嫌疑人與被害人的關係可能是讓嫌疑人說話、瞭解動機、情境背景環境及被指控罪行的一種良好方式。對於嫌疑人與被害兒童關係的詢問，要少用對質或質問的方式，應該先建立與維持彼此友好關係，激勵嫌疑人說話展開對談，進而引導到被指控罪行的詢問，以得到更多的案情資訊。

二、Beauregard 等人研究發現

　　Beauregard 等人則針對警方詢問時性侵犯自白決定因素的研究中，發展出幾項詢問的技巧或策略[6]：

（一）不同性侵犯人格的詢問技巧

　　性侵犯是一種相當異質的（Heterogenous）族群，而不同類型性侵犯詢問時也應有不同的方式。當面對一位內向型人格特徵兒童性侵犯時，必須要順從他們的想法去取得自白的機會，由於內向型人格特徵的兒童性侵犯通常會將他們的犯罪行為解釋成一時失控，所以運用淡化的方式（例如：沒有那麼壞，你並未傷害她，你只是碰觸她）提供犯罪的理由給嫌疑人，更不要直接戳破嫌疑人的否認（例如：嫌疑人：「可是，我沒有與她性行為」，詢問人員：「我所想到的情況是你只不過是碰觸了她的私處，與跟她性行為是有很大的不同」），被認為是較為妥適的技巧。

（二）不同被害人背景的詢問技巧

　　詢問人員需要全面性的瞭解被害人背景特徵，而不只是年齡；在進入偵詢室之前要先確定出被害人的可信度，這對於性犯罪被害人特別的重要。性侵犯可能會運用被害人是來自於觸發犯罪環境的事實，而去詆毀被害人的信譽（例如：被害人本身是妓女或有吸毒等前科），且在詢問時對警方的想法提出質疑，此時詢問人員必須藉由強調被害人證詞的可信賴度，技巧性地因應嫌疑人

---

[6] Beauregard, E., Deslauriers-Varin, N., & St-Yves, M. (2010). Interactions between factors related to the decision of sex offenders to confess during police interrogation: A classification-tree approach. *Sexual Abuse: A Journal of Research and Treatment, 22*(3), p. 359.

的質疑。

（三）移除抑制個人自白因素的詢問技巧

對於內向型人格特徵的性侵犯，自尊、羞恥及屈辱是抑制自白的主要因素；而對於外向型人格特徵的性侵犯，形象、聲望是抑制自白的主要因素。如果要取得自白，詢問人員需要去學習如何移除這些抑制因素，例如：外向型人格特徵的性侵犯可能會把侵犯行為歸因於一些外部因素（如被害人的主動引誘），詢問人員可以藉由適當的處理對嫌疑人的埋怨，而建立友好關係，同時降低可能會有的罪惡感而讓嫌疑人能保有「面子」。

（四）詢問人員態度的詢問技巧

詢問人員的態度是非常重要的，因為它緊密連結到嫌疑人抑制自白的因素。性犯罪會激起強烈的公憤，此時詢問人員必須對嫌疑人採取一種協助態度，盡其可能避談自白過程中的後果。因此，最佳的方式是採用人道的方法，以同理的開放心態方式去接近嫌疑人，才能提高自白的可能性。

三、廖妍羚研究發現

國內近期則有廖妍羚（2015）針對警察機關詢問兒童性侵害犯罪嫌疑人現況進行研究[7]，選取8位具兒童性侵害犯罪嫌疑人詢問經驗的刑警進行深度訪談，並以詢問前準備、詢問環境、詢問技巧、詢問話題等四大面向，來探討影響詢問時相關技巧：

（一）詢問前準備

詢問人員應該具備的特質，包括同理心、耐心、強調法律素養等，其中「尊重」是詢問兒童性侵害案件的關鍵；同時也發現國內警察人員缺乏對嫌疑人基本資料的瞭解與詢問的訓練。

（二）詢問環境

兒童性侵害案件較一般案件更需注重隱私性，實務上詢問的作法和一般案件略有差異，強調以一對一的詢問，並且針對案情對嫌疑人量身訂做詢問內容，在詢問過程當一個良好的傾聽者，嫌疑人較可能願意卸下心防，向警方

---

[7] 廖妍羚（2015）。警察機關詢問兒童性侵害犯罪嫌疑人現況之研究。中央警察大學刑事警察研究所碩士論文，頁119-127。

吐露實情。

（三）詢問技巧

詢問前：最注重「雙方間關係建立」，而詢問前證據準備則和一般案件並無太大差異；另因案類較特殊，與一般正常人相較之下，兒童性侵犯個性更加內縮性、缺乏自信、膽小、心理層面的扭曲等，所以詢問前需花費更多的時間和其建立「信任」、「尊重」的關係。

詢問中：對於開啓詢問部分，多數採取開放式提問，方式有開門見山、直接詢問、用其他案情細節等以開啓整個案件。細節詢問部分，多以被害人筆錄、由案情發展、喚起良心譴責等爲基礎，繼續深入詢問嫌疑人，詢問人員對詢問技巧的使用較爲少見，多數使用蒐集到的證據去詢問嫌疑人。聚焦嫌疑人與被害人關係部分，包括詢問嫌疑人與被害人之間的關係、如何認識、平時雙方間的相處、對被害人的感覺等，都是讓其說出細節的方法。至於證據的提示，通常順著案情脈絡詢問，或是利用嫌疑人矛盾的說詞加以反問。嫌疑人否認或沉默的處理方式，會使用從被害人詢問筆錄或跡證、良心勸說、降低羞恥心、多方面給予壓力等方式，讓嫌疑人考慮是否繼續沉默或持續否認；同時也讓嫌疑人認知警方爲中立的一方、幫助的心態，降低嫌疑人的羞恥心，讓持續沉默或否認的嫌疑人態度慢慢軟化，提高說出案情的意願。

詢問後：仍與嫌疑人繼續維持正向關係，詢問後和嫌疑人繼續聊天，或告知嫌疑人法律上的疑問，但上述的關係維持大多數是對已經自白的嫌疑人，對於不願陳述的嫌疑人通常也不會給予好臉色。

（四）詢問話題

包括觀察嫌疑人說謊與否：詢問中加入調查問題及誘發行爲等反應問題，藉由詢問與案件最相關的問題，觀察嫌疑人的反應。降低嫌疑人的羞恥心：最常使用淡化嫌疑人罪行的方式，單一詢問建立信任感後，跟嫌疑人站在同一立場。增加嫌疑人內心的焦慮感：會告訴嫌疑人依照法律上程序的作法，就算沉默或否認，警方表現出對證據擁有高掌握度，告訴嫌疑人仍然會依照程序將全部卷證移送至地檢署，當檢察官看見嫌疑人不願回答或沉默的筆錄，有無悔意一望即知；警方可再進一步表示「態度、自白等皆是據以量刑的依據」，讓嫌疑人內心的壓力慢慢的升高。

四、Gudjonsson 研究發現

此外，更早的 Gudjonsson 研究顯示：某些性侵犯（特別是兒童性侵犯），具有強烈的罪惡感與內在需要去自白，但卻因羞恥感而抑制了自白[8]。所以，性侵犯的詢問需要聚焦於羞恥感與訴求他們的良知，這些技巧包括：（一）與嫌疑人建立友好關係；（二）嘗試去瞭解嫌疑人觀點或想法；（三）運用同理心或人道的詢問方式；（四）避免以審判的詢問觀點與批評嫌疑人的性偏好或行為；（五）需要反覆有耐心地進行詢問[9]。而 Beauregard 與 Mieczkowskiu 也提及當面對一位內向型人格特徵的性犯罪嫌疑人，其詢問技巧可以訴諸嫌疑人的良知與罪惡感，並利用否認等同說謊所形成的焦慮，對嫌疑人引起不可抗拒的內在需求，同時施加壓力而自白[10]。

綜上，對於以往研究所發展出來一般性詢問技巧，有較系統性的研究結果，亦有片段的發現，均可供實務參考（參見表 13-3）。

表 13-3　性犯罪嫌疑人詢問技巧研究彙整

研究者 （年代）	詢問技巧	說明
Gudjonsson （2006）	與嫌疑人建立友好關係	建立良善友好關係，將有助於取得正確而詳盡的細節，也有利於克服敏感或尷尬所帶來的對話障礙
	嘗試去瞭解嫌疑人觀點或想法	瞭解嫌疑人的觀點，聚焦於內心羞恥感，以引導敘述詳盡的細節
	運用同理心或人道的詢問方式	對性犯罪嫌疑人詢問時採取訴諸於道德、發揮同理心、降低支配等策略，將有助於提升自白可能性

- - - - - - - - - - - - -

[8]　Gudjonsson, G. H. (2006). Sex offenders and confessions: How to overcome their resistance during questioning. *Journal of Clinical Forensic Medicine, 13*(4), p. 207.

[9]　Salter, A. (1988). *Treating Child sex Offenders and Victims. A Practical Guide.* Sage.

[10]　Beauregard, E., & Mieczkowski, T. (2012). From police interrogation to prison: Which sex offender characteristics predict confession. *Police Quarterly, 15*(20), p. 210.

表 13-3　性犯罪嫌疑人詢問技巧研究彙整（續）

研究者 （年代）	詢問技巧	說明
Gudjonsson （2006）	避免以審判的觀點與批評嫌疑人的性偏好	避免傷害嫌疑人自尊，以降低反抗或抗拒，並淡化罪行
	需要反覆、耐心進行詢問	當嫌疑人緩慢揭露所指控的細節時，需要反覆、耐心地進行詢問
Beauregard 等人（2010）	不同性侵犯人格的詢問技巧	面對內向的兒童性侵犯，要順從他們的想法去取得自白的機會，運用淡化的技巧，提供嫌疑人犯案的理由，不要直接戳破嫌疑人的否認
	不同被害人背景的詢問技巧	性侵犯可能會運用被害人是來自於犯罪環境的事實，而去詆毀被害人的信譽，並在詢問時對警方的想法提出質疑，此時詢問人員必須藉由強調被害人證詞的可信度，技巧性地因應嫌疑人的質疑
	移除抑制個人自白因素的詢問技巧	對於內向型人格特徵的性侵犯，自尊、羞恥及屈辱是抑制自白的主要因素；而對於外向型人格特徵的性侵犯，形象、聲望是抑制自白的主要因素，如果要取得自白，詢問人員需要去學習如何移除這些抑制因素
	詢問人員態度的詢問技巧	性犯罪會激起強烈的公憤，詢問人員必須對嫌疑人採取一種協助態度，盡其可能去預防隱藏自白過程中的後果，最佳的方式是採用人道的方法，以和善、開放心態去接近嫌疑人
Read, & Powell （2011）	讓嫌疑人說明被指控的罪行	性犯罪嫌疑人所詢問資料，要能夠適用於法庭作為呈堂證供，則必須給與嫌疑人說明被指控罪行的機會；詢問人必須以一種公平與坦白的方式呈現出指控，並且要求嫌疑人提出詳盡的說明，而非僅聚焦於自白的取得
	將控制點轉移給嫌疑人	讓嫌疑人可以自由地以他所選擇的方式、步調，在沒有脅迫的情況下去回答問題
	克服敘述的情緒性障礙	透過與嫌疑人建立友好關係與公平對待、同時詢問人也應避免運用精準的法律用語
	聚焦於嫌疑人與被害人的關係	詢問嫌疑人有關他與被害人間的關係，可能是讓嫌疑人說話、瞭解侵害動機、情境背景環境與被指控罪行的一種良好方式

表 13-3 性犯罪嫌疑人詢問技巧研究彙整（續）

研究者 （年代）	詢問技巧	說明
廖妍羚 （2015）	詢問前準備	詢問人員應該具備的特質，包括同理心、耐心、強調法律素養等，其中「尊重」是詢問兒童性侵害案件的關鍵
	詢問環境	強調隱私性、一對一詢問；在詢問過程中當一個良好的傾聽者，嫌疑人較可能願意卸下心防，向警方吐露實情
	詢問技巧	詢問前：注重雙方間關係建立，和其建立信任、尊重的關係 詢問中：對於開啟詢問部分，採取開放式提問，方式有開門見山、直接詢問、用其他案情細節等以開啟整個案件；細節詢問部分，以被害人筆錄、由案情發展、喚起良心譴責等為基礎；聚焦嫌疑人與被害人關係部分，包括詢問嫌疑人與被害人之間的關係、如何認識、平時雙方間的相處、對被害人的感覺等；對證據提示部分，順著案情脈絡詢問、利用矛盾說詞加以反問；對否認或沉默處理部分，會使用從被害人詢問筆錄或跡證、良心勸說、降低羞恥心、多方面給予壓力等方式，讓嫌疑人考慮是否繼續沉默或持續否認 詢問後：仍與嫌疑人繼續維持正向關係、蒐集發布新聞稿素材、增加對此類案件詢問經驗
	詢問話題	觀察嫌疑人說謊與否：詢問中加入調查問題及誘發行為等反應問題，藉由詢問與案件最相關的問題，觀察其反應 降低嫌疑人的羞恥心：最常使用淡化嫌疑人罪行的方式，單一詢問建立信任感後，跟嫌疑人站在同一立場 增加嫌疑人內心的焦慮感：會告訴嫌疑人依照法律上程序的作法，就算沉默或否認，警方表現出對證據擁有高度掌握，告訴嫌疑人仍然會依照程序將全部卷證移送至地檢署，當檢察官看見嫌疑人不願回答或沉默的筆錄，有無悔意立即分曉；警方可再進一步表示「態度、自白等皆是據以量刑的依據」，讓嫌疑人內心的壓力慢慢的升高

資料來源：研究者整理。

第四節　結　語

　　對於性犯罪嫌疑人的詢問步驟是從詢問前準備到詢問後作為的完整過程，有其一定執行順序；詢問風格是在整個問話過程中，包括與嫌疑人接觸開始到詢問結束後談話所表現出的態度；詢問技巧是配合自白可能性評估與自白決意因素所發展出的應對技巧，但這些技巧可能不是如同詢問工具普遍固定且有效，必須結合詢問時的實際狀況或不同類型性侵犯而作應變。例如，實際在進行性犯罪嫌疑人詢問時，最重要的要遵循 7 個完整步驟為主體，並配合不同類型性侵犯，採取溫和友善或溫和友善與強勢質問交互使用的風格；問話過程中，配合話題與不同類型性侵犯使用詢問工具，同時也透過詢問前的自白檢核表與評估自白可能性，採取不同的技巧應對，促使嫌疑人自白（詳如圖13-1）。然而，在評估自白可能性較低的嫌疑人，經過詢問仍後不願配合一再否認，此時縱使無法取的自白陳述，但仍應嘗試取得案情詳細狀況或嫌疑人不在場證明等，將所有疑點或無法交代的事項，明確呈現在筆錄之上，突顯出對於整個案情的矛盾與不合理。

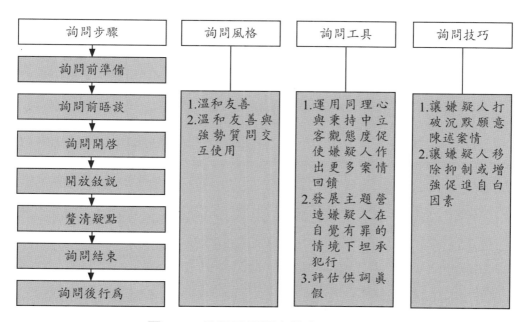

圖 13-1　性犯罪嫌疑人的詢問互動圖

資料來源：研究者整理。

CHAPTER

14

性犯罪嫌疑人自白因素

　　除一般犯罪自白因素，有研究特別聚焦在調查性犯罪嫌疑人自白因素，並且進一步分析各因素相互關係。Lippert 等研究者透過內容分析法分析 282 件兒童性侵害案件，就自白者與非自白者具顯著差異之變項進行對數迴歸（Logistic Regression）分析，結果發現當嫌疑人比較年輕、更多侵害證據取得、被害兒童舉發、有佐證性人證時比較有可能自白[1]。

　　Deslauriers-Varin 等人針對加拿大 211 名性犯罪受刑人進行問卷調查，透過差異性檢定與對數迴歸分析犯罪人背景特徵、案件特性、情境因素等面向因素與自白交互作用關係，其結果發現有 79% 的性犯罪嫌疑人在受詢問前，即決定好是否要自白，而影響決定的關鍵因素就是證據強度的認知，當嫌疑人覺得警方所掌握的證據較薄弱時，就愈不想自白；另有 21% 在受詢問之後改變最初的決定，除證據強度的認知外，前科愈多、有共犯、律師在場等情況，均較不可能在受詢問後作出自白；特別是有 10.9% 最初決定要自白的性犯罪嫌疑人，卻在受詢問之後轉變為否認，尤其是有多項犯罪前科及有毒品相關前科兩種情形，最有可能改變最初要自白的決定，其結論指出警方證據具有優勢關鍵角色，壓倒其他因素；只有在警方證據薄弱時，嫌疑人背景特徵與案件特性的一些因素，才會在決定向警方自白中扮演一種更為重要的角色[2]。

　　另有研究者透過內容分析案卷相關資料及半結構訪談 624 名性侵犯，透過檢定及分類與迴歸樹分析（CART），探究自白相關因子間交互作用與決意過程，研究發現當嫌疑人年紀較輕、平常不喝酒、個性內向、專業性犯罪生涯（Criminal Career）者，較可能自白；此外，若被害人是女性、與犯罪人認識、來自於觸發犯罪環境（Criminogenic Environment）者，嫌疑人較不可能自白；另在作案前有飲酒、過程中使用過度暴力（More Force than Necessary）及偏差性幻想（Deviant Sexual Fantasies）、被害人抗拒的案件中，警方較有可能取得自白，但在作案前有預謀計畫、攜帶犯案工具、強迫被害人進行性行為（Victim Forced to Commit Sexual Acts on Offenders），或是在有侵入性性行為

----

[1]　Lippert, T., Cross, T. P., Jones, L., & Walsh, W. (2010). Suspect confession of child sexual abuse to investigators. *Child maltreatment, 15*(2), 161-170.

[2]　Deslauriers-Varin, N., Beauregard, E. & Wong, J. (2011). Changing their mind about confessing to police: The role of contextual factors in crime confession. *Police Quarterly, 14*(1), pp. 5-24。

（Intrusive Sexual Acts）案件中，犯罪嫌疑人較不可能作出自白[3]。此外，延續前述研究再以 3 種統計分析，檢驗性侵犯特徵與自白決定之間的關係及性侵犯次族群（兒童性侵犯、成人性侵犯）自白差異，發現自白決定並非是在時間中（警方偵查詢問、進監獄時）呈現出靜態的，其中因利害關係涉入而使自白的決定會根據背景時間而作改變；犯罪後的罪惡感是唯一可以區別部分自白者與完整自白者的特徵，藉由作出自白以降低其羞恥感；對於兒童性侵犯，在侵犯時的年齡與犯罪後罪惡感為關聯到自白決定的顯著特徵；而成人性侵犯，在人格特徵與性侵犯認識被害人的關係為關聯到自白決定的顯著特徵。

也有研究比較性侵犯與謀殺犯兩類嫌疑人的自白意願，結果顯示前者有較高的否認可能性，理由是性犯罪嫌疑人在受詢問過程中，普遍覺得受侮辱與被譴責，同時內心有較高的罪惡感和羞恥感，因此建議對這類嫌疑人的詢問時應採用友善、尊重和理解的人性化策略；特別是在被害人為兒童的案件，嫌疑人的羞恥感更加抑制自白的意願[4]。故警方在面對性犯罪嫌疑人時，應將詢問焦點聚焦在克服嫌疑人的羞恥感，進而訴諸於他們的良心和善念，可行的作法是先與嫌疑人建立融洽氣氛，其次設法理解嫌疑人的觀點，接著採取人性化的詢問方式並避免主觀判斷與批評，尤其要有耐心準備重複詢問，因為性犯罪嫌疑人通常會很緩慢的供出犯案情節[5]。

由於證據取得的困難，復以兒童舉發和案情確實陳述的高難度，Katz 與 Hershkowitz 兩人研究發現兒童性侵害嫌疑人的自白比率（21-37.5%；平均

----

[3] Beauregard, E., Deslauriers-Varin, N., & St-Yves, M. (2010). Interactions between factors related to the decision of sex offenders to confess during police interrogation: A classification-tree approach. *Sexual Abuse: A Journal of Research and Treatment, 22*(3), pp. 343-367。另文內將性犯罪人區分出「專業性」與「多樣性」的犯罪生涯。專業性是描述初次犯罪較晚發（約18歲後），且在犯罪生涯中的犯罪幾乎沒有變化性，亦即僅觸犯性犯罪，少有針對財產或人身的犯罪；而多樣性是描述初次犯罪較早發（約18歲前），且在犯罪生涯中除了曾經觸犯性犯罪外，亦有很多針對財產與人身的犯罪。

[4] Holmberg, U. & Christianson, S. A. (2002). Murders' and sexual offenders' experiences of police interviews and their inclination to admit or deny crimes. *Behavior Sciences & the Law, 20*, pp. 31-45.

[5] Gudjonsson, G. H. (2006). Sex offenders and confessions: How to overcome their resistance during questioning. *Journal of Clinical Forensic Medicine, 13*(4), p. 207.

30%）明顯低於一般性犯罪嫌疑人（42-55%；平均 50%），進一步分析結果顯示，愈年輕的性侵害嫌疑人愈容易作出自白；另外，在兒童完整舉發（Full Child Disclosure）、有多位兒童被害及有人證佐證（Corroborating Witness）的案件，嫌疑人比較有可能會作出自白[6]。而想要取得被害兒童正確且完整的事件舉發內容，最好是由訓練有素的專門人員，以開放式問句配合事件繪圖法（Event Drawing）進行詢問（實驗組），所獲得對於案件相關的人、事、時、地等描述，其豐富性和正確性均較對照組為佳；況且以上實驗發現，亦不會因兒童的年齡、性別、侵犯型態、時間延誤等因素而有任何差異[7]。

國內亦有研究比較性犯罪嫌疑人自白與否認（各訪談兩位受刑人）的影響因素，結果發現「家人」是影響自白與否的最大因素；也發現自白者及其案件特性，包括：年紀較輕、從事專業技能的工作、有需照顧的家庭、與被害人認識、想解決面對的心態、因一時失控而犯案、案件的證據力較充足；但性犯罪嫌疑人的罪惡感、羞恥感、辯護人在場、前科經驗及刑期等因素，則與自白與否沒有明顯關聯[8]。另有針對性犯罪嫌疑人警詢過程的研究，分別訪談 10 位刑警及同案 10 位犯下陌生人間性侵的被告，歸納出影響自白的因素有[9]：一、案件因素：證物採獲情形，以及人證、物證與被害人三者的連結；二、情境因素：偵查詢問場所、使用法定權力；三、背景因素：詢問人員專業訓練和經驗、犯罪嫌疑人前科；四、內外在壓力因素：害怕警察偵查詢問暴力、犯後羞恥感、擔心司法監禁；五、感情投契互動因素：詢問策略、瞭解與同理、分析與規勸等。

- - - - - - - - - - - - - -

[6] Lippert, T., Cross, T. P., Jones, L, & Walsh, W. (2010). Suspect confession of child sexual abuse to investigators. *Child Maltreatment, 15*(2), pp. 161-170.

[7] Katz, C., & Hershkowitz, I. (2010). The effects of drawing on children's accounts of sexual abuse. *Child Maltreatment, 15*(2), pp. 171-179.

[8] 張婉儀（2008）。自白與無自白之因素比較探究—以性犯罪案為例。臺北大學犯罪學研究所碩士論文，頁78-79。

[9] 廖訓誠（2010）。警察偵查詢問過程影響因素之研究—以陌生人間性侵害案件為例。中央警察大學犯罪防治研究所博士論文，頁129。

第 一 節　性犯罪嫌疑人自白決意因素

　　以往對於犯罪嫌疑人自白因素研究，主要在於尋找一些個別因素的影響，忽略了因素之間潛在交互作用情形與警方詢問時自白決意的衝擊。對於警察詢問時自白率較低的性犯罪嫌疑人，相關研究更是缺乏，為能達到研究目的，本研究以一般犯罪嫌疑人自白因素研究現況為基礎，針對嫌疑人背景特徵、案件特性、情境脈絡、詢問互動等 4 個類別、39 個因素進行卡方檢定，瞭解各類別因素與自白間是否有顯著差異，以確認自白決意相關因素；同時也確認哪些個別因素適合進一步的分類與迴歸樹（Classification and Regression Trees, CART）分析，進而找出促進或抑制自白決意交互作用的重要因素組合與自白決意機制因素重要次序。此外，再從上述所有性犯罪嫌疑人樣本中，進一步分析成人性侵犯與兒童性侵犯、認識人間性侵犯與陌生人間性侵犯自白決意因素間的差異

　　本研究於 2015 年 10 至 12 月期間，蒐集臺灣兩座監獄 389 名性犯罪受刑人有效調查樣本資料（調查表內容詳如表 14-1），以瞭解性犯罪嫌疑人在警察詢問時的自白率與自白決意因素，經由研究發現，可以讓偵查人員在詢問前（時），觀察或注意到性犯罪嫌疑人的特定類型及其自白決意因素，採取不同的詢問策略因應。

表 14-1　問卷調查表內容

面向	變項	測量	
嫌疑人背景特徵	年齡	小於24歲	大於24歲
	人格特質	內向	外向
	教育程度	國中以下	高中（職）以上
	婚姻關係	無婚姻關係	有婚姻關係
	子女關係	無子女	有子女
	職業工作	無工作或工作不固定	有固定工作
	職業工作屬性	非專業或管理	專業或管理
	前科	沒有	有
	犯罪生涯	1.專業性：僅犯性犯罪案件 2.多樣性：犯性犯罪外亦曾犯財物或人身犯罪案件	

表 14-1　問卷調查表內容（續）

面向	變項	測量	
案件特性	被害人年齡	未滿14歲	滿14歲
	被害人性別	男性	女性
	與被害人關係	不認識	認識
	被害人背景環境	未處於觸發犯罪環境	處於觸發犯罪環境
	犯案預謀	沒有	有
	犯案前飲酒	沒有	有
	攜帶作案工具	沒有	有
	被害人抗拒	沒有	有
	使用暴力控制程度	沒有	有
	共犯	沒有	有
情境脈絡	證據強度	毫無證據或證據不足	充分證據
	證據提出與否	沒有	有
	證據提出時機	在說明案情之前	在說明案情過程中或之後
	擔心未認罪會被羈押	不會	會
	擔心認罪會被判刑入監	不會	會
	罪惡感	不會	會
	羞恥感	不會	會
	擔心入監家人照顧	不會	會
	詢問前24小時飲酒	沒有	有
	詢問前24小時吸毒	沒有	有
	辯護律師到場	沒有	有
	詢問時段	日間	夜間及跨越日夜間
	自白	否認	部分自白及全部自白
詢問互動	詢問前晤談	沒有	有
	詢問人員人數	一人	二人以上（含二人）

表 14-1 問卷調查表內容（續）

面向	變項	測量	
詢問互動	詢問人員態度	敵對	友善
	案情掌握	未能掌握案情	部分及充分掌握案情
	詢問技巧	脅迫操弄	溫和同理
	詢問氛圍	緊張	和緩
	詢問環境	開放	隱密
	詢問人員專業表現	不專業	專業

　　研究結果顯示性犯罪嫌疑人自白率約為 49.9%。對照相關文獻顯示，遠比國外性犯罪嫌疑人自白率調查介於 20-40% 之間高出許多[10]，但與國內近一次（2013 年）一般犯罪嫌疑人自白率研究 72.4% 比較，仍相對的低[11]。

　　針對嫌疑人背景特徵、案件特性、情境脈絡、詢問互動等 4 個類別 39 個因素進行差異檢定，發現在警察詢問時較容易傾向於自白的有 19 個因素，雖普遍分布於 4 個類別當中，但主要仍以詢問當時的情境脈絡、詢問互動相關因素占多數（計有 11 個，詳如表 14-2）。對照相關文獻顯示，其中發現嫌疑人有羞恥感者較容易傾向於自白，與國外羞恥感有壓抑自白的研究文獻不符[12]、詢問人數二人以上（含二人）較容易傾向於自白，與國內性犯罪嫌疑人（特別是兒童性侵犯）一對一詢問較能確保隱私、保密，促使嫌疑人吐露實情的研究文獻不符外[13]，餘均與研究文獻相符。

　　進一步分別從嫌疑人背景特徵、案件特性、情境脈絡、詢問互動等 4 個類別達到顯著差異因素逐類進行 CART 分析，最後綜合 4 個類別 19 個達到顯

---

[10] 國外自白率調查介於20-40%之間，係由研究者整理2002年至2011年國外研究所得，詳細資料參見本書「表1-2自白率比較表」。

[11] 林燦璋、施志鴻、林耿徽、陳茹匯（2013）。影響犯罪嫌疑人自白決意的相關因素之實證研究。執法新知論衡，第9卷第2期，頁159-160。

[12] Gudjonsson, G. H., & Sigurdsson, J. F. (1999). The Gudjonsson Confession Questionnaire-Revised (GCQ-R) factor structure and its relationship with personality. *Personality and Individual Differences, 27*(5), p. 965.

[13] 廖妍羚（2015）。警察機關詢問兒童性侵害犯罪嫌疑人現況之研究。中央警察大學刑事警察研究所碩士論文，頁120-121。

著差異因素作整體 CART 分析（詳如圖 14-1），發現可用於預測高低自白重要因素變項，依序爲警方握有證據強度、辯護律師到場、詢問人員態度、與被害人關係等 4 項。分析其高自白與低自白因素交互作用情形，高自白主要解釋路徑爲：警方握有證據強度爲充分證據，且與被害人關係爲不認識，自白率 94.3%；次要解釋路徑：警方握有證據強度爲充分證據，且與被害人關係爲認識，自白率 69.8%、警方握有證據強度爲毫無證據或證據不足，且辯護律師沒有到場，詢問人員態度友善，自白率 62.0%。低自白主要解釋路徑爲：警方握有證據強度爲毫無證據或證據不足，且辯護律師有到場，自白率 10.5%；次要解釋路徑：警方握有證據強度爲毫無證據或證據不足，且辯護律師沒有到場，詢問人員態度敵對，自白率 33.3%（詳如表 14-2）。對照相關文獻顯示，犯罪嫌疑人自白是要經過一組複雜的因素來決定，並非是單一因素所能解釋，且在 4 個類別因素中，情境脈絡相關因素的重要性高於其他 3 類，特別是「證據強度」的角色在警方詢問時凌駕於犯罪嫌疑人背景特徵、案件特性、詢問互動及其他情境脈絡相關因素之上，嫌疑人對警方證據強度認知是最直接、最關鍵的影響自白決意因素 [14]，顯然本項研究結果與國外文獻相符；但進一步也發現，在沒有證據或證據不足時，如果律師有到場自白率當然不高，但如果律師沒有到場，此時詢問人員態度就顯得相當重要，對嫌疑人自白與否便扮演一個關鍵角色，此爲以往文獻所未提及。分析其原因，性犯罪嫌疑人（特別是兒童性侵犯）內心存有較高罪惡感和羞恥感，詢問人員必須與嫌疑人建立友好關係，來激勵說出犯罪細節，甚至坦承犯罪；因此，當沒有證據或證據不足時，透過一種溫和友善的詢問態度來說服嫌疑人自白是相當有可能的，但對於夜間或長時間詢問、詢問前有飲酒或吸毒等嫌疑人，則必須注意避免有虛僞自白情形發生 [15] 經由上述自白決意因素交互作用情形與預測高低自白重要因素等變項，發展出重要的詢問策略包括：詢問前落實證據蒐集、提高嫌疑人對警方握有證據認知、因應律師到場調整詢問作爲、妥適運用詢問態度、釐清與被害人關係駁斥性行爲意願等 5 項，以作爲性犯罪嫌疑人詢問時參考。此外，特別說

----

[14] Deslauriers-Varin, N., Lussier, P., & St-Yves, M. (2011). Confessing their crime: Factors influencing the offender's decision to confess to the police. *Justice Quarterly, 28*(1), p. 141.

[15] 施志鴻（2010）。警察偵查詢問過程虛僞自白形成之研究。中央警察大學犯罪防治研究所博士論文，頁214。

明的是，當沒有證據或證據不足時，說服嫌疑人自白的詢問策略與能力是相當重要的一環，詢問人員除了提高嫌疑人對警方握有證據認知、因應律師到場調整詢問作爲外，如果律師沒有到場，妥適運用友善詢問態度並評估其他個別自白決意因素因應，或許是促使嫌疑人自白的重要策略；但如果經詢問仍無法取得自白時，則應考慮自白以外的目標，採取不同的詢問目標因應，包括取得案情詳細狀況、嫌疑人不在場證明、製造嫌疑人前後說法不一，在筆錄中突顯出對於整個案情的矛盾與不合理。

表 14-2　性犯罪嫌疑人自白決意因素研究發現摘要

研究發現類別	性犯罪嫌疑人研究發現（n=389）
自白率	49.9%
犯罪嫌疑人背景特徵因素	教育程度、子女關係、職業工作、職業工作屬性等4項
案件特性因素	被害人年齡、與被害人關係、被害人背景環境、犯案預謀等4項
情境脈絡因素	警方握有證據強度、警方證據提出時機、擔心未認罪會被羈押、罪惡感、羞恥感、辯護律師到場等6項
詢問互動因素	詢問前晤談、詢問人員人數、詢問人員態度、詢問人員案情掌握、詢問人員詢問技巧等5項
自白因素交互作用情形	高自白主要解釋路徑：警方握有證據強度爲充分證據，且與被害人關係爲不認識，自白率爲94.3% 高自白次要解釋路徑：警方握有證據強度爲充分證據，且與被害人關係爲認識，自白率爲69.8%；警方握有證據強度爲毫無證據或證據不足，且辯護律師沒有到場，詢問人員態度友善，自白率爲62.0% 低自白主要解釋路徑：警方握有證據強度爲毫無證據或證據不足，且辯護律師有到場，自白率爲10.5%
自白因素交互作用情形	低自白次要解釋路徑：警方握有證據強度爲毫無證據或證據不足，且辯護律師沒有到場，詢問人員態度敵對，自白率33.3%
預測高低自白重要因素變項	依階層由上而下重要次序爲：警方握有證據強度、辯護律師到場、詢問人員態度、與被害人關係
發展詢問策略	詢問前落實證據蒐集、提高嫌疑人對警方握有證據認知、因應律師到場調整詢問作爲、妥適運用詢問態度、釐清與被害人關係以駁斥性行爲意願

資料來源：研究者整理。

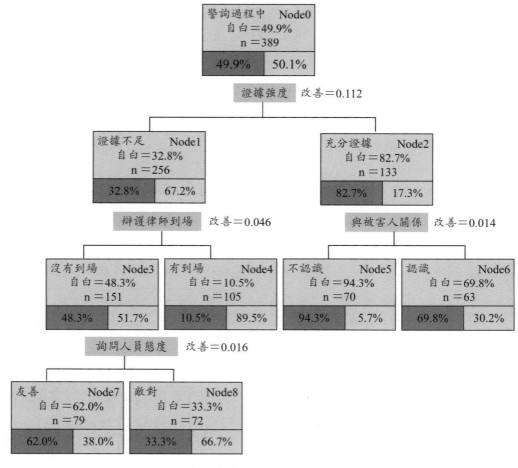

圖 14-1　性犯罪嫌疑人整體類別自白因素 CART 分類模型圖

資料來源：研究者整理。

第 二 節　成人性侵犯與兒童性侵犯自白決意因素差異

　　深入分析樣本中 252 名成人性侵犯與 137 名兒童性侵犯樣本發現，成人性侵犯自白率為 46.0%、兒童性侵犯自白率為 56.9%。對照相關文獻顯示，兒童性侵犯比典型性侵犯較有可能自白，原因在於兒童性侵犯想要自白的內在壓力

較高 [16]，此與國外相關研究相符。

　　分析兩者自白決意因素差異，成人性侵犯 16 個決意因素主要集中於犯罪嫌疑人背景特徵、情境脈絡、詢問互動等類別；兒童性侵犯 12 個決意因素則主要集中於情境脈絡、詢問互動等類別，顯示兩者除情境脈絡類別因素有一致影響外，主要差異在於犯罪嫌疑人背景特徵類別（詳如表 14-3）。對照相關文獻顯示，除兩者皆發現嫌疑人有羞恥感者較容易傾向於自白，與國外羞恥感有壓抑自白的研究文獻顯然不符 [17]，另兒童性侵犯詢問人數二人以上（含二人）者較容易傾向於自白，與國內性犯罪嫌疑人（特別是兒童性侵犯）一對一詢問較能確保隱私、保密，促使嫌疑人吐露實情的研究文獻亦不符外 [18]，餘均與研究文獻相符；此外，觀察兩者整體自白決意因素，國外部分研究文獻認為，成人性侵犯自白比較相關於案件特性類別因素、兒童性侵犯則比較相關於犯罪嫌疑人背景特徵類別因素相較 [19]，是全然不同，差異極大。

　　進一步將上述有顯著差異因素變項投入 CART 分析，由成人性侵犯與兒童性侵犯自白因素 CART 分類模型顯示（詳如圖 14-2、14-3），分別形成有 4 個高低自白解釋路徑，兩者預測高低自白交互作用組合重要因素變項，除情境脈絡：警方握有證據強度、辯護律師到場因素有一致重要影響外，主要差異在於成人性侵犯案件特性：與被害人關係因素、兒童性侵犯詢問互動：詢問人員態度因素之分布（詳如表 14-3）。

　　因此，在詢問策略發展上，兩者除詢問前落實證據蒐集、提高嫌疑人對警方握有證據認知、因應律師到場調整詢問作為外，成人性侵犯詢問時應著重於

---

[16] Gudjonsson, G. H., & Sigurdsson, J. F. (2000). Differences and similarities between violent offenders and sex offenders. *Child Abuse and Neglect, 24,* pp. 363-372.

[17] Gudjonsson, G. H., & Sigurdsson, J. F. (1999). The Gudjonsson Confession Questionnaire-Revised (GCQ-R) factor structure and its relationship with personality. *Personality and Individual Differences, 27*(5), p. 965.

[18] 廖妍羚（2015）。警察機關詢問兒童性侵害犯罪嫌疑人現況之研究。中央警察大學刑事警察研究所碩士論文，頁120-121。

[19] Beauregard, E., & Mieczkowski, T. (2011). Outside the interrogation room: The context of confession in sexual crimes. *Policing: An International Journal of Police Strategies & Management, 34*(2), p. 259.

釐清與被害人關係以駁斥性行為意願、兒童性侵犯詢問時則需妥適運用詢問態度。

表 14-3　成人性侵犯與兒童性侵犯自白決意因素比較摘要

研究發現類別	成人性侵犯研究發現（n=252）	兒童性侵犯研究發現（n=137）
自白率	46.0%	56.9%
犯罪嫌疑人背景特徵因素	教育程度、子女關係、職業工作屬性、前科、犯罪生涯等5項	無
案件特性因素	與被害人關係、犯案預謀等2項	與被害人關係、被害人抗拒等2項
情境脈絡因素	警方握有證據強度、警方證據提出時機、擔心未認罪會被羈押、罪惡感、羞恥感、辯護律師到場等6項	警方握有證據強度、警方證據提出時機、擔心未認罪會被羈押、罪惡感、羞恥感、辯護律師到場等6項
詢問互動因素	詢問人員態度、詢問人員案情掌握、詢問人員詢問技巧等3項	詢問前晤談、詢問人員人數、詢問人員態度、詢問人員案情掌握、詢問人員詢問技巧等5項
自白因素交互作用情形	高自白主要解釋路徑：警方握有證據強度為充分證據，且與被害人關係為不認識，自白率為94.3% 高自白次要解釋路徑：警方握有證據強度為充分證據，且與被害人關係為認識，自白率為58.5% 低自白主要解釋路徑：警方握有證據強度為毫無證據或證據不足，且辯護律師有到場，自白率為10.6% 低自白次要解釋路徑：警方握有證據強度為毫無證據或證據不足，且辯護律師沒有到場，自白率為47.3%	高自白主要解釋路徑：警方握有證據強度為充分證據，自白率為93.0% 高自白次要解釋路徑：警方握有證據強度為毫無證據或證據不足，且辯護律師沒有到場、詢問人員態度友善，自白率為73.9% 低自白主要解釋路徑：警方握有證據強度為毫無證據或證據不足，且辯護律師有到場，自白率為10.3% 低自白次要解釋路徑：警方握有證據強度為毫無證據或證據不足，且辯護律師沒有到場、詢問人員態度敵對，自白率為22.2%
預測高低自白重要變項	依階層由上而下重要次序為：警方握有證據強度、辯護律師到場、與被害人關係	依階層由上而下重要次序為：警方握有證據強度、辯護律師到場、詢問人員態度

表 14-3　成人性侵犯與兒童性侵犯自白決意因素比較摘要（續）

研究發現類別	成人性侵犯研究發現（n=252）	兒童性侵犯研究發現（n=137）
發展詢問策略	1.詢問前落實證據蒐集 2.提高嫌疑人對警方握有證據認知 3.因應律師到場調整詢問作為 4.釐清與被害人關係以駁斥性行為意願	1.詢問前落實證據蒐集 2.提高嫌疑人對警方握有證據認知 3.因應律師到場調整詢問作為 4.妥適運用詢問態度

資料來源：研究者整理。

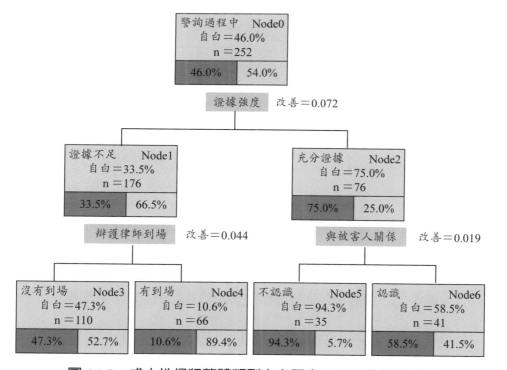

圖 14-2　成人性侵犯整體類別自白因素 CART 分類模型圖

資料來源：研究者整理。

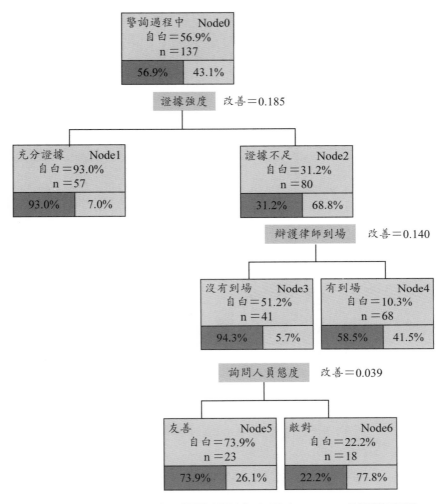

圖 14-3　兒童性侵犯整體類別自白因素 CART 分類模型圖

資料來源：研究者整理。

第 三 節　認識人間性侵犯與陌生人間性侵犯自白決意因素差異

　　再深入分析 252 名成人性侵犯樣本中，130 名認識人間性侵犯與 122 名陌生人間性侵犯樣本發現，認識人間性侵犯自白率為 43.8%、陌生人間性侵犯自

白率爲 48.4%。對照相關文獻顯示，陌生人間性侵犯比認識人間性侵犯較有可能自白，原因在於與性侵犯存有某種認識關係，可能會提高在性行爲中意願（合意性交）的質疑[20]，認識人間性侵犯可能會利用這種關係去駁斥被害人的陳述，而在詢問時影響警方認知，此與國外相關研究相符。

　　分析兩者自白決意因素差異，認識人間性侵犯 11 個決意因素主要集中於情境脈絡類別；陌生人間性侵犯 16 個決意因素則主要集中於犯罪嫌疑人背景特徵、情境脈絡類別，顯示兩者除情境脈絡類別因素有一致影響外，主要差異在於犯罪嫌疑人背景特徵類別；此外，兩者雖然在情境脈絡類別有一致影響，但其中因素仍有些許差異，影響大部分性犯罪嫌疑人自白的罪惡感、羞恥感因素，對於陌生人間性侵犯並未有顯著影響，擔心入監後家人無人照顧反而是其所影響的因素（詳如表 14-4）。對照相關文獻顯示，僅有認識人間性侵犯發現嫌疑人有羞恥感者較容易傾向於自白，與國外羞恥感有壓抑自白的研究文獻顯然不符外[21]餘均與研究文獻相符。

　　進一步將上述有顯著差異因素變項投入 CART 分析，由認識人間性侵犯與陌生人間性侵犯自白因素 CART 分類模型顯示（詳如圖 14-4、14-5），分別形成有 4 個、3 個高低自白解釋路徑，兩者預測高低自白交互作用組合重要因素變項並無相同之處，差異相當大，認識人間性侵犯分散在犯罪嫌疑人背景特徵：教育程度因素、案件特性：犯案預謀因素、情境脈絡：擔心未認罪會被羈押因素（亦與證據強度有關）；陌生人間性侵犯則主要集中在情境脈絡：警方握有證據強度、辯護律師到場因素（詳如表 14-4）。

　　因此，在詢問策略發展上，兩者差異亦相當大，除詢問前落實證據蒐集外，認識人間性侵犯著重於提高嫌疑人對詢問人員專業能力印象、提高嫌疑人被羈押可能性認知；陌生人間性侵犯則需提高嫌疑人對警方握有證據認知、並因應律師到場調整詢問作爲。

- - - - - - - - - - - -

[20] Myers, M., & Hagan, J. (1979). Private and public trouble: Prosecutors and the allocation of court resources. *Social Problems,* 26, p. 357.

[21] Gudjonsson, G. H., & Sigurdsson, J. F. (1999). The Gudjonsson Confession Questionnaire-Revised (GCQ-R) factor structure and its relationship with personality. *Personality and Individual Differences, 27*(5), p. 965.

表 14-4　認識人間性侵犯與陌生人間性侵犯自白決意因素比較摘要

研究發現類別	認識人間性侵犯研究發現 （n=130）	陌生人間性侵犯研究發現 （n=122）
自白率	43.8%	48.4%
犯罪嫌疑人背景特徵因素	教育程度、子女關係等2項	年齡、教育程度、子女關係、前科、犯罪生涯等5項
案件特性因素	犯案預謀1項	被害人背景環境、犯案預謀等2項
情境脈絡因素	警方握有證據強度、擔心未認罪會被羈押、罪惡感、羞恥感、辯護律師到場等5項	警方握有證據強度、警方證據提出時機、擔心未認罪會被羈押、擔心入監後家人無人照顧、辯護律師到場等5項
詢問互動因素	詢問人員態度、詢問人員案情掌握、詢問人員詢問技巧等3項	詢問前晤談、詢問人員態度、詢問人員案情掌握、詢問人員詢問技巧等4項
自白因素交互作用情形	高自白主要解釋路徑：教育程度為國中以下，且犯案無預謀，自白率為63.0% 高自白次要解釋路徑：教育程度為高中職以上，且會擔心未認罪會被羈押，自白率為61.5% 低自白主要解釋路徑：教育程度為高中職以上、不會擔心未認罪會被羈押，自白率為12.2% 低自白次要解釋路徑：教育程度為國中以下，且犯案有預謀，自白率為41.2%	高自白主要解釋路徑：警方握有證據強度為充分證據，自白率為94.3% 高自白次要解釋路徑：警方握有證據強度為毫無證據或證據不足，且辯護律師沒有到場，自白率為52.2% 低自白主要解釋路徑：警方握有證據強度為毫無證據或證據不足，且辯護律師有到場，自白率為4.9%
預測高低自白重要變項	依階層由上而下重要次序為：教育程度、擔心未認罪會被羈押、犯案預謀	依階層由上而下重要次序為：警方握有證據強度、辯護律師到場
發展詢問策略	1.詢問前落實證據蒐集提高嫌疑人對詢問人員專業能力印象 2.提高嫌疑人被羈押可能性認知	1.詢問前落實證據蒐集 2.提高嫌疑人對警方握有證據認知 3.因應律師到場調整詢問作為

資料來源：研究者整理。

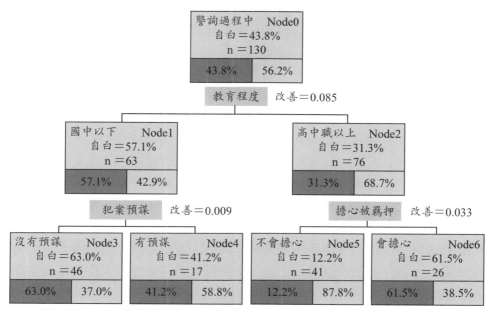

圖14-4 認識人間性侵犯整體類別自白因素CART分類模型圖
資料來源：研究者整理。

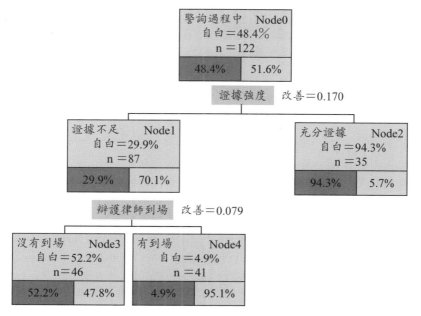

圖 14-5 陌生人間性侵犯整體類別自白因素 CART 分類模型圖
資料來源：研究者整理。

第 四 節　性犯罪嫌疑人自白決意機制因素重要次序

　　本研究從影響自白個別因素（卡方差異檢定分析）進階到因素之間的交互作用（CART 分類模型分析），同時也發展到影響因素的重要次序（CART 影響權重分析），藉以瞭解某些因素變項在自白決意機制中所扮演的角色。研究發現除認識人間性侵犯形成與其他 4 類型全然不一樣的因素重要次序排列及交互作用外；整體性犯罪嫌疑人、成人性侵犯與兒童性侵犯、陌生人間性侵犯，均是屬於典型的因素重要次序排列，以警方握有證據強度為影響自白決意機制最重要的因素變項（詳如表 14-5）。對照相關文獻顯示，犯罪嫌疑人對警方證據強度的認知，被認為是影響嫌疑人向警方自白決定的最重要關鍵因素[22]，這也直接說明了，面對著壓倒性證據時，嫌疑人否認變成毫無用處[23]；此與本項研究發現，除了認識人間性侵犯外，警方握有證據強度因素在自白決意機制中是扮演最重要的角色相符。

表 14-5　性犯罪嫌疑人暨不同類型性侵犯自白決意機制因素重要次序摘要

次序	性犯罪嫌疑人	成人性侵犯	兒童性侵犯	認識人間性侵犯	陌生人間性侵犯
1	警方握有證據強度	警方握有證據強度	警方握有證據強度	教育程度	警方握有證據強度
2	辯護律師到場	辯護律師到場	詢問人員詢問技巧	警方握有證據強度	詢問人員詢問技巧

- - - - - - - - - - - -

[22] Gudjonsson, G. H., & Petursson, H. (1991). Custodial interrogation: Why do suspects confess and how does it relate to their crime, attitude and personality? *Personality & Individual Differences, 12,* pp. 295-306; Moston, S., Stephenson, G. M., & Williamson, T. M. (1992). The effects of case characteristics on suspect behavior during police questioning. British Journal of Criminology, 32, pp. 23-40; Phillips, C., & Brown, D. (1998). *Entry into Criminal Justice System: A Survey of Police Arrests and Their Outcomes.* HMSO：林燦璋、施志鴻、林耿徽、陳茹匯（2013）。影響犯罪嫌疑人自白決意的相關因素之實證研究。執法新知論衡，第9卷第2期，頁160。

[23] Moston, S., Stephenson, G. M., & Williamson, T. M. (1992). The effects of case characteristics on suspect behavior during police questioning. *British Journal of Criminology, 32,* pp. 23-40.

表 14-5 性犯罪嫌疑人暨不同類型性侵犯自白決意機制因素重要次序摘要（續）

次序	性犯罪嫌疑人	成人性侵犯	兒童性侵犯	認識人間性侵犯	陌生人間性侵犯
3	警方證據提出時機	警方證據提出時機	與被害人關係	擔心未認罪會被羈押	犯罪生涯
4	詢問人員案情掌握	詢問人員案情掌握	詢問人員案情掌握	詢問人員態度	辯護律師到場
5	詢問人員態度	與被害人關係	辯護律師到場	詢問人員詢問技巧	警方證據提出時機
6	與被害人關係	犯案預謀	警方證據提出時機	詢問人員案情掌握	詢問人員案情掌握
7	教育程度	罪惡感	詢問人員人數	罪惡感	詢問人員態度
8	子女關係	犯罪生涯	詢問人員態度	羞恥感	犯案預謀
9	詢問人員詢問技巧	羞恥感	詢問前晤談	犯案預謀	教育程度
10	罪惡感	詢問人員態度	被害人抗拒	子女關係	擔心未認罪會被羈押
11	職業工作屬性	前科	擔心未認罪會被羈押	辯護律師到場	詢問前晤談
12	職業工作	職業工作屬性	罪惡感		被害人背景環境
13	詢問人員人數	擔心未認罪會被羈押	羞恥感		擔心入監家人無人照顧
14	詢問前晤談	教育程度			年齡
15	被害人背景環境	子女關係			子女關係
16	被害人年齡	詢問人員技巧			前科
17	犯案預謀				
18	擔心未認罪會被羈押				
19	羞恥感				

資料來源：研究者整理。

第 ⑤ 節 結 語

　　經由上述研究發現，可以讓偵查人員在詢問前（時），觀察或注意到性犯罪嫌疑人的特定類型及其自白決意因素，透過這些因素與決意機制重要因素組合（高自白與低自白）及次序，能夠評估取得自白的可能性，採取不同的詢問策略因應；惟仍有諸多研究發現需深入探討並與相關文獻進行比較說明：

一、性犯罪受刑人詢問互動因素評價

　　本研究量化資料是透過「影響性犯罪受刑人自白因素調查表」（內容同表14-1）來蒐集性犯罪受刑人相關資料，內容均是對照本研究所要探究的自白決意四大類別因素所設計。其中第五部分主要論及詢問互動，從受刑人調查所得基本資料，除了作為詢問互動類別因素與自白間卡方檢定與 CART 分析外，其樣本資料分布：以詢問前無晤談、詢問人員態度友善、詢問人員能部分或充分掌握案情、詢問人員使用溫和同理詢問技巧、詢問氛圍緊張、詢問環境開放、詢問人員有專業表現居多、詢問人員人數一人與二人以上（含二人）則相差無幾，透過這些資料，更可瞭解國內警察對於性犯罪嫌疑人詢問的基本現況。特別是詢問前有晤談僅占 28.5%（沒有晤談 278 名、71.5%；有晤談 111 名、28.5%），顯示國內警察人員對於性犯罪嫌疑人詢問前進行晤談並不普遍；詢問環境以隱密空間僅占 46.5%（環境開放 208 名、53.5%；環境隱密 181 名、46.5%），顯示國內警察人員對於性犯罪嫌疑人詢問環境處所，仍以開放空間居多，未能依規定在偵詢室內進行，這些非尋常的詢問狀況，是未來必須導正，才能提升詢問品質與自白比率；另外，當案件愈具嚴重，警察則會增強詢問技巧的強度，由資料顯示詢問人員對於性犯罪嫌疑人使用溫和同理技巧的比率居多，但與使用脅迫操弄詢問技巧差距並不大（脅迫操弄 178 名、45.8%；溫和同理 211 名、54.2%），這與相關研究顯示國內詢問方式相當貼近國外的萊德技術[24]，概可初步推測在詢問過程中使用「恫嚇」、「強勢挑戰」、「操

---

[24] 劉章遠（2010）。詢問與筆錄製作要領。載於莊忠進、呂明都、劉章遠、王連成等合著，犯罪偵查學。臺灣警察專科學校，頁233；盧宜辰（2012）。國內刑事警察警詢現況之研究。中央警察大學刑事警察研究碩士論文，頁186；何招凡（2014）。偵訊與移送實務。內政部警政署刑事警察局，頁2。

弄」等瓦解抗拒技巧較多之結論，亦有所不符，是否因詢問對象為性犯罪嫌疑人而有差異，則需要深入探究，但如此也更說明了國內警察對於偵查詢問模式缺乏系統化整理與訓練之窘境。

二、有羞恥感較容易傾向自白與文獻不符

本研究在受刑人調查資料分析，發現自白決意因素中，性犯罪嫌疑人有羞恥感（是當犯罪事件被揭發後，對於自我的負面評價）者較容易傾向於自白，與國外羞恥感有壓抑自白的研究文獻不符，究其原因，可能因國情文化差異或國內警察人員能善用各種詢問策略，消除詢問時的羞恥感有關；亦有可能受刑人經審判入監教化後，內心浮現對於犯罪的羞恥感，與犯罪當時羞恥感程度產生模糊，而在問卷時錯置內心的感受，或因受刑人無法明確辨別羞恥感與罪惡感有關。進一步在警察人員深度訪談中則得到相關的訊息，可供尋找答案；資料顯示，若嫌疑人有羞恥感存在，表示還有良心，此時採用一對一且注重隱私的詢問方式（亦有受訪者提出配合二人黑白臉的運用），並明確承諾保守秘密，儘快辦理移送、詢問時減少使用法律敏感的用語，而以婉轉的說詞來替代、配合淡化罪行的方式來激勵嫌疑人，如此將能降低嫌疑人羞愧心理，化阻力為助力，促使嫌疑人自白。

三、詢問人數二人以上（含二人）較容易傾向於自白與文獻不符

同樣在受刑人調查資料分析，發現自白決意因素中，性犯罪嫌疑人在詢問人數二人以上（含二人）較容易傾向於自白，與國內性犯罪嫌疑人（特別是兒童性侵犯）一對一詢問較能確保隱私、保密，促使嫌疑人吐露實情的研究文獻不符。以目前國內刑事訴訟法第 43 條之 1 問錄分離規定（2003 年修正）：司法警察對犯罪嫌疑人製作詢問筆錄時，應由執行詢問以外之人為之；但因情況急迫或事實上之原因不能為之，而有全程錄音或錄影者，不在此限。依其立法理由說明，係「以維人權，並兼顧實務之運作」為意旨，若僅由一人詢問並自行製作警詢筆錄，單獨隨意操控全部詢問及取供過程，而非由執行詢問以外之人在場製作筆錄，較易滋生詢問過程合法性及筆錄內容正確性之爭議或流弊，因此除有前揭但書規定之情形外，應不得僅由一人詢問並製作警詢筆錄，否則

便有踐行程序之適法性,及其取供之證據能力問題[25]。由此可知,問錄分離意旨,僅在防止由一人詢問而衍生操控詢問過程的流弊,並未刻意要求須經受詢問人同意始得為之,只是目前實務上均習慣於詢問之始向受詢問人說明,並取得其同意;如同在本研究警察人員訪談結果分析中有關詢問步驟之步驟三——詢問開啟,詢問重要事項除了全程錄音錄影、確認人別、告知權利外,若要夜間或一人詢問,則必須由嫌疑人同意並載明於詢問筆錄中發現,可資映證。因此,性犯罪嫌疑人或許採以一對一的詢問方式較能確保隱私、保密,促使嫌疑人吐露實情,但基本上仍應在法律規範內進行詢問(意即合乎情況急迫或事實上之原因不能為之,而有全程錄音或錄影),才能確保所得筆錄證據能力。

四、陌生人間性侵犯缺乏罪惡感與羞恥感

同樣在受刑人調查資料分析,亦發現自白決意因素中,影響大部分性犯罪嫌疑人自白的罪惡感、羞恥感因素,對於陌生人間性侵犯並未有顯著影響。此與國內研究文獻,陌生人間性侵犯具有高度再犯率、犯案前科(以性相關犯罪居多,其次為竊盜、毒品相關犯罪),犯案動機多數基於洩慾及衝動,犯案前多有準備,隨著犯案次數,增加其暴力侵略程度,較常使用脅迫性的犯罪手法,以及攜帶傷害性、控制性的犯案工具[26]。顯示陌生人間性侵犯特別具低同理心(Low Empathy)人格特質,往往只在乎自身的需求是否得到滿足,對他人感受的敏感度低,也不懂尊重他人,對被害人所遭受的傷害不以為意,無法對被害人產生內疚與抱歉;而當內心缺乏罪惡感與羞愧感時,柔性的問話溝通風格則不太可能有效,此時使用實質證據去挑戰嫌疑人,將會是最有效的替代方法[27],所以對照本研究在警察人員深度訪談發現,陌生人間性侵犯主要採取溫和友善與強勢質問交互使用的詢問風格,是與本研究自白因素發現一致,並可相為映證。

---

[25] 參見最高法院99年度台上第2624號、101年度台上字第1900號刑事判決要旨。

[26] 郭若萱(2003)。性侵害犯罪偵查資料庫之分析研究。中央警察大學刑事警察研究所碩士論文,頁119-127。

[27] Pearse, J., & Gudjonsson, G. H. (1999). Measuring influential police interviewing tactics: A factor analytic approach. *Legal Criminal Psychology, 4,* pp. 221-238.

五、自白評估之實際運用

　　本研究以一般犯罪嫌疑人自白因素研究現況爲基礎，針對性犯罪嫌疑人背景特徵、案件特性、情境脈絡、詢問互動等 4 個類別 39 個因素進行卡方差異檢定，瞭解各類別因素與自白間是否有顯著差異，以確認自白決意相關因素；同時也確認哪些個別因素適合進一步的 CART 分析，進而找出促進或抑制自白決意交互作用的重要因素組合與自白決意機制因素重要次序。然而，要如何針對自白決意因素、自白決意因素交互作用、自白決意機制因素重要次序等發現，實際運用在性犯罪嫌疑人詢問的自白評估？以本研究爲例，首先，必須由自白決意因素文獻形成一份自白因素檢核表；其次，檢核高自白與低自白決意因素交互作用組合情形，如有符合則可初步評估自白的可能性；之後，再由自白決意機制因素重要次序與自白決意因素逐一檢核，如符合自白決意因素較多且因素重要次序較前者，可進一步確認其自白的可能性，並針對其因素採取應對的詢問技巧促使嫌疑人自白；最後，如果仍無法從自白決意機制因素重要次序與自白決意因素評估出自白可能性時，則要再檢核範圍較廣的自白決意文獻因素作爲參考，當評估自白可能性較低，實際詢問又無法取得自白時，則應考慮自白以外的目標，採取不同的詢問目標因應，包括取得案情詳細狀況、嫌疑人不在場證明、製造嫌疑人前後說法不一，在筆錄中突顯出對於整個案情的矛盾與不合理。

　　總之，要如何將研究發現運用在實際自白的評估，在形成一份檢核表後，要以高、低自白交互作用組合因素爲優先，依序是自白決意機制因素重要次序與自白決意因素，再以範圍較廣的自白決意文獻因素作爲參考，進行整體評估（詳如圖 14-6）。

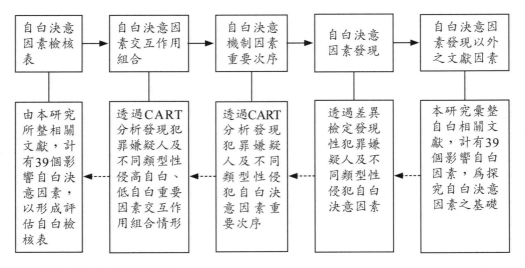

➤ 評估自白與否運用次序

◄---- 自白因素研究途徑次序

圖 14-6　評估性犯罪嫌疑人自白可能性實際運用圖

資料來源：研究者整理。

參考文獻

中文文獻

專書

王寶墉譯（2001），Yeschke, C. L.著。偵訊的藝術：突破心防的技巧。鼎茂圖書。

王乾榮（2002）。犯罪偵查。臺灣警察專科學校。

何明洲（2002）。偵訊實務與筆錄製作。內政部警政署刑事警察局。

何明洲（2004）。犯罪偵查實務。中央警察大學。

何招凡（2014）。偵訊與移送實務。內政部警政署刑事警察局。

沈勝昂（2007）。實驗設計。載於沈勝昂、林明傑、周愫嫻、孟維德、侯崇文、陳玉書、許春金、曾淑萍、黃富源、黃翠紋、黃蘭媖、楊士隆、董旭英、鄭昆山、鄭瑞隆、謝文彥、戴伸峰等合著，刑事司法與犯罪學研究方法。中華民國犯罪學學會。

林燦璋、林信雄（2009）。偵查管理—以重大刑案為例。五南圖書出版公司。

林鈺雄（2013）。刑事訴訟法。元照出版社。

高忠義譯（2000），Inbau, F. E.、Reid, J. E.、Buckly, J. P.著。刑事偵訊與自白。商周出版社。

陳宗廷（1998）。偵訊理論與實務。中央警察大學。

陳樸生（1993）。刑事訴訟法實務。三民書局。

莊忠進編（2015）。犯罪偵查學。臺灣警察專科學校。

鄧伯宸譯（2005），Paul Ekman著。說謊—拆穿商場、政治、婚姻的騙局。心靈工坊文化。

劉章遠（2009）。詢問與筆錄製作要領。

劉章遠（2010）。詢問與筆錄製作要領。載於莊忠進、呂明都、劉章遠、王連成等合著，犯罪偵查學。臺灣警察專科學校。

蕭富峰（2001）。行銷聖經。商周出版社。

警察百科全書（七）。刑事警察（2000），正中書局。

期刊

沈勝昂（1998）。以非口語行為偵測個人處於焦慮狀態的可能性。警學叢刊，第29卷第2期，頁91-110。

林裕順（2008）。論偵訊中辯護人之在場權。法學新論，第2期，頁1-20。

林燦璋、施志鴻、林耿徽、陳茹匯（2013）。影響犯罪嫌疑人自白決意的相關因素之實證研究。執法新知論衡，第9卷第2期，頁159-160。

林燦璋、施志鴻、盧宜辰、郭若萱（2013）。國內刑事警察使用萊德（Reid）偵訊技術現況之調查。警學叢刊，第44卷第1期，頁57-80。

施志鴻（2011）。自白心理學之探究。警學叢刊，第42卷第3期，頁171-206。

施志鴻（2010）。美國偵訊模式之論析。警學叢刊，第40卷第5期，頁27-52。

施志鴻（2012）。偵查專業之概論─以英國偵查專業發展計畫為中心。執法新知論衡，第8卷第2期，頁181-208。

施志鴻、林燦璋（2009）。虛偽自白成因及形成過程解析。東吳法律學報，第21卷第2期，頁67-97。

侯友宜、廖有祿、李文章（2010）。犯罪偵查理論之初探。警學叢刊，第40卷第5期，頁1-26。

莊忠進（2001）。論如何從口語訊息與非口語行為判斷說謊。刑事科學，第51期，頁119-138。

陳耀宗（2016）。犯罪嫌疑人警詢過程中同理心之運用與效益初探。執法新知論衡，第12卷第1期，頁93-115。

黃富源、陳振煜（1999）。口語化與非口語化行為語言分析法的運用。刑事科學，第47期，頁157-173。

郭若萱、林燦璋（2011）。對目擊證人使用認知詢問法之分析。警學叢刊，第41卷第6期，頁97-113。

趙春燕（2003）。中國古代刑訊制度演變規律之研究。中國刑事法雜誌，第4期，頁110-116。

鄭騰詳（2006）。與生俱來的同理心。海巡雙月刊，第22期，頁35-36。

熊依翎（2009）。保障刑事人權，從實質有效的辯護開始─律師看刑事人權受不當侵害訪談系列之四。司法改革雜誌，第70期，頁69-74。

學位論文

李維凱（2009）。我國刑事警察執行偵訊之研究。中央警察大學刑事警察研究所碩士論文。

李政峰（2012）。警政機關犯罪預防策略規劃之研究─以機車烙碼為例。中央警察大學犯罪防治研究所博士論文。

林朱燕（1999）。以非口語行為與說謊建構來探究謊言的偵測，輔仁大學應用心理學研究所碩士論文。

施志鴻（2010）。警察偵查詢問過程虛偽自白形成之研究。中央警察大學犯罪防治研究所博士論文。

徐國楨（2000）。偵訊人員、被偵訊人員與律師對偵訊室環境知覺之研究。中正大學犯罪防治研究所碩士論文。

周怡岑（2007）。以非語言行為與生理測謊儀來探討謊言的偵測。佛光大學心理學系碩士論文。

陳耀宗（2017）。性犯罪嫌疑人自白決意因素與詢問策略之實證研究。中央警察大學犯罪防治研究所博士論文。

郭若萱（2003）。性侵害犯罪偵查資料庫之分析研究。中央警察大學刑事警察研究所碩士論文。

張婉儀（2008）。自白與無自白之因素比較探究—以性犯罪案為例。臺北大學犯罪學研究所碩士論文。

盧宜辰（2012）。國內刑事警察警詢現況之研究。中央警察大學刑事警察研究所碩士論文。

廖訓誠（2010）。警察偵訊過程影響因素之研究—以陌生人間性侵害案件為例。中央警察大學犯罪防治研究所博士論文。

廖妍羚（2015）。警察機關詢問兒童性侵害犯罪嫌疑人現況之研究。中央警察大學刑事警察研究所碩士論文。

劉至剛（2005）。偵訊自白的形成因素—以調查局調查官及受刑人為例。臺北大學犯罪學研究所碩士論文。

政府資訊

內政部警政署（2013）。警察偵查犯罪手冊。內政部警政署。

內政部警政署（2017）。詢問犯罪嫌疑人作業程序。內政部警政署。

立法院公報（1997）。第86卷第52期，頁89。

其他

莊忠進（2008）。影響詢問自白因素初探。2008年中央警察大學刑事警察實務與學術研討會論文集。

日文文獻

藤田政博（2013）。法と心理。法律文化社。

仲眞紀子（2013）。科学的証拠にもとづく取調べの高度化。法と心理，第12卷第1期，頁27-32。

英文文獻

專書

Association of Chief Police Officers (2005). Practice Advice on core Investigative Doctrine. Association of Chief Police Officers.

Baldwin, J. (Ed.). (1992). Video Taping Police Interviews with Suspects: An Evaluation. Home Office.

Brandl, S. G. (2014). Criminal Investigation (3rd ed.). SAGE Publications.

Canter & L. Alison (Eds.). Interviewing and Deception (pp. 65-82). Carolina Academic Press.

Clarke, C., & Milne, R. (2001). National Evaluation of Investigative Interviewing: PEACE course. Home Office.

Connors, E., Lundregan, T., Miller, N., & McEwen, T. (1996). Convicted by Juries, Exonerated by Science: Case Studies in the Use of DNA Evidence to Establish Innocence after Trial VA. US Department of Justice.

Douglas, J. E., Burgess, A. W., Burgess, A. G., & Ressler, R. K. (2006). Crime Classification Manual: A Standard System for Investigating and Classifying Violent Crimes. John Wiley & Sons Inc.

Fisher, R. P., & Geiselman, R. E. (1992). Memory-Enhancing Techniques for Investigative Interviewing: The Cognitive Interview. Thomas Publisher.

Greenson, R. R. (1967). The Technique and Practice of Psychoanalysis (vol.1). International Universities Press.

Granhag, P. A., Vrij, A., & Verschuere, B. (2015). Detecting Deception: Current Challenges and Cognitive Approaches. John Wiley & Sons.

Gudjonsson, G. H. (1989). Compliance in An Interrogation Situation: A New Scale. Perss Indiv Differ.

Gudjonsson, G. H. (1992). The Psychology of Interrogations, Confessions and Testimony. John Wiley & Sons.

Gudjonsson, G. H. (2003). The Psychology of Interrogations and Confessions: A handbook. John Wiley & Sons.

Gordon, N. J., & Fleisher, W. L. (2006). Effective interviewing and interrogation techniques (2nd ed.). MA Elsevier Academic Press.

Hazelwood, R. R., & Burgess, A. W. (2008). Practical Aspects of Rape Investigation: A Multidisciplinary Approach. CRC Press.

Home Office. (2009). Guide to enforcement interviewing: Home Office.

Holmes, R. M., & Holmes, S. T. (2009). Profiling Violent Crimes: Investigative Tool (4th ed.). Sage Publications.

Horvath, M. A. H. (2009). Understanding Criminal Investigation. Wiley.

Inbau, F. E., Reid, J. E., & Buckley, J. P. (1986). Criminal Interrogation and Confessions (3rd ed.). Williams and Wilkins.

Inbau, F. E., Reid, J. E., Buckley, J. P., & Jayne, B. C. (2004). Criminal Interrogations and Confessions (4th ed.). Jones and Bartlett Publishers.

Inbau, F. E., Reid, J. E., Buckley, J. P., & Jayne, B. C. (2005). Essentials of the Reid Technique: Criminal Interrogations and Confessions. Jones and Bartlett Publishers.

Kapardis, A. (2014). Psychology and Law: A Critical Introduction (4th ed.). Cambridge University Press.

Klockars, C. B., & Mastrofski, S. D. (1991). Thinking About Police: Contemporary Readings (2nd ed.). McGraw-Hill.

Leo, R. A. (2008). Police interrogation and American justice. Harvard University Press.

Leo, R. A. (2017). Police Interrogation and Suspect Confessions: Social Science, Law and Public Policy.

Milne, R. J. (1997). Application and Analysis of the Cognitive Interview. University of Portsmouth Doctoral Dissertation.

Milne, R., & Bull, R. (1999). Investigative Interviewing: Psychology and Practice. Willey.

Ofshe, R. J., & Leo, R. A. (1997a). Decision to Confess Falsely: Rational Choice and Irrational Action. Denver Law Journal.

Ord, B., Shaw, G., & Green, T. (2004). Investigative Interviewing Explained (2nd ed.). Lexis-Nexis.

Osterburg, J. W., & Ward, R. H. (2010). Criminal investigation: A method for Reconstructing the Past. Routledge.

Phillips, C., & Brown, D. (1998). Entry into the Criminal Justic System: A Survey of Police Arrests and Their Outcomes. HMSO.

Reik, T. (1959). The Compulsion to Confession: On the Psychoanalysis of Crime and Punishment. Straus and Cudahy.

Salter, A. (1988). Treating Child sex Offenders and Victims. A Practical Guide. Sage.

Schollum, M. (2005). Investigative Interviewing: The literature. New Zealand: Office of the Commissioner of Police. New Zealand Police.

Senese, L. C. (2009). Anatomy of Interrogation Themes: The Reid Technique of Interviewing and Interrogation. IL.

Softley, P. (1980). Police Interrogation: An Observational Study in Four Police Station. Home Office Research Study, 61, HMSO.

Stan, B. W. (2003). Principles of Kinesic Interview and Interrogation (2nd ed.), CRC Press.

Stockdale, J. E. (1993). Management and supervision of police interviews. Home Office.

Swanson, C. R., Chamelin, N. C., & Territo, L. (2003). Criminal investigation (8th ed.). McGraw-Hill.

Walters, S. B. (2003). Principles of Kinesic Interview and Interrogation (2nd ed.). CRC Press.

Williamson, T., Milne, B., & Savage, S. P. (Eds.). (2009). International Developments in Investiative Interviewing. Willan Publishing.

Woody, R. H., & Woody, J. D. (1972). Clinical Assessment in Counseling and Psychotherapy. Meredith.

Zulawski, D. E., & Wicklander, D. E. (2002). Practical Aspects of Interview and Interrogation (2nd ed.). CRC Press.

期刊

Albonetti, C. (1987). Prosecutorial discretion: The effects of uncertainty. *Law and Society Review, 21,* 291-313.

Ask, K., & Granhag, P. A. (2005). Motivational sources of confirmation bias in criminal investigations: The need for cognitive closure. *Journal of Investigative Psychology and Offender Profiling, 2*(1), 43-63.

Ayling, C. J. (1984). Corroborating confessions: An empirical analysis of legal safeguards against false confessions. *Wisconsin Law Review,* 1121-1204.

Baldwin, J. (1993). Police interview techniques establishing truth or proof? *The British Journal of Criminology, 33*(3), 325-352.

Barrett-Lennard, G. T. (1981). The empathy cycle: Refinement of a nuclear concept. *Journal of counseling psychology, 28*(2), 91-100.

Beauregard, E., Deslauriers-Varin, N., & St-Yves, M. (2010). Interactions between factors related to the decision of sex offenders to confess during police interrogation: A classification-tree approach. *Sexual Abuse: A Journal of Research and Treatment, 22*(3), 343-367.

Beauregard, E., & Mieczkowski, T. (2011). Outside the interrogation room: The context of confession in sexual crimes. *Policing: An International Journal of Police Strategies & Management, 34*(2), 246-261.

Beauregard, E., & Mieczkowski, T. (2012). From police interrogation to prison: Which sex offender characteristics predict confession. *Police Quarterly, 15*(2): 197-214.

Bedau, H. A., & Radelet, M. L. (1987). Miscarriages of justice in potentially capital cases. *Stanford Law Review, 40*(1), 21-179.

Blagrove, M. (1996). Effects of length of sleep deprivation on interrogative suggestibility. *Journal of Experimental Psychology, Applied, 2*(1), 48-59.

Blair, J. (2005). What do we know about interrogation in the United States? *Journal of Police and Criminal Psychology, 20*(2), 44-57.

Bond, C. F., Jr., & DePaulo, B. M. (2006). Accuracy of deception judgments. *Personality and Social Psychology Review, 10*(3), 214-234.

Boon, J., & Noon, E. (1994). Changing perspectives in cognitive interviewing. *Psychology, Crime & Law, 1*(1), 59-69.

Brandon, S. E., Wells, S, & Seale, C. (2018). Science based interviewing: Information elicitation. *Journal of Investigative Psychology and Offender Profiling, Jan,* 1-16.

Brubacher, S. P., Poole, D. A., & Dickinson, J. J. (2015). The use of ground rules in investigative interviews with children: A synthesis and call for research. *Developmental Review, 36,* 15-55.

Burke, A. S. (2005). Improving prosecutorial decision making: Some lessons of cognitive science. *William and Mary Law Review, 47,* 1587-1634.

Cleary, H. M. & Warner, T. C. (2016). Police training in interviewing and interrogation methods: A comparison of techniques used with adult and juvenile suspects. *Law and Human Behav-*

ior, 40(3), 270-284.

Cloud, M. S., George, B., Alison, N. B., & Shur, J. V. (2002). Words without meaning: the constitution, confessions, and mentally retarded Suspects. *The University of Chicago Law Review, 69*(2), 495-624.

Colwell, L. H., Miller, H. A., Phillip, M., Lyons, J., & Mille, R. S. (2006). The training of law enforcement officers in detecting deception: A Survey of current practices and suggestions for improving accuracy. *Police Quarterly, 9*(3), 275-290.

Davies, M. H. (1983). Measuring individual differences in empathy: Evidence for a multidimensional approach. *Journal of Personality and Social Psychology, 44*(1), 113-126.

Davis, D., & Follette, William C. (2002). Rethinking the probative value of evidence: Base rates, intuitive and the "Postdiction" of behavior. *Law and Human Behavior, 26*(2), 133-138.

Deeb, H., Vrij, A., Hope, L., Mann, S., Granhag, P. A. & Stromwall, L. A. (2018). Police officers' perceptions of statement inconsistency. *Criminal Justice and Behavior, 20*(10), 1-22.

DePaulo, B. M., Lindsay, J. J., Malone, B. E., Muhlenbruck, L., Charlton, K., & Cooper, H. (2003). Cues to deception. *Psychological Bulletin, 129*(1), 74-118.

Deslauriers-Varin, N., Beauregard, E. & Wong, J. (2011). Changing their mind about confessing to police: The role of contextual factors in crime confession. *Police Quarterly, 14*(1), 5-24.

Deslauriers-Varin, N., Lussier, P., & St-Yves, M. (2011). Confessing their crime: Factors influencing the offender's decision to confess to the police. *Justice Quarterly, 28*(1), 114-145.

Driver, Edwin D. (1968). Confessions and the social psychology of coercion. *Harvard law review, 82,* 42-61.

Drizin, S. A., & Leo, R. A. (2004). The problem of false confessions in the post-DNA world. *North Carolina Law Review, 82,* 891-963.

Dolinski, D., Nawrat, M., & Rudak, I. (2001). Dialogue involvement as a social influence technique. *Personality and Social Psychology Bulletin, 27*(11), 1395-1406.

Douglass, A. B., Ray, J. L., Hasel, L. E., Donnelly, K. (2016). Does it matter how you deny it?: The role of demeanour in evaluations of criminal suspects. *Legal and Criminological Psychology, 21,* 141-160.

Ekman, P., & O'Sullivan, M. (1991). Who can catch a liar. *American Psychologist, 46*(9), 913-920.

Fisher, R. P., Geiselman, R. E., & Raymond, D. S. (1987). Critical analysis of police interview techniques. *Journal of Police Science and Administration, 15*(3), 177-185.

Geiselman & Callot (1990). Reverse versus forward recall of script-based texts. *Applied Cognitive Psychology, 4*(2), 141-144.

Gohara, M. S. (2005). Lie for a lie: False confessions and the case for reconsidering the legality of deceptive interrogation techniques. *Fordham Urban Law Journal, 33,* 791-842.

Goldstein N. E., Condie, L. O., Kalbeitzer, R., Osman, D., & Geier, J. L. (2003). Juvenile offenders' miranda rights comprehension and self-Reported likelihood of offering false confessions. *Assessment, 10*(4), 359-369.

Goodwin, K. A., Hannah, P. J., Nicholl, M. C. & Ferri, J. M. (2017). The effects of misinformation on memory after collaborative discussion. *Applied Cognitive Psychology, 31,* 225-235.

Gross, S. R., Jacoby, K., Matheson, D. J., Montgomery, N., & Patil, S. (2005). Exonerations in the United States 1989 through 2003. *Journal of Criminal Law & Criminology, 95*(2), 523-560.

Grisso, T. (1980). Juveniles' capacities to waive Miranda rights: An empirical analysis. *California law review, 68,* 1134-1166.

Grisso, T., Steinberg, L., Woolard, J., Cauffman, E., Scott, E., Graham, S., Lexcen, F., Reppucci, N.D., & Schwartz, R. (2003). Juveniles' competence to stand trial: A comparison of adolescents' and adults' capacities as trial defendants. *Law and Human Behavior, 27*(4), 333-363.

Grossman, S. (2017). Effective investigative interviewing: Turning interrogations into conversations. *Nauka, bezbednost, policija, 22*(1), 141-155.

Gudjonsson, G. H. (1993). Confession evidence, psychological vulnerability and expert testimony. *Journal of Community & Applied Social Psychology, 3*(2), 117-129.

Gudjonsson, G. H. (1994). Investigative interviewing: Recent developments and some fundamental issues. *International Review of Psychiatry, 6*(2/3), 237-246.

Gudjonsson, G. H. (2002). Unreliable confessions and miscarriages of justice in Britain. *International Journal of Police Science and Management, 4*(4), 332-343.

Gudjonsson, G. H. (2006). Sex offenders and confessions: How to overcome their resistance during questioning. J*ournal of Clinical Forensic Medicine, 13*(4), 203-207.

Gudjonsson, G. H., & Bownes, I. (1992). The reasons why suspects confess during custodial interrogation: Data for Northern Ireland. *Medicine, Science and the Law, 32,* 204-212.

Gudjonsson, G. H., Hannesdottir, K., Petursson, H., & Bjornsson, G. (2002). The effects of alcohol withdrawal on mental state, interrogative suggestibility and compliance: An experimental study. *Journal of Forensic Psychiatry, 13*(1), 53-67.

Gudjonsson, G. H., & Mackeith, J. A. (1990). A proven case of false confession: Psychological aspects of the coerced-compliant type. *Medicine, Science & the Law, 30*(4), 329-335.

Gudjonsson, G. H., & Petursson, H. (1991). Custodial interrogation: Why do suspects confess and how does it relate to their crime, attitude and personality? *Personality and Individual Differences, 12*(3), 295-306.

Gudjonsson, G. H., & Sigurdsson, J. F. (1999). The Gudjonsson Confession Questionnaire-Revised (GCQ-R) factor structure and its relationship with personality. *Personality and Individual Differences, 27*(5), 953-968.

Gudjonsson, G. H., & Sigurdsson, J. F. (2000). Differences and similarities between violent offenders and sex offenders. *Child Abuse and Neglect, 24,* 363-372.

Gudjonsson, G. H., Sigurdsson, J. F., Asgeirsdottir, B. B., & Sigfusdottir, I. D. (2006). Custodial interrogation, false confession and individual differences: A national study among Icelandic youth. *Personality and Individual Differences, 41*(1), 49-59.

Gudjonsson, G. H., Sigurdsson, J. F., & Einarsson, E. (2004).The role of personality in relation to confessions and denials. *Psychology, Crime & Law, 10,* 125-135.

Gudjonsson, G. H., Sigurdsson, J. F., Sigfusdottir, I. D., Asgeirsdottir, B. B., Gonzalex, R. A., & Young, S. (2016). A national epidemiological study investigating risk factors for police interrogation and false confession among juveniles and young persons. *Social Psychiatry and Psychiatry Epidemiology, 15,* 359-367.

Hartwig, M., Granhag, P. A., & Vrij, A. (2005). Police interrogation from a social psychology perspective. *Policing & Society, 15*(4), 379-399.

Hartwig, M., Granhag, P. A., Stromwall, L. A., & Kronkvist, O. (2006). Detecting deception via strategic disclosure. *Law and Human Behavior, 29,* 469-484.

Holmberg, U., & Christianson, S. A. (2002). Murderers' and sexual offenders' experiences of police interviews and their inclination to admit or deny crimes. *Behavioral Sciences & the Law, 20,* 31-45.

Hritz, A. C., Royer, C. E., Helm, R. K., & Burd, K. A. (2015). Children's research: Things to know before interviewing a child. *Anuario de Psicologia Juridia* (*Annual Review of Legal Psychology*), 3-22.

Kassin, S. M. (1997). The psychology of confession evidence. *American Psychologist, 52*(3), 221-233.

Kassin, S. M. (2005). On the psychology of confessions: Does innocence put innocents at risk?

American Psychologist, 60(3), 215-228.

Kassin, S. M. (2008). Confession evidence: Commonsense myths and misconceptions. *Criminal Justice and Behavior, 35*(10), 1309-1322.

Kassin, S. M. (2014). False confessions: Causes, consequences, and implications for reform. *Behavioral and Sciences, 1*(1), 112-121.

Kassin, S. M., Goldstein, C. C., & Savitsky, K. (2003). Behavioral confirmation in the interrogation room: On the dangers of presuming guilt. *Law and Human Behavior, 27*(2), 187-203.

Kassin, S. M., & Gudjonsson, G. H. (2004). The psychology of confessions: A review of the literature and issues. *Psychological Science in the Public Interest, 5*(2), 33-67.

Kassin, S. M. & Kiechel, K. L. (1996). The social psychology of false confessions: Compliance. internatization, and confabulation. *Psychological Science, 7*(3), 125-128.

Kassin, S., Leo, R., Meissner, C., Richman, K., Colwell, L., Leach, A.-M., et al. (2007). Police interviewing and interrogation: A self-report survey of police practices and beliefs. *Law and Human Behavior, 31*(4), 381-400.

Kassin, S. M., Meissner, C. A. & Norwick, R. J. (2005). "I'd know a false confession if I saw one" A comparative study of college students and police investigators. *Law and Human Behavior, 29*(2), 211-227.

Kassin, S. M., & McNall, K. (1991). Police interrogations and confessions: Communicating promises and threats by pragmatic implication. *Law and Human Behavior, 15*(3), 233-251.

Kassin, S. M., & Neumann, K. (1997). On the power of confession evidence: An experimental test of the fundamental difference hypothesis. *Law and Human Behavior, 21,* 469-484.

Katz, C. & Hershkowitz, I. (2010). The effects of drawing on children's accounts of sexual abuse. *Child Maltreatment, 15*(2), 171-179.

Kebbel, M., Hurren, E. J., & Mazerolle, P. (2006). An investigation into the effective and ethical interviewing of suspected sex offenders, Final Report. *Criminology Research Council, 12,* 1-6.

Keedy, E. R. (1936). Third degree and legal interrogation of suspects. *University of Pennsylvania Law Review, 85*(8), 761-777.

Kelly, C. E., Kleinman, S. M. & Redlich, A. D. (2013). A taxonomy of interrogation methods. Psychology, *Public Policy, and Law, 19*(2), 165-178.

Kelly, C. E., Miller, J. C., & Redlich, A. D. (2016). The dynamic nature of interrogation, *Law and Human Behavior, 40*(3), 295-309.

Kelly, C. E., Redlich, A. D., & Miller, J. C. (2014) .Examining the meso-level domains of the interrogation taxonomy. Psychology, *Public Policy, and Law, Dec,* 1-15.

Kim, J., Walsh, D., Bull, R., & Bergstrom, H. (2017). Planning ahead? An Exploratory study of south Korean Investigators' beliefs about their planning for investigative interviews of suspects. *Journal of Police and Criminal Psychology, November,* 1-17.

King, L., & Snook, B. (2009). Peering inside a Canadian interrogation room: An examination of the Reid model of interrogation, influence tactics, and coercive Strategies. *Criminal Justice and Behavior, 36*(7), 674-694.

Lebaron, C. D., & Streeck, J. (1997). Built space and the interactional framing of experience during a murder interrogation. *Human Studies, 20*(1), 1-25.

Leiken, L. S. (1970). Police interrogation in colorado: The implementation of miranda. *Denver University Law Review, 1,* 1-53.

Leo, R. A. (1992). From coercion to deception: The changing nature of police interrogation in America. *Crime, Law and Social Change, 18*(1), 35-59.

Leo, R. A. (1996). Inside the interrogation room. *Journal of Criminal Law and Criminology,* 86, 266-303.

Leo, R. A., & Ofshe, R. J. (1998). The consequences of false confessions: Deprivations of liberty and miscarriages of justice in the age of psychological interrogation. *Journal of Criminal Law and Criminology, 88*(2), 429-496.

Leo, R. A., & Skolnick, J. H. (1992). The ethics of deceptive interrogation. *Criminal Justice Ethics, 11,* 3-12.

Lilienfeld, S. O. (2008). Science and pseudoscience in law enforcement: A user-friendly primer. *Criminal Justice and Behavior, 35*(10), 1215-1230.

Lippert, T., Cross, T. P., Jones, L. & Walsh, W. (2010). Suspect confession of child sexual abuse to investigators. *Child Maltreatment, 15*(2), 161-170.

MacDonald, S., Snook, B., & Miline, R. (2016). Witness interview training: a field evaluation. *Journal of Police and Criminal Psychology, April,* 3-10.

Mastroberardino, S., & Marucci, F. S. (2013). Interrogative suggestibility: Was it just compliance or a genuine false memory? *Legal and Criminological Psychology, 18,* 74-286.

Meissner, C. A., & Kassin, S. M. (2002). "He's guilty!" : Investigator bias in judgements of truth and deception. *Law and Human Behavior, 26*(5), 469-480.

Meissner, C. A., & Russano, M. B. (2003). The psychology of interrogations and false confessions: Research and recommendations. *Canadian Journal of Police & Security Services, 1*(1), 53-64.

Memon, A., & Bull, R. (1991). The cognitive interview: Its origins, empirical support, evaluation and practical implications. *Journal of Community & Applied Social Psychology, 1*(4), 291-307.

Miller, J. C., Redlich, A. D., & Kelly, C. E. (2018). Accusatorial and information-gathering interview and interrogation methods: A Multi-country comparison. P*sychology, Crime & Law, April,* 1-22.

Milhizer, E. R. (2006). Rethinking police interrogation: Encouraging reliable confessions while respecting suspects' dignity. *Valparaiso University Law Review, 41,* 1-108.

Mitchell, B. (1983). Confessions and police interrogations of suspects. *Criminal Law Review, September,* 596-604.

Moston, S., & Engelberg, T. (1993). Police questioning techniques in tape recorded interviews with criminal suspects. *Policing and Society, 3,* 223-237.

Memon, S., & Higham, P. A. (1999). A review of the cognitive interview. *Psychology, Crime & Law, 5*(1-2), 177-196.

Moston, S., Stephenson, G. M., & Williamson, T. M. (1992). The effects of case characteristics on suspect behaviour during police questioning. *British Journal of Criminology, 32*(1), 23-40.

Myers, M., & Hagan, J. (1979). Private and public trouble: Prosecutors and the allocation of court resources. *Social Problems, 26,* 439-451.

Napier, M. R., & Adams, S. H. (1998). Magic words to obtain confessions. *FBI Law Enforcement Bulletin, 67,* 11-15.

Navarro, Joe. (2003). A four-domain model for eetecting deception. *FBI Law Enforcement Bulletin, June,* 19-24.

Neubauer, D. W. (1974). Confessions in Prairie City: Some causes and effects. *Journal of Criminal Law and Criminology, 65,* 103-112.

Neufeld, P. J. (2005). The (near) irrelevance of Daubert to criminal justice and some suggestions for reform. *Am J Public Health, 95*(S1), S107-113.

Nickerson, R. S. (1998). Confirmation bias: A ubiquitous phenomenon in many guises. *Review of General Psychology, 2*(2), 175-220.

Oberlander, Lois B., & Goldstein, Naomi E. (2001). A review and update on the practice of evaluating "Miranda" comprehension. *Behavioral Sciences & the Law, 19*(4), 453-471.

Ofshe, R. J., & Leo, R. A. (1997a). Decision to confess falsely: Rational choice and irrational action. *Denver Law Journal, 74,* 979-1122.

Ofshe, R. J., & Leo, R. A. (1997b). The social psychology of police interrogation: The theory and classification of true and false confessions. *Studies In Law Politics and Society, 16,* 189-251.

Otgaar, H., Ansem, R., Pauw, C. & Horselenberg, R. (2016). Improving children's interviewing methods? The effects of drawing and practice on children's memories for an event. *Journal of Police and Criminal Psychology, 31,* 279-287.

Oxburgh, G. E., & Ost, J. (2011). The use and efficacy of empathy in police interviews with suspects of sexual offences. *Journal of Investigative Psychology and Offender Profiling, 8*(2), 178-188.

Pearse, J., & Gudjonsson, G. H. (1996). Police interviewing techniques at two south London police stations. *Psychology, Crime & Law, 3*(1), 63-74.

Pearse, J., & Gudjonsson, G. H. (1999). Measuring influential police interviewing tactics: A factor analytic approach. *Legal and Criminological Psychology, 4*(2), 221-238.

Pearse, J., Gudjonsson, G. H., Clare, I. C. H., & Rijtter, S. (1998). Police interviewing and psychological vulnerabilities: Predicting the likelihood of a confession. *Journal of Community & Applied Social Psychology, 8*(1), 1-21.

Read, J. M., & Powell, M. B. (2011). Investigative interviewing of child sex offender suspects: Strategies to assist the application of a narrative framework. *Journal of Investigative Psychology and Offender Profiling, 8*(2), 163-177.

Read, J. M., Powell, M. B., Kebbell, M. R., & Milne, R. (2009). Investigative interviewing of suspected sex offenders: A review of what constitutes best practice. *International Journal of Police Science and Management, 11*(4), 442-459.

Russano, M. B., Meissner, C. A., Narchet, F. M. & Kassin, S. M. (2005). Investigating true and false confessions within a novel experimental paradigm. *Psychological Science, 16*(6), 481-486.

Sauerland, M. S., Schell. J. M., Cllaris, J., Reimer, N. K. Schneider, M., & Merchelbach, H. (2013). "Yes, I have sometimes stolen bikes": Blindness for norm-violating behaviors and implications for suspect interrogation. *Behavioral Sciences and the Law, 31,* 239-255.

Sauerland, M., Schell-Leugers, J., & Sagana, A. (2015). Fabrication put suspects at risk: Blindness to changes in transgression-related statements. *Applied Cognitive Psychology, 29,* 544-

551.

Sigurdsson, J. F., & Gudjonsson, G. H. (1994). Alcohol and drug intoxication during police interrogation and the reasons why suspects confess to the police. *Addiction, 89,* 985-997.

Sigurdsson, J. F., & Gudjonsson, G. H. (1996). The psychological characteristics of "false confessors": A study among icelandic prison inmates and juvenile offenders. *Personality and Individual Differences, 20*(3), 321-329.

Snook, B., Brooks, D. & Bull, R. (2015). Predicting self-reported confession and cooperation. *Criminal Justice and Behavior, 42*(12), 1243-1260.

Soukara, S., Bull, R., Vrij, A., Turner, M., & Cherryman, J. (2009). What really happens in police interviews of suspects? Tactics and confessions. *Psychology. Crime & Law, 15*(6), 493-506.

Stephenson, G. M., & Moston, S. J. (1994). Police interrogation. *Psychology, Crime & Law, 1*(2), 151-157.

St-Yves, M. (2002). Interrogation of sexual offenders: Profil du suspect collaborateur. *Revur Internationals de Criminology et de Police Technique et Scientifique, 1*, 81-96.

Sujata. (2005). Exonerations in the United States 1989 through 2003. *Journal of Criminal Law & Criminology, 95*(2), 523-560.

Tulving, E. (1982). Synergistic ecphory in recall and recognition. *Canadian Journal of Psychology, 36,* 130-147.

Verhoeven, W. (2016). The complex relationship between interrogation techniques, suspects changing their statement and legal assistance: Evidence form a Dutch sample of police interviews. *Policing and Society,* 1-20.

Vredeveldt, A., Groen, R. N., Ampt, J. E., & Koppen, P. J. (2017). When discussion between eyewitnesses helps memory. *Legal and Criminological Psychology, 22,* 242-259.

Vrij, A. (2004). Why professionals fail to catch liars and how they can improve. *Legal and Criminological Psychology, 9*(2), 159-181.

Vrij, A. (2008). Nonverbal dominance versus verbal accuracy in lie detection: A plea to change police practice. *Criminal Justice and Behavior, 35*(10), 1323-1336.

Vrij, A., Leal, A. Jupe, L., & Harvey A. (2018). Within-subjects verbal lie detection measures: A comparison between total detail and proportion of complications. *Legal and Criminological Psychology, Jan,* 1-17.

Vrij, A., Hope, L., & Fisher, R. P. (2014). Eliciting reliable information in investigative interviews. *Behavioral and Brain Sciences, 1*(1), 129-136.

Wachi, T., Watanabe, K., Otsuka, Y., & Lamb, M. (2016). Japanese interrogation techniques from prisons' perspectives. *Criminal Justice and Behavior, 43*(5), 617-634.

Wachi, T., Watanabe, K., Yokota, K., Otsuka, Y., Kuraishi, H., & Lamb, M. (2014). Police interviewing styles and confessions in Japan. *Psychology, Crime & Law, 20*(7), 673-694.

Wells, G. L. (1978). Applied eyewitness testimony research: System variables and estimator variables. *Journal of Personality and Social Psychology, 36*(12), 1546-1557.

Westera, N. J., Kebbell, M. R., & Milne, B. (2016). Want a better criminal justice response to rape? Improve police interviews with complainants and suspects. *Violence Against Women, 22*(14), 1748-1769.

Williamson, T. M. (1993). From interrogation to investigative interviewing: Strategic trends in police questioning. *Journal of Community & Applied Social Psychology, 3*(2), 89-99.

Yuille, J. C., Davies, G., Gibling, F., Marxsen, D., & Porter, S. (1994). Eyewitness memory of police trainees for realistic role plays. *Journal of Applied Psychology, 79*(6), 931-936.

索引

國家圖書館出版品預行編目資料

警察偵查詢問理論與研究／林燦璋、施志鴻、
陳耀宗合著. -- 初版. -- 臺北市 : 五南,
2019.12
　　面；　　公分.

ISBN 978-957-763-804-5（平裝）

1.刑事偵察 2.犯罪

548.6　　　　　　　　　　　　108021007

1RB4

警察偵查詢問理論與研究

作　　者 ― 林燦璋(145.1)、施志鴻、陳耀宗

發 行 人 ― 楊榮川

總 經 理 ― 楊士清

總 編 輯 ― 楊秀麗

副總編輯 ― 劉靜芬

責任編輯 ― 林佳瑩、吳肇恩

封面設計 ― 姚孝慈

出 版 者 ― 五南圖書出版股份有限公司

地　　址：106台北市大安區和平東路二段339號4樓

電　　話：(02)2705-5066　　傳　　真：(02)2706-6100

網　　址：http://www.wunan.com.tw

電子郵件：wunan@wunan.com.tw

劃撥帳號：01068953

戶　　名：五南圖書出版股份有限公司

法律顧問　林勝安律師事務所　林勝安律師

出版日期　2019年12月初版一刷

定　　價　新臺幣450元